小学校・中学校

納得と発見のある道徳科

「深い学び」をつくる内容項目のポイント

特別収録
どう
する?
とく
だ先生!
マンガで考える
道徳教育

島恒生 著

日本文教出版

はじめに

子どもたちにも教師にも、魅力的な道徳科を

「特別の教科　道徳」（以下、道徳科）がスタートして数年が過ぎようとしています。子どもたちにとっても、教師にとっても、魅力的な道徳科の授業が実現していますか。**子どもたちにとって魅力的であるということは、教師にとっても魅力的で楽しい授業**です。

それは、次のような授業だと思います。

○子どもたちに「納得」と「発見」のある授業。
○子どもたちの頭がフル回転する授業。
○子ども一人ひとりの思いが自由に出て、認め合いのある授業。
○45分、50分が、あっという間に過ぎたと感じる授業。
○授業が終わってからも、教室のあちらこちらで、まだ話が続いたり、余韻に浸ったりしている授業。
○「先生、またしようよ」という声の出る授業。

道徳の教科化に当たっての課題の中で、特に授業づくりに関する課題として挙げられたのが、**①分かり切ったことを言わせたり書かせたりする授業や、②登場人物の心情理解に偏る授業をいかに克服するか**ということでした。先に挙げた魅力的な授業は、まさに、これらの課題を克服した授業と言えるでしょう。

子どもたちの目が輝き、つぶやきの出る授業。天井を見上げ、自分をじっくり振り返る授業。隣の友達に思わず話し掛け、友達の意見に「なるほど！」「おお！」と言葉が出る授業。そんな授業です。

「主体的・対話的で深い学び」のある授業をつくる

では、どうすれば、魅力的な授業ができるのでしょうか。それは、「主体的・対話的で深い学び」のある授業に質的転換を図るのです。**子どもたちが自分事として考え、友達をはじめ他者との対話を通して、深い学びを得ることのできる授業**です。そのような授業を、道徳科では、**「考え、議論する道徳」**と呼んでいます。

しかし、実際、学校現場を回っていると、「考え、議論する道徳」に向けて取り組んでいるものの、なかなか実現できず悩んでおられる学校や先生方が多くいらっしゃいます。「この授業での深い学びとは何か」「ねらいをどう設定したらよいのか」「そもそも、この内容項目では、どんなことを子どもたちと考えたらいいのか」「発達の段階の違いが分からない」といった悩みです。それがモヤモヤしたまま授業をした結果、先生がずっとしゃべる授業や活発な活動はあるものの学びのない授業となり、先の課題に舞い戻ってしまうのです。

そう考えると、その授業で**子どもたちにとって「納得」と「発見」のある「深い学び」が得られるかどうか**がとても重要になるのです。

本書は、現場の学校や先生方の悩みに応えます

本書は、現場の学校や先生方の悩みに応え、先に述べた道徳科の課題を克服し、「教え、伝える道徳」ではなく、「考え、議論する道徳」を通して「納得」と「発見」のある「深い学び」が得られる授業を実現するための本です。

特に、次の四点が特長です。

道徳の内容項目を分かりやすく解説しています

道徳の内容項目については、「学習指導要領解説」に詳しく示されています。しかし、それを読んだだけでは、なかなか理解することが難しいものもあります。それを、分かりやすく解説します。

道徳の内容項目の、発達の段階の違いを解説しています

道徳科の授業のねらいは、低、中、高学年、中学校の発達の段階によって当然違います。**それぞれの発達の段階を意識**することで、**①分かり切ったことを言わせたり書かせたりする授業から脱却**できます。この発達の段階による違いを、例を挙げながら解説します。

授業を深める三層構造の考え方で授業のねらいを解説しています

「国語科と道徳科の違いが分からない」という声を聞きますが、両者は全く違います。例えば、教材の状況の理解や登場人物の心情の理解だけでは、道徳科の学習になりません。しかし、悩ましいのは、道徳科では、教材の状況の理解や登場人物の心情の理解も必要なのです。それらを理解した上で、道徳的価値について考えるのです。このことを、**「氷山の三層モデル」**を使って、より分かりやすく解説します。それによって、**②登場人物の心情理解に偏る授業という課題を克服**します。

「どうする？　とくだ先生！」を特別収録しています

さらに、本書の巻末には筆者が監修したウェブ連載マンガ「**どうする？　とくだ先生！　マンガで考える道徳教育**」を特別に収録しました。道徳教育や道徳科について分かりやすく解説しています。

「納得」と「発見」のある「深い学び」が得られる道徳科の授業を、一緒につくっていきましょう！

はじめに

第1章 道徳科の学びを深めるために

第2章 内容項目のポイント

特別収録　どうする？ とくだ先生！ マンガで考える道徳教育

※本文中の「学習指導要領」は、「小学校学習指導要領」（平成29年告示）および「中学校学習指導要領」（平成29年告示）を指します。
※本文中の「学習指導要領解説」は、『小学校学習指導要領（平成29年告示）解説　特別の教科　道徳編』および『中学校学習指導要領（平成29年告示）解説　特別の教科　道徳編』（いずれも文部科学省）を指します。
※「学習指導要領」「学習指導要領解説」での小学校の「第1学年及び第2学年」「第3学年及び第4学年」「第5学年及び第6学年」は、本文中ではそれぞれ「低学年」「中学年」「高学年」と表記します。

第1章　道徳科の学びを深めるために

「納得」と「発見」のある道徳科の授業を
―「プラス思考」で進める―

「考え、議論する道徳」で「納得」と「発見」を

道徳科の目標は、次の通りです。

> *よりよく生きるための基盤となる道徳性を養うため、道徳的諸価値についての理解を基に、自己を見つめ、物事を（広い視野から）多面的・多角的に考え、自己の生き方（人間としての生き方）についての考えを深める学習を通して、道徳的な判断力、心情、実践意欲と態度を育てる。

ここには、道徳科は「道徳性を養い、道徳的な判断力等を育てる」ことが目標であることが示されています。そして、その学習活動として、「道徳的諸価値についての理解を基にすること」「自分との関わりで考えること」「多面的・多角的に考えること」、そしてそれらによって「自らの生き方についての考えを深めること」と、学習活動が具体的に示されています。

つまり、道徳科で行うのは、子どもたちが、道徳的価値についての見方や感じ方、考え方について、自分事として積極的に考え、友達をはじめとする他者の考え方と比べながら、自らの生き方を広げ、深める学習であると言えます。

そして、中教審答申（平成28年12月21日）や『小（中）学校学習指導要領（平成29年告示）解説　特別の教科　道徳編』では、これを「考え、議論する道徳」によって行うこと、それは「主体的・対話的で深い学び」のある道徳科の授業を目指すものであることが示されたのです。

＊「小学校学習指導要領」（平成29年告示）第3章　第1。（　）内は中学校の内容。

実際、**これまでの道徳の時間**は、教師の一方的な指示のままに進む授業や教師に問われるから子どもたちは答えている**受け身の授業**になりがちでした。教師の発言量が多く、**子どもたちよりも教師のほうが目立つ授業**です。そして、道徳科の課題である、①分かり切ったことを言わせたり書かせたりする授業や、②登場人物の心情理解に偏る授業に陥っていたわけです。

これらを克服するためには、**子どもたちが自分事として頭をフル回転させ、友達と考えを交流しながら、「納得」や「発見」がある、魅力的な授業**を展開することが、とても大切なのです。

「プラス思考」で進める

「納得」と「発見」とは、「なるほど、確かにそうだな。そういう見方ができるな」と、**思い当たる節があるのだけれど、自分は気付いていなかったことに、新たに気付くこと**です。つまり、**気付いたことは、もともと自分の中にあった**ということです。ここに、「プラス思考」の大切さがあります。

多くの道徳教育や道徳科の授業は、「この子たちには○○の心が欠けているから」などと、「マイナス思考」になりがちです。「マイナス思考」は、「伝達型」の道徳科の授業へと進みます。欠けているから何とか身に付けさせせよう、理解させようと、教師がひたすらしゃべり続ける伝達型になるのです。

しかし、今や、「プラス思考」の大切さは、ポジティブ心理学や脳科学の領域をはじめ、どんどんとその効果や意義が証明されつつあります。

例えば、かつての国際援助がそうです。発展途上の国や地域は何もない、物もない、人もないという「マイナス思考」の認識でした。だから、先進国からいろんなものを持っていったり、伝えたりしてきました。しかし、それでは何の援助にもならないことが分かってきました。今は、**その国や地域の中にあるリソース（資源）を引き出すプラス思考の国際援助**へと変わりました。特に、人的資源を引き出します。その一例が、学校を作って人を育てることです。さらに、その人を育てる教師もその地域の人から育てます。つまり、自立型です。伝えるのではなく、引き出すという考え方です。そのベースは、その国や地域には、力があるというプラス思考です。

もちろん、教育の分野においても、プラス思考はどんどんと浸透しつつあります。その代表が、「**特別支援教育**」です。**子どもたちの「できないこと」ではなく、「できること」に注目し、そこから子どもたちの潜在的な力をどんどんと伸ばします。**

その対極にいて、教育で最もマイナス思考なのが「道徳教育」ではないでしょうか。まず、学校の道徳教育の重点目標が、「うちの子どもたちに足りないから」という理由で設定されています。これではまさに、欠けているから何とか身に付けさせせよう、理解させようとする伝達型の道徳教育や道徳科の授業となってしまいます。

子どもたちに育ってきている「豊かな心」に気づかせる

道徳科の授業は、子どもたちに「ないもの」を身に付けさせせようとするものではありません。**子どもたちの心の中に育ってきているタイミングを見計らい、その「豊かな心」に気付かせる**のです。

そのためには、発達の段階への配慮と日頃から豊かな心を育てておくことが大切です。

ある小学校の一年生で、「親切貯金」という取組をしていました。帰りの会に、日直さんが「今日の親切さんを、教えてください」と尋ねます。子どもたちからは、「〇〇さんが、僕の〇〇を手伝ってくれました」「〇〇くんが、〇〇と声を掛けてくれました」と提案されます。日直さんは、「親切さんですか」と全体に問い掛け、拍手が起きると、「親切貯金をします」と言って、ビー玉をペットボトルに入れます。具体の世界に生きる低学年の子どもたちには、とても素晴らしい取組です。

ところが、ペットボトルが親切さんのビー玉でいっぱいになると、子どもたちから「やったあ」という声が起こるのです。**なぜなら、ごほうびに宿題がなしになるから**です。

そうではなく、**ペットボトルがビー玉でいっぱいになったら、キャップを締め、子どもたちに渡す**のです。

受け取った子どもはペットボトルを南の窓にかざし、くるくる回すようにします。すると、ビー玉の鮮やかな光が確認できます。**教師は、「とてもきれいだね。みんなの親切さんの心だね」と語り掛ける**のです。

この経験をした子どもたちは、道徳科の授業でも、「先生、親切の心って、キラキラしているんだよ」「困っている人のことを考えているから、優しい心なんだよ」などと発言し、「納得」と「発見」のある授業が実現するのです。

ある中学校では、「裏庭でのできごと」の教材を使った〈A自主、自律、自由と責任〉の授業の中心発問で、教師が「(ごまかし続けていた)健二を職員室に向かわせたものは何だろう」と問うたのに対して、ある生徒が、**「品格」**と答えました。みんなが驚いたのは、彼が、なかなかやんちゃな生徒だったからでもありました。教師が、「〇〇くん、それはどういうことかね」と問うたのに対し、彼は、**「校長先生がいつも言っているじゃないか」**と返答しました。他の生徒からは、「おおっ」と言葉が出ました。

確かに、その中学校では、校長先生が、「〇〇中学校の品格」「自分の品格」などと、指導されていました。彼は、それを聞いていて、自分の心の中に留めていたのです。でも、**「品格」のはっきりとした意味は分からなかったところに、この授業で「健二を動かしたもの」を考えたことで、彼の頭の中で、ぱっとつながった**のです。まさに、彼が、彼なりに「納得」と「発見」をした瞬間であり、人間としての生き方についての考えを深めた瞬間でした。

このように、道徳科の授業は、子どもたちの心の中に育ってきている「豊かな心」を自覚できるよう、プラス思考で進めるのです。

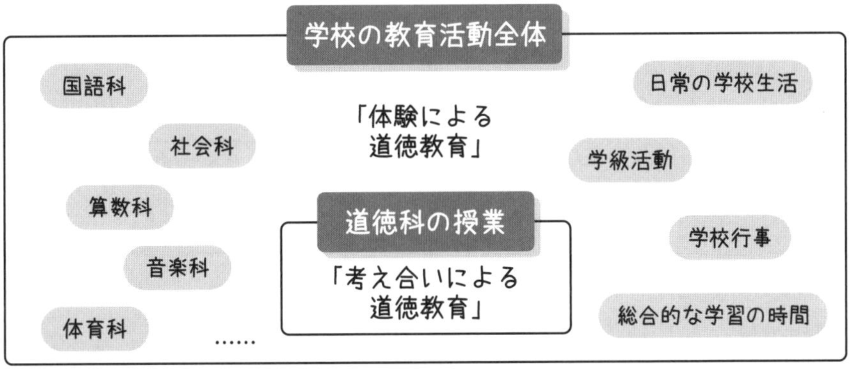

教育活動全体で進める

以上のことから考えると、道徳科が魅力的な授業になるためには、教育活動全体での取り組みも、とても重要であることが分かります。

「学習指導要領」の総則にも明記されているように、道徳教育は、道徳科を要として、学校の教育活動全体で行います。

上の図のように、**教育活動全体での道徳教育は、「体験による道徳教育」**と言えます。各教科等には、その教科等の目標や内容があります。また、学習形態もあり、道徳教育を第一義に行っているわけではありません。道徳の内容を取り上げ、その意味や意義について考え合うものでもありません。しかし、学習を通じて様々な人やもの、ことと出会い、子どもたちの心は育っていきます。

一方、**道徳科の授業は、「考え合いによる道徳教育」**の時間です。道徳の内容を取り上げ、その意味や意義について考え合います。

したがって、教育活動全体に相当する「普段」から、道徳教育を意識しながらそれぞれの教科等や休み時間などの指導をしておくことで、**子どもたちの心を育てる様々な機会をつくり、その中で貯め込まれた「豊かな心」を、道徳科で考え合うことによって自覚できるようにする**のです。つまり、それぞれの教科等で、「ここではこのような心が育ってほしい」という意識を教師がもっておくことが大切だということです。

なお、面白いことに、プラス思考で道徳教育や道徳科を進めていくと、特別活動が活性化していきます。学級の係活動や児童会・生徒会活動、さらには部活動までが盛んになります。子どもたちには、「うちの学校は僕たち・私たちが動かしているんだ」という意識が育ちます。その理由として、**子どもたちが「自立」していくことと、先生方があれやこれやと指図して動かすことに疑問を感じ、子どもたちの力を「信じて任せる」という指導になること**の両面が考えられます。まさに、道徳教育や道徳科に取り組んだ成果の一つでしょう。

ちなみに、体罰もマイナス思考から来る問題です。「まだ分からないのか」という考えが行き過ぎて体罰になるのです。

子どもの中にある力を信じ、引き出し、子どもの内側から、「納得」と「発見」ができるようにすることがとても大切です。

道徳性を養い、深い学びを導く
―氷山の三層モデルで考える―

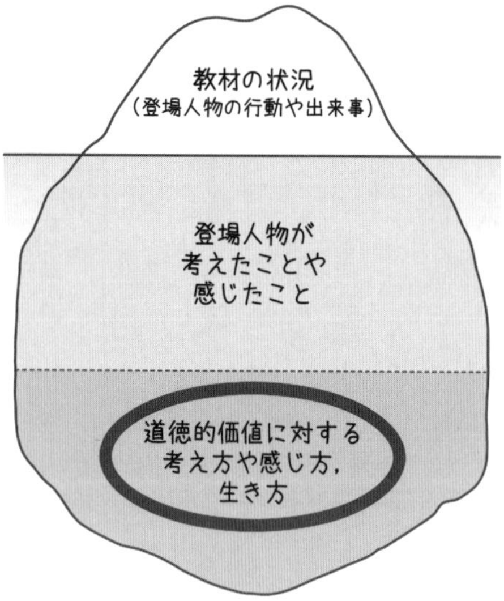

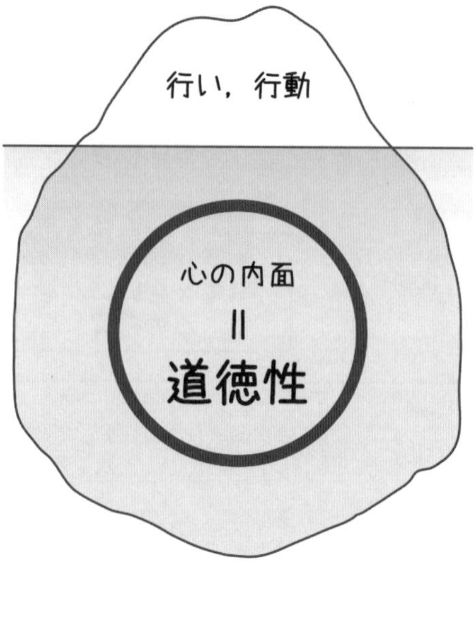

「道徳性を養う」ことを外さない

プラス思考の「考え、議論する道徳」で、子どもたちに「納得」と「発見」のある道徳科の授業を進めることを述べてきました。

それでは、「主体的・対話的で深い学び」のある道徳科の授業には、どのように取り組んでいけばよいのでしょうか。

その大前提として、道徳科の目標にあるように、**道徳科は「道徳性を養う」時間であることを外さない**ことです。

では、**「道徳性」**とは何でしょう。「道徳性」とは、*「自己の（人間としての）生き方を考え、主体的な判断の下に行動し、自立した人間として他者と共によりよく生きるための基盤となる」ものです。一人ひとりの子どもが道徳的価値を自覚し、自己の（人間としての）生き方についての考えを深め、日常生活や今後出会うであろうさまざまな場面や状況において、道徳的価値を実現するための適切な行為を主体的に選択し実践することができるような**内面的資質**に相当します。

氷山をイメージしてみましょう。氷山は、海面上に見えている部分と、海中にあって見えない部分があり、下の部分が上の部分を支えています。これを人間で例えると、**見えている部分が「行い、行動」といった姿**です。一方、**見えない部分が「心の内面」であり、「道徳性」**はこの部分に相当します。これは、行いや行動を支えている「考え方、感じ方、生き方」と言えます。

例えば、「ごまかさず、正直・誠実に生きる」という姿は「行い、行動」であるのに対して、「なぜ、ごまかさず、正直・誠実に生き

＊「小学校学習指導要領」（平成29年告示）第1章　第1の2の(2)。（　）内は中学校の内容。

ることが大切なのか」が「道徳性」です。それには、「叱られるから」「嘘つきと思われたくないから」「嘘つきでありたくないから」など と、様々な理由があります。これらが、道徳性に相当します。

道徳性を養い、自立を目指す

今の子どもたちを見ていると、行いや行動を支えているのは「友達からどう思われるか」と「ムカつく」になっていないでしょうか。友達から「あの子のことを無視しよう」と誘われ、自分にはそんな気はなかったのに、（無視をしなければ私は友達からどう見られるか）と思ってしまうのです。そして、ムカつき感で毎日その子を見ていたら、次第にムカついてきて、その結果、自分も無視をしてしまうのです。このような考え方も、ある意味で道徳性です。ただし、友達や自分のムカつき感に振り回されたとても狭い判断です。

ところが、その子どもが、命の大切さや家族についての考え方、本当の友達とは……といった**道徳的価値についての考え方や感じ方、生き方を多様に身に付けていると、**（何か間違っているよ……）（やっぱりやめよう……）と、自分で深くしっかりと考える**「主体的な判断」が可能に**なります。残念ながら、もし無視をしてしまったとしても、後味の悪さが残り、（やっぱり間違っているよ……）と、振り返ることができます。

このことが、子どもたちを「自立」へと導くのです。多様な考え方や感じ方、生き方を自覚できていればいるほど、自分で考え、行動する、すなわち、自立へとつながるのです。

このことは、道徳の教科化について話し合われた中教審答申（平成26年10月21日）において、「特定の価値観を押し付けたり、主体性をもたず言われるままに行動するよう指導したりすることは、道徳教育が目指す方向の対極にあるもの」と述べられている通りです。

つまり、**「道徳性を養う」とは、物事に対する考え方、感じ方、生き方を多様にすること**であると言えるのではないでしょうか。考え方、感じ方、生き方を深め、広げることで自立を促すのです。それらが豊かであればあるほど、自分で考え、その子どもは豊かな人生を送ることができるのです。**道徳科や道徳教育は、子どもたちが自分の頭でしっかりと深く考え、行動する「自立」を目指す**ものです。

私たち大人も、一生懸命考えて結論を出したものの、（自分にもっと広い考えがあれば、もっと違う見方もできたのでは……）と思うことがよくあります。この**「もっと広い」「もっと違う見方」**が、**「多面的・多角的な見方」であり、道徳科や道徳教育が目指すもの**なのです。

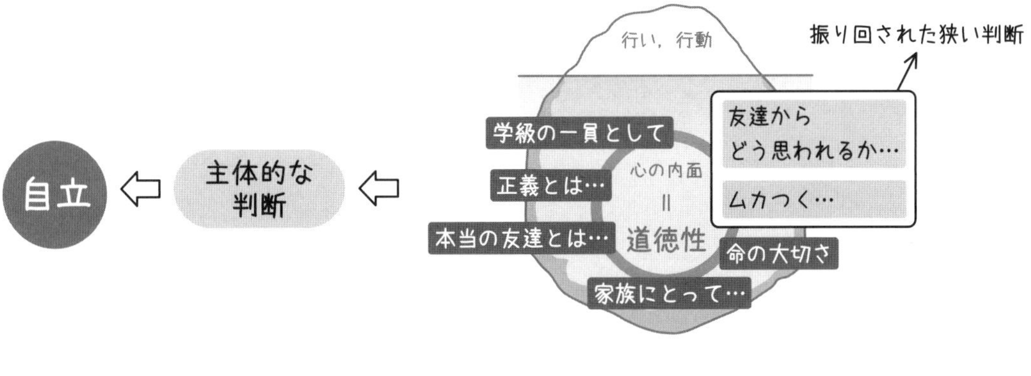
行い，行動
振り回された狭い判断
友達から
どう思われるか…
ムカつく…
学級の一員として
正義とは…
本当の友達とは…
心の内面
＝
道徳性
命の大切さ
家族にとって…
主体的な
判断
自立

「主体的・対話的で深い学び」のある授業を

では、具体的に道徳科の授業をどのように進めたらよいのでしょうか。

克服すべき課題は、①分かり切ったことを言わせたり書かせたりする授業、②登場人物の心情理解に偏る授業です。そして、「教師が伝える」「教師がしゃべり過ぎる」という教師中心の伝達型の授業です。これを「考え、議論する道徳」すなわち、「主体的・対話的で深い学び」の授業で克服するわけです。

なぜ「主体的」が大事なのでしょう。それは、**受け身の学習よりも能動的な学習のほうが深く学べる**からです。海外旅行に行くのに旅行会社の人に全部お膳立てをしてもらって付いて行くのと、自分で苦労して計画を立て、チケットも自分で取って行く旅行とを比べると、次の海外旅行で力を発揮するのは後者でしょう。自分から課題意識をもち、進んで取り組む、つまり、「主体的」が大事なのは、能動的になると深く学べるからです。

「対話的」が大事というのは、**学びは必ず、人との間で起こる**からです。一人で考えていても分からない。しかし、友達やいろんな人とやりとりしながら考えると、分かってくるようになるのです。授業はここに焦点を当て、「対話的」に行うのです。

ただし、ここで最も大切なことがあります。それは、**「主体的・対話的な授業」を通して、一人ひとりの子どもに「深い学び」が生まれるかどうか**です。特にこれまでは、どうしても、①分かり切ったことを言わせたり書かせたりする授業、②登場人物の心情理解に偏る授業になりがちでした。この授業を改善しようとしているわけですが、「深い学び」を実現することができなければ、根本的に子どもたちにとって魅力的な授業にはなりません。

さらに、**「深い学び」が得られるからこそ、子どもたちは学びに対して「主体的」になり「対話的」になる**のです。

では、「深い学び」とは何でしょう。それは、道徳科の目標である、*「道徳的諸価値についての理解を基に、自己を見つめ、物事を（広い視野から）多面的・多角的に考え、自己の生き方（人間としての生き方）についての考えを深める」という学びです。

「分かり切ったことを言わせたり書かせたりする授業」に関しては、「親切にすることが大切だ」などと、行いや行動レベルの分かり切った授業になりがちでした。さらに、「親切は、された方だけでなく、した方も、そして周りの人たちの心もポカポカと温かくしてくれる。だから、とても素敵なことなんだ」といった内容は、小学校の低学年で考え合いたいことです。ところが、中学校の授業がこの内容に終始すれば、生徒には「納得」も「発見」もありません。当然、「分かり切ったことを言わせたり書かせたりする授業」になってしまいます。つまり、発達の段階が考えられていない、「深い学び」とならない授業です。

一方、「登場人物の心情理解に偏る授業」は、教材の話で終始し

＊「小学校学習指導要領」（平成29年告示）第3章　第1。（　）内は中学校の内容。

てしまう授業です。「小さな国語」のような授業ですから、「納得」も「発見」もなく、「深い学び」も得ることはできません。また、この授業の場合、教材の読解で終わってしまいますから、多くの場合、最後に教師がまとめてしまいます。これでは、子どもたちにとっては、受け身の学びとなってしまいます。

　つまり、**子どもたちが「納得」と「発見」の実感を得られる授業こそ、「深い学び」が得られる授業**なのです。

　では、「納得」と「発見」のある「深い学び」を実現する授業にするには、どのようにすればよいのでしょうか。

三つのレベルを意識しよう！

　ここからは、「深い学び」のための工夫について考えましょう。道徳性について考えた氷山モデルを、授業レベルで考えます。

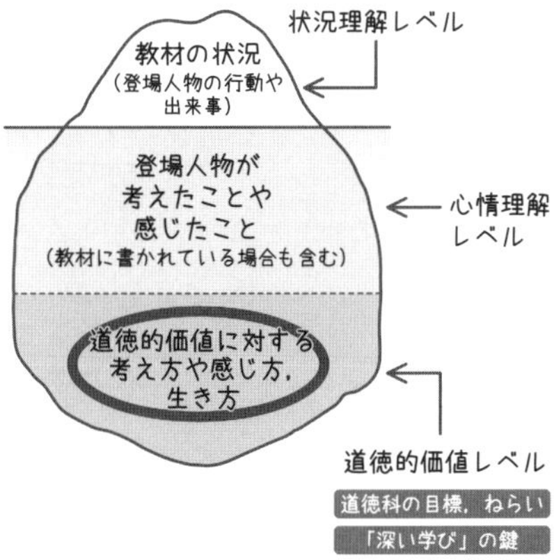

状況理解レベル
教材の状況
（登場人物の行動や出来事）
登場人物が考えたことや感じたこと
（教材に書かれている場合も含む）
心情理解レベル
道徳的価値に対する考え方や感じ方，生き方
道徳的価値レベル
道徳科の目標，ねらい
「深い学び」の鍵

状況理解レベル

　まず、氷山の水面より上の見えている部分は、授業で言えば**教材に書かれている部分で、読めば分かること**です。

　ここで授業を展開してしまうことがあります。「誰が出てきた？」「何と言ってた？」などです。これでは、「小さな国語」になってしまいます。ここは授業をするところではありません。

　ただ、**紛らわしいのは、この状況の部分を子どもたちが分かっていなければ、道徳科の授業は始まらないということ**です。かと言って、ここをしっかり分からせようとする授業を展開すれば、「小さな国語」になってしまいます。

　ではどうするか。教師が手立てや工夫をすることが必要なのです。教師が気持ちを込めて範読をする。難しい用語が出てきたら説明を加える。挿絵を使って状況理解を助ける。追いたい登場人物の名前を大きく書くなどです。さらに、最近は、教材を前もって何回か読ませておく学校も増えてきました。小学生なら宿題に出す。中学生なら、朝読の時間などに読み聞かせをするといった工夫です。

心情理解レベル

　教材に書かれている状況が分かったら、いよいよ本格的に授業のスタートです。登場人物は、どのようなことを考えたのか、あるいは、どんな気持ちだったのかをみんなで考えます。**道徳性は、心の内面であることから、心の中へと入っていく**のです。「心情理解レベル」です。登場人物の心情や心の中が教材に書かれている場合もありますが、その場合も、心の中を想像して考えさせます。

　このとき、「教材」を使っていることの効果が出ます。まず、授業で焦点を当てたいのは、心の中です。もし、それぞれの子どもに最初から自分の経験を思い出させて話をさせると、心の中に入る以前に、その経験の状況が違いますから、話合いは嚙み合ってきません。「それは、いつ、どこの話なの？」などと、それぞれの状況理解レベルに話が集中してしまうのです。

これに対して、**「教材」という共通の土俵で、登場人物に自分を重ねて考え、意見を交流しますから、まさに、心の中に話合いの中心が定まる**のです。さらに、その話題が、教室の子どもたち自身のことではないからこそ、子どもたちは、自分の心の中を探られているといった抵抗感なく発言できます。ただし、登場人物の心の中として発言していても、実は、それぞれの子ども自身の心の中から発言されているのです。つまり、**それぞれが「自己を見つめ」ながら、話合いに参加できる**というわけです。この意味で、自我関与を中心とした学習は、子どもたちにとって考えやすさと発言のしやすさがあるのです。

ただし、授業がこの心情理解レベルに留まると、登場人物の心情理解で終わってしまいます。中教審の指摘した課題の一つである「登場人物の心情理解に偏る授業」となってしまいます。

道徳的価値レベル

そこで、さらにもう一段、掘り下げます。**登場人物の感じたことや考えたことの中に、道徳的価値についての見方、感じ方、考え方が隠れています**。それを明らかにするのです。これがまさに**道徳科の目標とするところであり、その授業のねらい**に当たるところです。

道徳科の授業を進めるに当たっては、この第三層を、子どもの言葉で想定し、その内容について話し合う授業に近付くことができるのかどうかが「深い学びの鍵」となります。もちろん、**子どもたちは、教師が想定した言葉のとおりには発言しません**。なぜなら、**自分との関わりで考え、自分なりの表現をするから**です。そこで教師は、子どもたちの発言内容をしっかりと理解しつつ、**その発言がねらいとする内容の深さや広がりなのかを判断**しながら、**クラス全体の話合いへと広げていく**ことが必要です。

氷山の第三層に迫る授業！

では、具体例を見ていきましょう。

小学校・中学年〈B友情、信頼〉の教材「絵はがきと切手」です。「それでも、ひろ子が正子に料金不足を教えようとしたのはなぜでしょう」を中心発問としました。

【状況理解レベル】は、教材に書かれていることです。つまり、「正子に料金不足を教えた」です。

そのとき主人公・ひろ子が考えたことが、**【心情理解レベル】**です。中心発問「それでも、ひろ子が正子に料金不足を教えようとしたのはなぜでしょう」によって、みんなで考え合います。子どもからは、「正子さんがまた間違えてはいけない」「きっと分かってくれると思う」といった意見が出てくるでしょう。

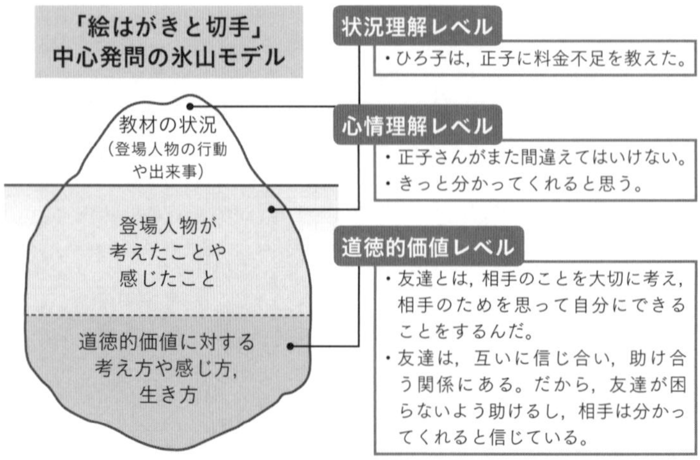

「絵はがきと切手」
中心発問の氷山モデル
教材の状況
（登場人物の行動や出来事）
登場人物が考えたことや感じたこと
道徳的価値に対する考え方や感じ方，生き方
状況理解レベル
・ひろ子は，正子に料金不足を教えた。
心情理解レベル
・正子さんがまた間違えてはいけない。
・きっと分かってくれると思う。
道徳的価値レベル
・友達とは，相手のことを大切に考え，相手のためを思って自分にできることをするんだ。
・友達は，互いに信じ合い，助け合う関係にある。だから，友達が困らないよう助けるし，相手は分かってくれると信じている。

そこで、「どうして、そのように思ったのだろう」「それはどういうことだろうか」などの補助発問により、【道徳的価値レベル】の内容へと深めます。主人公・ひろ子が正子さんに対して考えたことの意味を、みんなで考え合うのです。そして、「友達とは、相手のことを大切に考え、相手のためを思って自分にできることをする人だ」「友達は、互いに信じ合い、助け合う関係にある。だから、友達が困らないよう助けるし、相手は分かってくれると信じている」といったことをみんなで考え合うのです。ここで気をつけたいことは、**【道徳的価値レベル】の内容は、主人公のことではなく、「友情、信頼」に対する考え方**であるということです。そして、この考え方を、一人ひとりの児童が自分に引き寄せて考え、語り合い、自覚できるようにすることが、本時のねらいとなります。

「深い学び」は、この第三層まで深めていくことによって実現します。そして教師が、この授業での**第三層の【道徳的価値レベル】の内容を、きちんと子どもの言葉で想定できているか**が大事なことです。それが、本時のねらいを子どもの言葉で表現した例となるのです。

発達の段階を踏まえた「納得」と「発見」を

ただし、第三層にも、色々な見方、感じ方、考え方が出てきます。例えば、先ほどの「絵はがきと切手」の例で言えば、「それでも、ひろ子が正子に料金不足を教えようとしたのはなぜでしょう」に対して、第二層として、「きちんと教えて、これからも仲よくしていきたいから」といった意見が考えられます。この意見に対する第三層は、「友達とは、けんかをするより、仲よく楽しく過ごすほうがうれしい」といったことになります。

ここで、第三層の二つの考え方の違いを比べてみましょう。

	Aの考え方	Bの考え方
第二層 心情理解レベル	きちんと教えて，これからも仲よくしていきたいから。	正子さんがまた間違えてはいけない。 きっと分かってくれると思う。
第三層 道徳的価値レベル	友達とは，けんかをするより，仲よく楽しく過ごすほうがうれしい。	友達は，互いに信じ合い，助け合う関係にある。だから，友達が困らないよう助けるし，相手は分かってくれると信じている。
	低学年で考え合いたいこと	中学年で考え合いたいこと

これが発達の段階の違いです。前者のAは、低学年で考え合いたいことです。一方、中学年は後者のBです。どちらが正しいというものではなく、どちらも一つの考え方です。しかし、**前者のAは、結果に注目をした考え方で、低学年のねらいとするところ**です。中学年でこの考えに留まっていては、第三層まで進めたとしても、分かり切ったことを言わせたり書かせたりする授業になってしまいます。

一方、**後者のBは、なぜそのようにするのかという動機に注目した考え方**で、中学年の子どもたちには、まだ意識に上っていないものの、**みんなで考えると分かるし、思い当たる「納得」と「発見」のある内容**です。ここに、「深い学び」があるのです。

目指すのは「居酒屋の授業」
―「学習者は子ども」を大切に―

居酒屋のイメージ
心を開いて本気で語り合う
会話の輪が点から線，線から面へ
高級レストランのイメージ
よそゆきの会話
※あくまでもイメージ。子どもには伝えない

「学習者は子ども」という考え方を大切に

次に、実際に授業を進めていく上での具体的なポイントや工夫について考えていきましょう。

これまで述べてきたように、これまでの授業には、ひたすら教師がしゃべる授業や教師の指示で進む授業がどうしてもありました。

そこで、「学習者は子ども」という、当たり前ですが大事な考え方を常に心掛けましょう。「学習者は子ども」ということは、子どもたちがしっかり考え、どんどん発言し、活躍する授業です。言い換えれば「教師がしゃべらない授業」です。ただし、教師は何もしないのではありません。教師は前面に出ずに、積極的に仕掛けます。

さらに、**「学習者は子ども」「教師がしゃべらない授業」という考え方は、「答えは、子どもたちの中にある」という、プラス思考の考え方から生まれる**ものです。このプラス思考の考え方や姿勢を貫くことこそ、「考え、議論する道徳」「主体的・対話的で深い学び」のある授業の実現につながるものです。

「教師がしゃべらない授業」は、保育を手本に

「教師がしゃべらない授業」のお手本は、保育です。保育は、教師が一方的にしゃべって進めてはいけません。教師が全部しゃべって保育をしたら、子どもたちには何も力は付きません。教師が、「ほらこんな遊びがあるよ。はいどうぞ」「飽きてきたの。じゃあ次に、こんな遊びもありますよ」「けんかしてはだめよ、ほら、こうして

仲よくするのです。分かった？」と、全部しゃべって進めていては、待つだけの子どもが育ってしまいます。**保育は、教師が直接しゃべって指示を出すのではなく、「環境」をつくります。**子どもたちが、考えたくなる、動きたくなる環境です。そして、一番の環境は人的環境、すなわち、教師です。例えば、幼稚園や保育所の教師は、**「できないフリ」**の芝居がとても上手です。教師が、「えー、こんなの先生には無理だよ」と言った瞬間、園児たちは肩を組んで、「僕らはできるよ。任せて！」と目を輝かせ、やる気満々になります。**子どもたちが思わず取り組みたくなる環境をつくり、その気にさせている**わけです。

教師が「分からないフリ」を演じる

道徳科の授業でも、幼稚園の教師のように、「分からないフリ」をしましょう。例えば、ある子が、「自分にとって大切だった」と言ったとします。その発言に対して、「皆さん、聞きましたか。〇〇くんは、自分にとって許せるのかどうかという意味で、自分にとって大切だったと言ったのですよ。分かってますか？」と、子どもの考えを、よかれと思って、教師が説明する授業になりがちです。さらに周りの子どもには、ちゃんと理解できているか問い詰めがちです。

そうではなく、**「『自分にとって』とは、どういうこと？　もう少し詳しく教えて」と本人に問い返す**のです。それで、その子どもが説明したのを受け、**まだ分からないフリをして、今度は、「えっ。みんなは分かった？」と、他の子どもたちに問い掛けます。**そして、子どもたちから、「先生、〇〇くんの言おうとしたのは、こういうことだよ」と、他の子どもが説明できるようにするのです。その中で、「例えばね、私もそうだったんだけど、……ということがあって、それと同じだと思う」などと子どもが話せば最高です。なぜなら、道徳科の目標である、「道徳的諸価値についての理解をもとに、自己を見つめ」ている姿そのものだからです。

さらに、このような返し方のできる教師は、**発言している子どもの方を見ながら、その一方で、うなずいている子どもを探しています。**そして、「今うなずいたね。分かるんだ。じゃあ、あなたの言葉で説明して」とどんどん広げていきます。さらに、「それじゃ、黒板に書くよ」と黒板の方を向いたかと思うと、さっと振り向き、クラス全体に向かって、**「何て書いたらいいかな？」と、板書さえも分からないフリ**を演じます。

つまり、教師が説明してしまうのではなく、ねらいにつながる意見やつぶやきが出たら、さりげなくすっと立ち止まり、分からないフリをしながら、子どもたちにどんどんと発言させる場をつくるのです。そして、じっくりと考えさせるのです。**周りの子どもたちを、最大の理解者にし、「納得」と「発見」へとつなぐ**のです。まさに、「学習者は子ども」という発想です。

ただし、このような立ち止まりや分からないフリができるということは、教師が陰の最大の理解者であることは言うまでもありません。

道徳科の授業は「上」「下」「前」「横」？

道徳科の授業での子どもたちの視線の先を見ていると、「上」「下」「前」「横」と色々あります。興味深いのは、子どもがどこを見ているかで、その授業の特徴が分かることです。

まず、「下を見る」授業は、ひたすら教科書の中から答えを見つけようとしている授業です。さらに、「前を見る」授業は、ひたすら教師がしゃべっている伝達型の授業です。

一方、「上を見る」授業、言い換えれば、天井を見ている授業は、子どもたちが自分のこれまでの経験や考えを振り返っている授業です。さらに、「横を見る」授業は、友達の考えに強く関心をもっている授業です。

道徳科の授業で子どもたちが考えることは、一人ひとりの心の中にあります。そしてその自分の考えと、**友達をはじめ他者の考えとの違いを比べる**のです。

つまり、**道徳科の授業では、「上を見て、横を見る」授業**が、「自分事として主体的に考え、自分や他者と楽しそうに対話する」授業、すなわち、「主体的・対話的」な授業となるわけです。

子どもの頭の中に「？」が立つ問いを

このような、教師がしゃべらず、子どもたちがどんどん活躍する授業には、質の高い「問い」が必要です。特に、ねらいに迫る中心発問の場面は、補助発問も含めて、子どもの中に「？」が生まれる問いが必要です。

例えば、教師からの「自分たちが頑張ることが、どうして本当の優しさなの？」といった問い掛けに、**子どもたちが「えっ？　確かにどうしてだろう？」と考え込む「？」が生まれる問い**です。もちろん、「自分たちが頑張ることが、どうして…」の問い掛けが、子どもたちの中から出れば、もっと素晴らしいでしょう。要は、「なぜ」「どうして」といった「？」が、子どもたちの思考を深めるのです。

ただし、教師に向かう「？？」は、要注意です。教師がどんどん質問するものだから、そのうちに子どもたちが、（先生は一体何を尋ねているの？）（何を答えてほしいの？）と、「？？」が教師に向く授業です。そうではなく、子どもの頭の中に「？」がぽんと現れる問いです。

そして、**「？」が頭の中に現れた子どもの目線は、自然と天井に向かいます**。先ほども述べたように、道徳科では、子どもたちは天井を見ながら、これまでの自分の経験、自分の考え方を振り返り、じっくり考えるのです。つまり、道徳科の目標の中にある「自己を見つめ」が実現している一つの姿です。

ここで、子どもたちの視線が、天井ではなく教科書に向いてしまうと、それは「小さな国語」になってしまいます。教科化に当たっての課題「②登場人物の心情理解に偏る授業」です。

ちなみに、国語科の授業では、教材の一言一句を、しっかりと読み、読解を深めていく必要があります。つまり、道徳科は天井を見つめる。国語科は、教科書を何度も読む。このようなところにも、道徳科と国語科の違いがあるでしょう。実際、国語科の授業で、天井を見つめて考えている子どもがいたら、当然、「〇〇さん、天井には何も書かれていないよ。教科書をしっかりと読んでごらん」という指導をすることでしょう。

さらに、天井を見つめて考えた子どもは、やがて、隣の友達にこそこそっとつぶやくでしょう。「自分はこう思うのだけど、きみはどう考える？」と。それは、決まった答えではなく、多様な考え方や感じ方があるからです。よって、**子どもが思わず隣の友達に相談したくなる問いも、道徳科では重要**です。いよいよ、自分とは違う考え方や感じ方に出会い始めるわけです。物事を（広い視野から）多面的・多角的に考えることのスタートです。それができるよう、特に**道徳科は、子どもたちの机をくっつけて並べることが効果的**です。

ところで、教師がよく使ってしまう言葉に、**「じゃ、次の質問いくよ」**があります。教師にとっては、学習指導案に従って丁寧に進めているのですが、子どもたちにとっては、教師から尋ねられているから答えているようなものです。このような授業は、教師の段取りに子どもたちを合わせようとしているので、発問と発問の間がぶつ切りになってしまいます。**子どもたちにとっては、考える必然性の感じられない、受け身の授業**です。「学習者は子ども」です。子どもたちの思考の流れに沿った授業展開を目指すことが大切です。

さらに、小学校でよく見られる光景に、友達の意見に対して**「分かりました」**と一斉に声を出す学級があります。拍手をする学級もありました。この「分かりました」も拍手も、子どもたちの意見と意見をぶつ切りにしてしまいます。実際、**本当に心に響き、なるほどと思ったときは、子どもたちからは「おおー」「なるほどね」と感嘆の声が上がります**。「分かりました」も拍手も忘れているのです。学年はじめの四、五月は、友達の意見に注目できるよう、「分かりました」もいいでしょう。しかし、六月頃になれば、「心の中で言おうね」といった指導が重要です。

めあてを立てよう！

最近、授業の導入の段階で、子どもたちに「めあて」を示す授業が増えてきました。このことは、とても効果的なことだと考えます。

これまでの道徳の時間は、ミステリーツアーでした。分かりそうで分からない方向に向かって授業が進み、そのうちに、「ああ、今日は友情についての授業なんだ……。それだったら、〇〇といったことを言っておけばいいか……」といったものでした。

しかし、「主体的・対話的で深い学び」を目指す授業は、子どもたちが学びの主人公です。**授業の目的を主人公である子どもたちが分かっているかどうかは、大事なこと**です。それを示すのが、「めあて」です。ただし、「めあて」は、道徳の内容を漠然と示すものと、「問い」として示すものがあります。例えば、前者は、「規則について考えよう」というものです。後者は、「規則を守ることは、なぜ大切なのだろう」というものです。後者のほうが、子どもたちは何を考えるのかが分かります。そして、課題意識をもって臨むことができます。

さらに、「問い」として示す「めあて」は、授業がブレるのを防いでくれます。最初に、「規則を守ることは、なぜ大切なのだろう」と問うていますから、中心発問でねらいに迫っていった際も、「ここで、今日のめあてを思い出してみよう。規則を守ることは、なぜ大切なのだろう」と、子どもたちの思考を焦点化することができます。

なお、めあてを立てた場合、それを軸に授業を展開することが大切です。ところが、「規則を守ることは、なぜ大切なのだろう。今日は、これを○○という話を通してみんなで考えよう」と子どもたちに投げ掛けているにもかかわらず、範読後の第一声で、「登場人物は誰ですか」と問う授業を多く見かけます。まさに教師の都合です。**範読後の第一声は、「規則を守ることの大切さが分かりそうかな」と問いたい**ですね。これが、教師の都合ではなく、学びの主人公が子どもたちとなっている授業には大切なことです。

また、ある研修会で、「めあてを立てると、中学生なら忖度してしまうのではないか」という質問が出ました。その答えは簡単です。その忖度を超える「納得」と「発見」があればよいのです。

板書は授業のメルクマール（指標）

板書は、授業の深さを表します。板書計画をしっかりと考え、「深い学び」のある授業を目指しましょう。

下の板書①はどうでしょうか。きれいに整理されていますが、内容は、場面ごとに主人公が感じたことや考えたことが書かれているだけです。何より、規則の尊重の授業なのに、「きまり」「ルール」といった言葉が見当たりません。

一方、**板書②は、「きまり」について考えた跡が、キーワードをうまく使い、しっかりと示されています。**授業も、第三層の「道徳的価値レベル」に切り込む授業となったことが分かります。

このような板書は、授業前から展開とともに計画することが大切です。そして、**よい板書を計画することは、「深い学び」をつくる上でとても大切**なことです。

なお、板書は、子どもたちと考えて、「そうかこういうことだね」と板書したいですが、「こういうことだね」と既に作ってあるフリップを貼る授業に出会うことがあります。子どもたちからすれば、「なんだ。先生は最初から作っているんだ」となります。本当に子どもたちとつかみ発見したら、「つまり、こういうことだね」と、手書きでまとめていきましょう。あらすじなどは、最初から作っておいて貼ることは時間の節約になります。しかし、**子どもたちと一緒に考えたいことは、子どもたちが発見したように手書きし、それを先生は、「すごいね」と励ます**ことがよいですね。

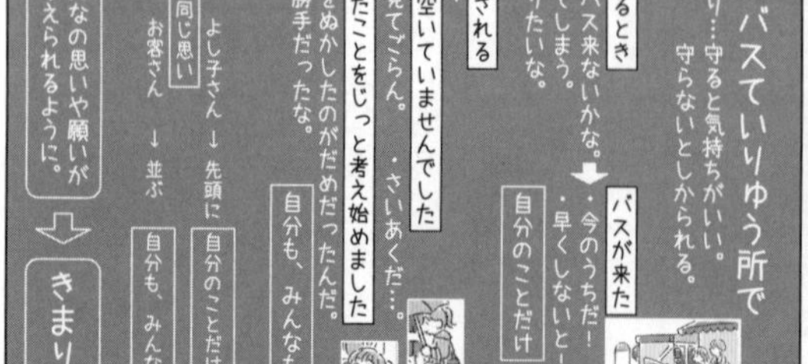

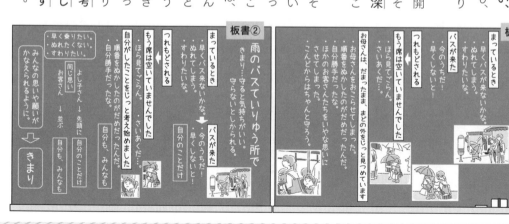

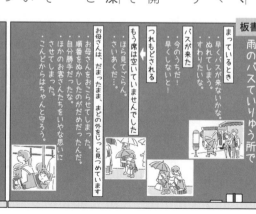

授業のまとめも「学習者は子ども」の考え方を

現場の先生方から聞かれる悩みに、「道徳科はまとめをどうすればよいか分からない」というものがあります。

これについても、「学習者は子ども」という考え方を貫きましょう。

上手なまとめをする先生は、子どもの言葉を使ってまとめます。一方、まとめに悩んでいる先生は、結局、みんなで何を考えたのか分からないまま、先生の言葉でまとめます。しかも、先生のまとめの内容は、それまでの話合いには、まったく出ていない内容です。

中心発問を山場とし、子どもたちが考え合い練り合う中で、道徳的価値に対する感じ方や考え方についての「納得」や「発見」が生まれます。それを「子どもたちの手柄」として確認すればよいのです。

まとめをする段階は、授業の「終末」に当たるところです。**子どもたちの言葉でまとめ、子どもたちの手柄とするためには、終末に入るまでに、子どもたちの中に「納得」と「発見」がなければなりません。**つまり、中心発問でねらいに迫っていなければなりません。

最近、散見する授業に、「終末」で感想や分かったことを書かせ、それでねらいに迫るものがあります。これでは、一部の子どもはねらいに近付いたけれど、多くの子どもたちはそうでないということです。その状態で、ねらいに近付いた子どもの感想を紹介し、まとめとすれば、教師中心の授業と何ら変わりはない授業となってしまいます。そして何より、ねらいに近付く意見が二、三人の子どもたちから出るということは、それを中心発問の場面で出させ、みんなで考え合えば、もっと多くの子どもたちが納得し、発見できる授業が展開できたということです。非常に残念なことです。

ただし、**中心発問でねらいに迫るためには、**授業開始から20分ほどで**中心発問に入る**必要があります。

中心発問を山場とし、「学習者は子ども」の考え方を大切に、子どもたちみんなでねらいに迫る授業展開をしましょう。

「居酒屋の授業」で点から線、線から面に！

以上のことから考えると、教師がぐんぐんと引っ張る授業ではなく、学びの主人公である子どもたちが頭をフル回転させ、目を輝かせながらみんなで考え合い、「納得」と「発見」のある「深い学び」が得られる授業を実現することが大切だということです。

それは、**「高級レストランの授業」ではなく、「居酒屋の授業」**と言えるのではないでしょうか。ワイワイ、ガヤガヤと意見を出し合う中で、みんなで一体となり、ある子どもの発言に「おおっー」「なるほどねっ」と感嘆の声が出たり、ちょっとしたつぶやきから授業が展開したりする授業です。実際、生き方について熱く語り合えるのは、「高級レストラン」ではなく、「居酒屋」ですね。

一人の発言という「点」が、それに関心をもつ友達とつながって「線」になり、そのやりとりが学級全体の関心事となって「面」となり、学級全体で追究していく授業です。

ただし、このような授業は、まさに保育と一緒で、教師が関わることを一切やめて実現するものではありません。ときには役者になり、ときには運転手になり、子どもたちの学びをうまくコーディネートする力が、教師に求められます。

(1)evaluationの評価
「値踏み」
中古車
10万円
車検場
(2)assessmentの評価
「診断」
ブレーキは…
この装備いいね
そうでしょう！
(3)appreciationの評価
「真価を認めて励ます」

評価は「愛好家同士のほめ合い」で
―道徳科の個人内評価―

「真価を認めて励ます」評価

道徳の教科化によって、評価に注目が集まっています。道徳科の評価は、どのように進めればよいのでしょうか。

評価には、大きく分けて三つの種類があります。

(1)は、「値踏み」の評価です。値打ちの程度を評価します。(2)は、「診断」の評価です。お医者さんなどがする評価です。そして(3)は、「真価を認めて励ます」評価です。ワクワクしながらよさを見つける評価で、最近、注目されつつあります。

この三つの評価は、どのように違うのでしょうか。マイカーで説明しましょう。

> (1) evaluationの評価
> (2) assessmentの評価
> (3) appreciationの評価

まず、(1)の「値踏み」の評価は、マイカーを中古車センターに持っていったときの評価です。いくらくらいの値打ちがあるのかを評価してくれます。(2)の「診断」の評価は、車検です。車検は、観点別の評価規準に基づく絶対評価です。それぞれの観点ごとに明確な評価規準があり、それに基づいて評価がなされます。

では、**(3)の「真価を認めて励ます」評価**は、マイカーをどこに持っていって、誰に評価してもらったものでしょうか。それは、例えば、**車好きの人の車を、同じ趣味をもつ愛好家のところに持っていって受ける評価**です。「この車、こんな装備が付いているのですね。とてもいいですね」「このパーツは、素晴らしい力を発揮していますね」などと、ワクワクしながらよさを見つける評価です。

そして、この評価の面白いところは、「こんないいところがあるのですね」という内容を、評価された本人が初めて気付くことがあるというところです。まさにそれは、「うちの子、そんなに頑張っていたのですね」と、本人や保護者が気付かされ、励まされるのと同じことです。

道徳科の評価は、この(3)の「真価を認めて励ます」評価なのです。

「特別の教科　道徳」の評価は各教科とは違う

まず、他の教科と「特別の教科　道徳」である道徳科とは、評価の仕方が違います。

教科の目標は、ほとんどが到達目標です。理解できたかどうか、考えられるようになったのかどうかです。したがって、評価規準もあります。評価規準に対して、到達したかどうかで評価することができます。

一方、**道徳科の目標は、方向目標**です。目標に向かって近付いていくことを目標とします。**道徳科で目標とすることは、達成するのではなく、生涯をかけて、追求していくもの**です。何より、道徳科で養う「道徳性」は、容易に評価できるものではないのです。同様に、道徳の内容についてもそうです。深く理解したかと思えば、あるときは浅い理解に戻ってしまうことがあるのです。

では、何を評価するかというと、**道徳科における子どもの学習状況や成長の様子**を、**より多面的・多角的な見方へと発展しているか、道徳的価値の理解を自分自身との関わりの中で深めているか**といった点を重視しながら見取るのです。つまり、その子どもなりに、どれだけ一生懸命考えようとしたのかを評価するということです。評価規準がありませんから、当然、一人ひとり違います。したがって、記述式の個人内評価となります。**子どもの道徳性を評価するのではない、道徳の内容を理解できたかどうかを評価するのではない**ということを、しっかりと押さえておきましょう。

ちなみに、先ほど、教科の目標は、ほとんどが到達目標であると述べたのは、教科であっても、資質・能力の三番目の中の「人間性」は個人内評価が適当であると示されているからです。この部分を記述式の個人内評価とすることと、道徳科の評価とは、同じ考え方です。

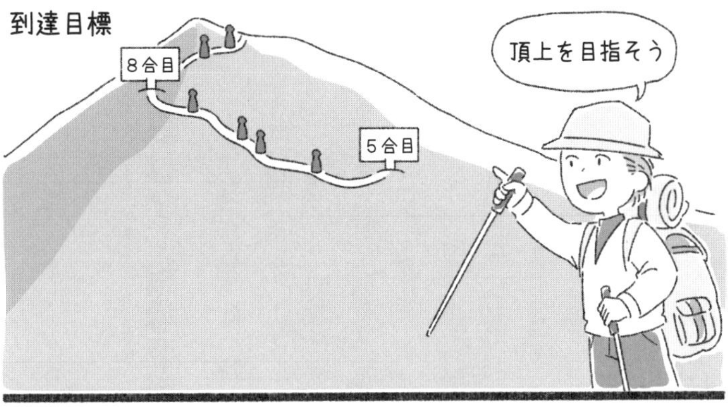
到達目標
8合目
5合目
頂上を目指そう

方向目標
素晴らしい山の写真を撮ろう
「素晴らしさ」は人それぞれ，
そして生涯をかけて追求するもの

では、具体的に見ていきましょう。「道徳教育に係る評価等の在り方に関する専門家会議」の「『特別の教科 道徳』の指導方法・評価等について（報告）」（平成28年7月22日）によれば、次のことを考えることが大切です。

○教育活動全体と道徳科の評価を区別する。
○数値による評価ではなく、記述式とする。
○個々の内容項目ごとではなく、大くくりなまとまりを踏まえた評価とする。
○児童生徒がいかに成長したかを積極的に受け止めて認め、励ます個人内評価として行う。
○学習活動において、一面的な見方から多面的・多角的な見方へと発展しているか、道徳的価値の理解を自分自身との関わりの中で深めているかといった点を重視する。
○発達障害等のある児童生徒が抱える学習上の困難さ等の状況を踏まえた指導と評価を行う。

教育活動全体と道徳科の評価は別にします。内容項目は出さず、その子どもがいかに成長したかを積極的に受け止めて、認め、励ます評価をしましょう。言葉や文字だけから評価するのではなく、学習時の表情、構え、姿なども評価の対象です。

評価のためには、道徳ノートやワークシートを活用するとともに、教師による記録も大事です。ただし、一時間に記録できるのは、せいぜい五、六人です。でも、それを続けるのです。一か月も経つと、何にも書かれていない子どもが出てきます。なかなか活躍できなかったということでしょう。その実態も見えてくるということです。

次の時間は、その子どもをしっかりと活躍させ、見取っていくのです。「指導と評価の一体化」なのです。

通知表は？　指導要録は？

先ほどの表の留意事項は、特に、指導要録に関して留意することです。では、通知表はどうでしょう。

通知表は、各学校が創意を凝らし、子ども本人や保護者に励ましや勇気を届ける教育活動です。指導要録の留意事項を基本としつつ、通知表だからこその大切なポイントがあります。それは、「分かりやすさ」です。そこで、例えば、次のような通知表の例があります。通知表は、最終的には校長の判断によりますが、この例は案外多くの学校で使われている形式です。

道徳科での発言は控えめでしたが、友達の意見をしっかりと聞き、納得した様子で何度もうなずきながら考えていました。

例えば、「寛容」の授業では、友達の意見を聞きながら、「自分と違った意見や考えは、自分の考え方を広げてくれるから大切だ」などとノートに書いていました。

道徳科の時間を楽しみにし、いつも自分の経験と重ねながらじっくりと考える姿が見られました。

特に、「裏庭でのできごと」の授業では、「うそをつく人間は、心が逃げている。自分は、決して逃げず、自分の値打ちを大切にしたい」と、自分の在り方にまで広げた発表をしました。

形式として、二段落構成になっています。**第一段落目は、大くくりなまとまり**で表現します。そして、**第二段落目には、その具体例**を挙げています。

最初の例は、第二段落目に、「寛容」と内容項目が挙げられています。しかし、「寛容」についての考え方を評価しているのではなく、あくまでも第一段落目の具体例として挙げており、文末も、「理解できた」「考えることができた」ではなく、「ノートに書いていました」などと、学習状況で表現しています。

そして、**指導要録には、通知表の第一段落目を書くとよい**でしょう。

> 道徳科での発言は控えめでしたが、友達の意見をしっかりと聞き、納得した様子で何度もうなずきながら考えていました。

> 道徳科の時間を楽しみにし、いつも自分の経験と重ねながらじっくりと考える姿が見られました。

指導と評価の一体化

道徳科の評価が特に話題になった頃、各学校を訪問すると、評価に関する質問を多く受けました。

そのとき、大きく二つの質問がありました。それは、**「何を書いたらよいのですか」**というものと、**「どのように書いたらよいのですか」**というものでした。

前者は、道徳科の授業づくりにあまり取り組んでいない学校でした。何とか評価しようと思うのだけれど、**どこをどう見取ればよいのか分からず、何より、書くことが「ない」**というものでした。

一方、**後者は、積極的に授業づくりに取り組んでいる学校**でした。あれも書きたい、これも書きたい。**書きたいことがいっぱいあるのに、書くスペースが狭すぎて、どのように書けばよいのか迷ってしまう**、という悩みでした。

ここに、道徳科の評価の基本的な考え方が表れています。

つまり、**道徳科の評価は、授業の中で、子どもが活躍している姿を見取り、是非とも本人や保護者に伝えて励ましたいと思うことを書く**のです。そして、それは、授業が深まり、子どもたちにとって魅力的なものになっているからこそ、活躍した姿があるのです。

言い換えれば、授業が深まらないと、評価はできないのです。実際、道徳科の評価を研究テーマに取り組んだ学校の研究主任の先生が、研究が深まっていった頃にぽつりと言われた一言がとても印象的でした。

「評価について一生懸命取り組んできたけれど、結局、よい授業ができているかどうかなんですよね……」

まさに、**指導と評価は一体化している**ということです。

チームとなって、みんなで取り組む
―「チーム学校」の意識で―

学習指導案を検討する
学習指導案
授業のクチコミを蓄積する
年間指導計画
クチコミ
1
2
3
4
板書の写真を掲示する
みんなでたくさん考えました！

推進体制の確立

道徳教育や道徳科の推進体制については、これまでは道徳教育推進教師任せや担任任せになったり、日々の問題行動に特化した取組になったり、学校としての積み重ねがなかったりといった課題がありました。今は、**学校がチームとなってみんなで取り組むなど、教師の側にも自立と協働が求められています。**

まず、道徳教育推進教師を中心とする学校としての体制をつくりましょう。**道徳教育推進教師は、一人である必要はありません。**小学校であれば低、中、高学年、特別支援学級から、中学校であれば各学年と特別支援学級からと、それぞれ四人が道徳教育推進教師になるという方法もあります。各学校の実態に応じて考えましょう。

具体的な取り組みとして、次のようなことが考えられます。

みんなで指導計画の作成・改善を推進する

- 校長の方針の下に、道徳教育推進教師を中心に、全教師が協力して道徳教育の全体計画や年間指導計画を作成できるようにします。また、実施後は、みんなで改善していくことができるようにします。
- この際、先にも述べたように、**プラス思考で道徳教育の重点目標を設定する**ことなども心掛けましょう。
- また、環境教育や人権教育、食に関する教育の計画など、諸々の指導計画との関連をしっかりと考慮しておくことで、それぞれの成果を上げることができます。

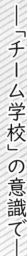

授業研修を推進する

・授業をお互いに見合い、指導力を高められるようにすることは、最も効果があることです。特に、中学校では、担当教科の垣根を越え、みんなで共通の話題で研修できるので、指導力の向上が望めます。道徳教育推進教師を中心に、授業研修の計画を立てましょう。

・学習指導案も、みんなで考えることで、よりよいものになります。ただし、その時間を取ることは難しいものです。**職員室にホワイトボードを置き、真ん中に学習指導案を貼り、周りに自由に書き込んでもらうようにする**だけでも、時間を設定せずにみんなで取り組めます。

・校長や教頭などの参加、他の教師との協力的な指導などにも積極的に取り組みましょう。教務とも協力しながら、時間割の工夫をしましょう。特に最近は、**中学校でのローテーション授業**が広がっています。その際、学級担任は原則として教室にいて、T2をしたり、観察者となったりすることが大切です。**自分の授業のときに見ることのできない生徒の学習の姿に出会えます。**このことは、評価にも役立つことです。

ローテーション授業の例

担任A, B, C, 副担任D, Eの5名の場合

	1週目	2週目	3週目	4週目	5週目
A組	D先生	A先生	E先生	C先生	B先生
B組	E先生	D先生	B先生	A先生	C先生
C組	C先生	E先生	D先生	B先生	A先生

＊原則として学級担任は自分の学級にいる（T2など）。
＊授業時間をずらして行う場合と統一して行う場合がある。

環境整備を推進する

・道徳教育は、道徳科を要としながら、教育活動全体を通して取り組みます。国語科や社会科などの教科等もそうですが、学校の環境整備もまた、道徳教育を推進するのにうってつけの取組です。道徳科の教材や関連図書を準備したり、教室内や廊下などの掲示物を工夫したりすることなどを、校務分掌などとも連携を図りながら、みんなで取り組むことができるようにしましょう。**板書の写真を撮っておき、それを掲示する**だけでも、子どもたちは授業を振り返ることができます。

・子どもたちの自立を目指す道徳教育ですから、環境整備も教職員だけで行うのではなく、子どもたちにも活躍してもらいましょう。学級の係や児童・生徒会活動の委員会などで、子どもたちに任せ、アイデアを発揮させましょう。
これらのことが、**子どもたちの道徳的実践の場にもなります。**

評価計画を推進する

・計画や指導に対する評価と、子どもたちに対する評価を分けながら、みんなで評価に取り組む計画を立てて実行しましょう。

・特に、授業に対する評価は、その授業を行った者や参加・参観していた者が一番よく知っています。そこで、**授業のクチコミを学校として残し、財産に**しましょう。職員室のパソコンやサーバーなど、みんなが共有できるところに年間指導計画のファイルを置き、授業が終わったら授業者や参加・参観者がすぐに打ち込めるようにします。クチコミですから、メモ感覚で、よかったところや失敗したところ、次に授業をする人へのアドバイスやメッセージを自由に書きます。書かれたものは、学校のみんなで共有するというわけです。

・子どもたちに対する評価は、指導要録や通知表の書き方も含め、教員研修を進めながら取り組みます。

情報発信を推進する

・「学習指導要領」の総則には、*「学校の道徳教育の全体計画や道徳教育に関する諸活動などの情報を積極的に公表したり、道徳教育の充実のために家庭や地域の人々の積極的な参加や協力を得たりするなど、家庭や地域社会との共通理解を深め、相互の連携を図ること」と示されています。道徳通信や学校のウェブサイトなどで、積極的に発信しましょう。

・最近は、中学校区で研修に取り組むところが多くなりました。**校種を越えて取り組むことで、発達の段階による違いがとてもよく分かります**。また、指導に見通しをもつことができます。各校で研修をする際は、近隣の学校にお知らせするなど、積極的に発信を進めましょう。

以上、詳しく述べてきましたが、要は、**みんなで楽しく取り組む雰囲気をつくる**ことがとても大切です。先生方が力を合わせて楽しそうに取り組んでいる様子を、子どもたちは必ず見ています。そのことが、道徳教育や道徳科の充実につながります。

＊「小学校学習指導要領」（平成29年告示）第1章　第6の4。中学校も同様。

情報を発信して地域・中学校区で道徳教育に取り組む

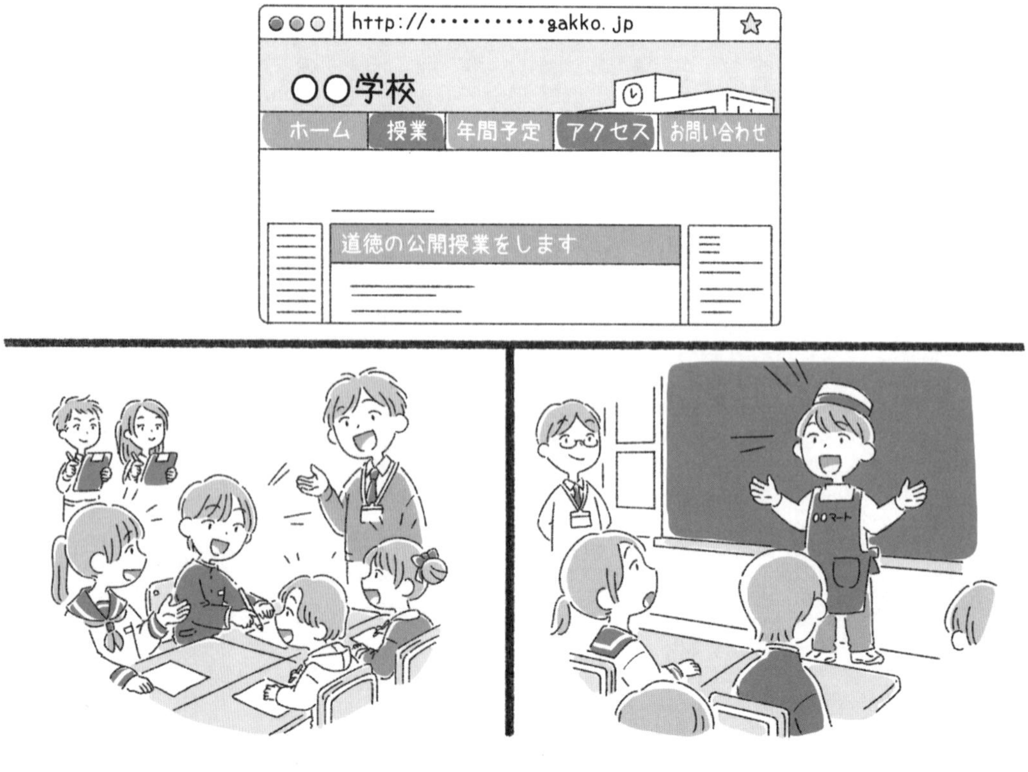

第２章　内容項目のポイント

深い学びのために
―道徳の内容の理解―

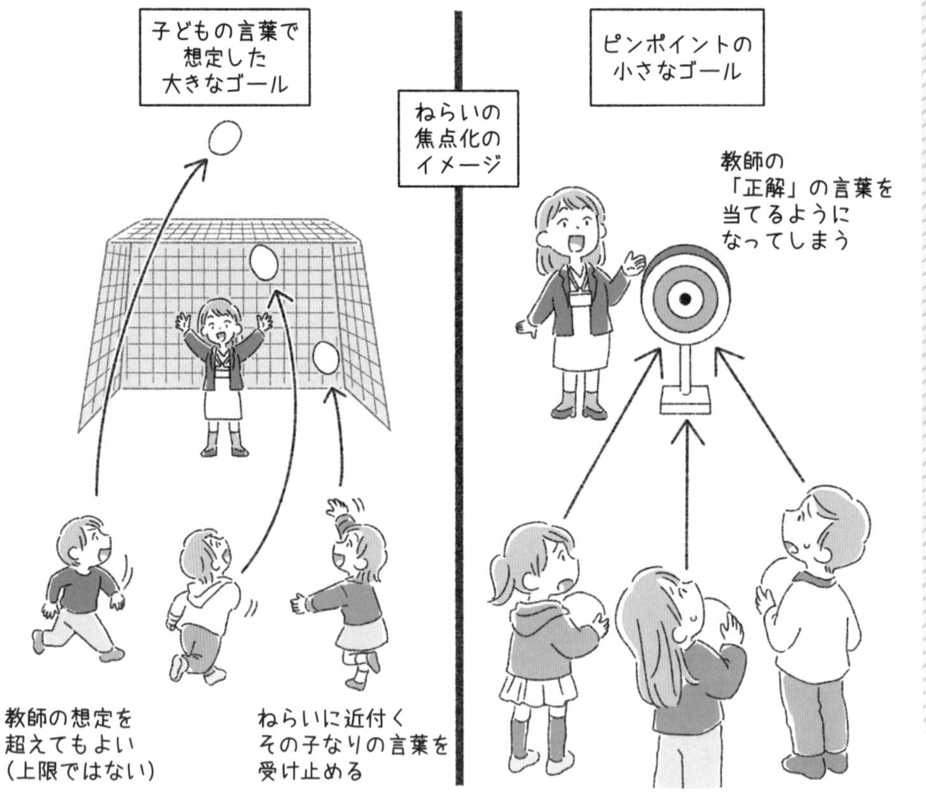

ねらいの焦点化のイメージ
子どもの言葉で想定した大きなゴール
教師の想定を超えてもよい（上限ではない）
ねらいに近付くその子なりの言葉を受け止める
ピンポイントの小さなゴール
教師の「正解」の言葉を当てるようになってしまう

個々の内容項目の解説に当たって

第1章では、道徳科での「深い学び」の大切さについて述べてきました。子どもにとって魅力的な授業になるには、何と言っても、子どもたちに内容レベルでの「納得」と「発見」があることです。

そのための方策として、「氷山の三層モデルと発達の段階で考える」ことを提案しました。ただ、実際に授業を構想するとなると、**第三層目の道徳的価値レベルを、子どもの言葉で具体的に想定することはなかなか難しい**ものです。第2章は、これを、個々の道徳の内容ごとに、より分かりやすく解説します。

解説では、内容全体を捉えた特徴と発達の段階ごとのポイント、代表的な教材の深め方の例を述べます。特に、全体の特徴と発達の段階による違いは、授業を構想する上で大きなヒントとなります。

なお、この第2章で解説する内容は、主として、小学校、中学校の「学習指導要領解説」を基に、これまで筆者自身が参観してきた授業や研究協議の経験から書いています。当然、**「これでなければならない」といったものではない**ことと、特に、**「道徳の内容の解釈は、多様な見方が大切**であることに、くれぐれも留意してください。

ねらいの焦点化を

発達の段階を意識するということは、ねらいを焦点化し、具体的にもつということです。でも、教師がねらいを具体的にもつと、教え込みにならないのでしょうか。実は、それはまったく逆なのです。

道徳科では、子どもの発言に間違いはありません。例えば、親切にすることの大切さが「お母さんにほめられるから」であっても、それは間違っていません。ただし、「学び」がないということです。

授業には、「学び」が必要です。「いろんな意見があるね」でもいけません。だから、**さりげなく立ち止まりみんなで考え合いたい意見を、教師が見取る**必要があるのです。親切の場合、中学年だと、「もし自分だったら」という意見です。ねらいを具体的にもっていると、この意見に立ち止まり、「深い学び」のある授業ができます。

さらに、**具体的にねらいをもつのは、教師の想定するねらいを超える意見が出てくることが期待されるから**です。中学年であっても、「どうすることが相手のためなのか」という高学年レベルの意見も飛び出してきます。教師が具体的にねらいをもっていると、それを見取ることができます。そして、周りの子どもたちの状況を見ながら、さらに深い学びへと誘うことができるのです。

逆に、ねらいをしっかりもたないと授業も押さえどころがなく、結局、教師が一方的にまとめる教え込みの授業になるのです。

発達の段階の違いをしっかり意識し、子どもたちに「納得」と「発見」のある「深い学び」が得られる授業を目指しましょう。

小学校と中学校との違い

まず、道徳科の目標から、小学校と中学校には違いがあります。例えば、小学校は「自己の生き方についての考えを深める」ですが、中学校は「人間としての生き方についての考えを深める」となっています。小学校は、自分のこととして捉え、これからの自分自身の生き方について考えるというところですが、中学校は、それを踏まえた上で、人間としての自己の生き方という視点が大切です。

では、「人間として」とは、どういうことでしょう。**私たち「人間」は、弱さと強さの両方をもった存在**です。分かっていても、なかなかできないものです。それは、弱さに負けてしまうことがあるからです。実際、中学生も、「何が正しいか」は知っています。そして同時に、「正しいことを実現する難しさ」も知っています。そのことを分かった上で、道徳的価値の大切さについて考えていくことになります。

では、私たち人間は、正しいことができないかというと、それを実現しようとする「強さ」もあるのです。その中身が、「自分の誇り」「プライド」「良心」「逃げたくない自分」などではないでしょうか。

中学生も、よりよい生き方を実現しようとする人に対して、憧れや尊敬の念を抱きます。また、純粋であるが故に、自らの誇りをかけて自分も実現しようと努力します。しかし、そう簡単にできるものではないため、弱さと強さの葛藤にさいなまれ、自信をなくしてしまったり、自分を肯定できなかったりすることもあるのです。

ここに、**中学校の道徳科のポイント**があるでしょう。まずは、教材の登場人物を通して、**人間としての弱さに教師も含めてみんなで共感する**のです。「自分だったらどうだろうか」「あなたたちならどうする」という投げ掛けを「さりげなく」するのです。そうすることで、**教材を自分事として考える**ことができます。そして、**正しい行いや行動をした登場人物を支えているものや後押ししているものといった視点で、みんなで考え合う**のです。このとき、あくまでも教材の登場人物を通しているので、中学生にとっては考えやすくなります。教材を使うことの効果です。

そして最終的には、**自分の中にも、正しい行いや行動へと向かう「自分の誇り」「プライド」「良心」「逃げたくない心」といったものがあることを、一人ひとりが自覚できるようにする**のです。

なお、**小学校**は、「自己の生き方についての考えを深め」ます。それは、**自分の生き方を、多様な視点で考えられるようにする**ことです。つまり、様々な感じ方や考え方、生き方についての自覚を深めるようにすることです。

小学校の低、中、高学年の違い

さらに、小学校では、低学年と中学年、高学年の違いも重要です。例えば、低学年の子どもたちは、結果や具体の世界に生きています。中学年の子どもたちは、少しずつ抽象的な考え方ができるようになり、動機を大切に考えられるようになります。さらに、高学年の子どもたちは、自分を第三者的に俯瞰できるようになってきます。

したがって、**低学年の子どもに対しては、結果に注目**させましょう。頑張った結果、親切にした結果、仲よくした結果、きまりを守った結果、「うれしかった」「いっぱいできるようになった」「自分が大きくなった」「やればできると思った」「つらかった」「悲しかった」「モヤモヤした」などです。

一方、**中学年の子どもには、動機のもつ意味**です。「〇〇といった思いや願いがあったから」という理由を大切にしましょう。それが、正しいことをすることの理由です。しなければ、その思いや願いは消えてなくなってしまうのです。

さらに、**高学年の子どもたちには、動機に一歩踏み込み、正しいことをすることの理由や意義を、さらに広げて押さえる**ことです。

特に、自分を第三者的に俯瞰したり、置かれている状況を広い視野で捉えたりできる高学年です。正しいことをすることの意味や考え方を、より広く、深く考えることができるようにしましょう。

なお、これらは、子どもたちの発達の段階に即したものです。道徳科がスタートするに当たって、「学習指導要領解説」では道徳の内容の解説の示し方が変わりました。これまでは、低学年、中学年、高学年別に示されていたものが、内容項目ごとに、同じページの中で低学年、中学年、高学年が示され、中学校の内容も補記されました。一度に、発達の違いを俯瞰できるようになったのです。

授業の構想に当たっても、この発達の段階の違いを十分に生かし、ねらいも具体的にもちながら進めていきましょう。

四つの視点の違い

道徳の内容は、平成元年の「学習指導要領」の改訂以降、四つの視点で整理されています。道徳の内容を考える際、この四つの視点のそれぞれのまとまりの特徴がとても参考になります。それは、次のようなものです。

> Aの視点……自分との闘い。
> Bの視点……相手のことを最大限に大切に。
> Cの視点……集団の中に自分もいる。自分も仲間の一人。
> Dの視点……ちっぽけだけど、とてつもなく重く、大きなもの。

Aの視点

まず、Ａの視点は、「主として自分自身に関すること」です。この内容は、概して、**自分との闘い**です。私たちはつい、自分の中にある弱さに負けてしまいがちです。でも、自分の中には、正しいことをしようとする心、自分のよさ、これではだめだという気持ちなどがきちんとあるのです。それを信じ、自分の弱さに打ち克つこと。そして、打ち克ったとき、心の中に、喜びや自分に対する自信をもち、成長して大きくなった自分を意識することができるのです。

Bの視点

続いて、Ｂの視点は、「主として人との関わりに関すること」です。私たちには、相手のことを考え、相手のために自分ができることをしようとする思いがあります。ところが、それを阻むのが、「自分」です。「自分のことを分かってほしい」「認めてほしい」「感謝してほしい」といった思いが、ムクムクと湧き起こってくるのです。しかし、自分は、相手のためにできることを懸命に考えていたはずです。相手のために自分を犠牲にするのではないのです。素直に、ひたすら相手のためを思っていたのです。さらに、相手は自分にないよさをたくさんもっています。相手から素直に学ぶことも大切です。これらのことを再認識し、**相手に対して自分が今なすべきことを考える**のです。

Cの視点

Ｃの視点は、「主として集団や社会との関わりに関すること」です。私たちは、決して、一人で生きていくことはできません。必ず、何らかの集団や社会の中で生きています。しかし、私たちはそれを忘れ、自分一人で生きているように思ってしまいます。集団や社会の中で生きているということは、自分もまた、それを構成するメンバーの一人である、すなわち、**自分も仲間の一人**ということです。そうすると、誰かがすればよいと思っていることは、当然、自分自身にも向けられます。「誰か」の中に、自分がいるのです。**集団や社会の向上の責任は、自分も担っている**のです。

Dの視点

最後に、Ｄの視点は、「主として生命や自然、崇高なものとの関わりに関すること」です。**生命、自然、美しさ、人間は、とても小さく、弱いもの**です。しかし同時に、**それらは、とてつもない大きさ、強さ、重さ、広さ、深さをもっている**のです。このことを謙虚に受け止め、その大きさ、強さ、重さ、広さ、深さの内実を考えることが、それらを尊重する心へとつながっていくのです。

道徳の内容をしっかりとつかもう

では、それぞれの道徳の内容を見ていきましょう。以下では、内容項目ごとに「全体の特徴」「発達の段階ごとのキーワードとポイント」「代表的な教材の指導上のポイント」を述べています。授業構想、ねらいや教材の分析などに生かしていただけるものと思います。

なお、「発達の段階ごとのキーワードとポイント」に示した**キーワード**は、授業において**子どもたちの発言の中から学びを深める意見を見つけ、立ち止まるための指標**にもなります。

小・高学年（22項目）		中学校（22項目）		中・内容項目
内容項目	本書のキーワード	内容項目	本書のキーワード	
A 主として自分自身に関すること ｜ 「自分との闘い」				
自由を大切にし，自律的に判断し，責任のある行動をすること。	「自由と責任」	自律の精神を重んじ，自主的に考え，判断し，誠実に実行してその結果に責任をもつこと。	「逃げない心」「誇り」「誇りから生まれる誠実さ」	自主，自律，自由と責任
誠実に，明るい心で生活すること。	「自分に対する誠実さ」			
安全に気を付けることや，生活習慣の大切さについて理解し，自分の生活を見直し，節度を守り節制に心掛けること。	「自分を見つめる」	望ましい生活習慣を身に付け，心身の健康の増進を図り，節度を守り節制に心掛け，安全で調和のある生活をすること。	「ほどよさを自分でコントロール」	節度，節制
自分の特徴を知って，短所を改め長所を伸ばすこと。	「自分磨き」	自己を見つめ，自己の向上を図るとともに，個性を伸ばして充実した生き方を追求すること。	「未来の自分を輝かせるのも自分」	向上心，個性の伸長
より高い目標を立て，希望と勇気をもち，困難があってもくじけずに努力して物事をやり抜くこと。	「目標に向かって確かな一歩」	より高い目標を設定し，その達成を目指し，希望と勇気をもち，困難や失敗を乗り越えて着実にやり遂げること。	「自分の弱さに打ち克つ」	希望と勇気，克己と強い意志
真理を大切にし，物事を探究しようとする心をもつこと。	「分からないことをそのままにしない」	真実を大切にし，真理を探究して新しいものを生み出そうと努めること。	「真理の探究が人生を豊かに」	真理の探究，創造
B 主として人との関わりに関すること ｜ 「相手のことを最大限に大切に」				
誰に対しても思いやりの心をもち，相手の立場に立って親切にすること。	「相手の立場」	思いやりの心をもって人と接するとともに，家族などの支えや多くの人々の善意により日々の生活や現在の自分があることに感謝し，進んでそれに応え，人間愛の精神を深めること。	「さりげなさ」「見ようとしない自分の弱さ」	思いやり，感謝
日々の生活が家族や過去からの多くの人々の支え合いや助け合いで成り立っていることに感謝し，それに応えること。	「つながりに守られて」			
時と場をわきまえて，礼儀正しく真心をもって接すること。	「心と形」	礼儀の意義を理解し，時と場に応じた適切な言動をとること。	「ＴＰＯと自分の心」	礼儀
友達と互いに信頼し，学び合って友情を深め，異性についても理解しながら，人間関係を築いていくこと。	「磨き合い，高め合い」	友情の尊さを理解して心から信頼できる友達をもち，互いに励まし合い，高め合うとともに，異性についての理解を深め，悩みや葛藤も経験しながら人間関係を深めていくこと。	「互いのプライドの尊重」	友情，信頼
自分の考えや意見を相手に伝えるとともに，謙虚な心をもち，広い心で自分と異なる意見や立場を尊重すること。	「違いは豊かさ」	自分の考えや意見を相手に伝えるとともに，それぞれの個性や立場を尊重し，いろいろなものの見方や考え方があることを理解し，寛容の心をもって謙虚に他に学び，自らを高めていくこと。	「頑なな自分と開く自分」	相互理解，寛容
C 主として集団や社会との関わりに関すること ｜ 「集団の中に自分もいる。自分も仲間の一人」				
法やきまりの意義を理解した上で進んでそれらを守り，自他の権利を大切にし，義務を果たすこと。	「権利があるから義務がある」	法やきまりの意義を理解し，それらを進んで守るとともに，そのよりよい在り方について考え，自他の権利を大切にし，義務を果たして，規律ある安定した社会の実現に努めること。	「法やきまりは自分たちが作ったもの」	遵法精神，公徳心
誰に対しても差別をすることや偏見をもつことなく，公正，公平な態度で接し，正義の実現に努めること。	「仲間の問題は，自分たちの問題」	正義と公正さを重んじ，誰に対しても公平に接し，差別や偏見のない社会の実現に努めること。	「閉じた正義と開かれた正義」	公正，公平，社会正義
働くことや社会に奉仕することの充実感を味わうとともに，その意義を理解し，公共のために役に立つことをすること。	「社会の役に」	社会参画の意識と社会連帯の自覚を高め，公共の精神をもってよりよい社会の実現に努めること。	「集団や社会の主人公」	社会参画，公共の精神
		勤労の尊さや意義を理解し，将来の生き方について考えを深め，勤労を通じて社会に貢献すること。	「自分が社会の力にという喜びと誇り」	勤労
父母，祖父母を敬愛し，家族の幸せを求めて，進んで役に立つことをすること。	「家族それぞれの立場から思いを考えて」	父母，祖父母を敬愛し，家族の一員としての自覚をもって充実した家庭生活を築くこと。	「家庭生活を築く主体として」	家族愛，家庭生活の充実
先生や学校の人々を敬愛し，みんなで協力し合ってよりよい学級や学校をつくるとともに，様々な集団の中での自分の役割を自覚して集団生活の充実に努めること。	「自分たちの集団や学校らしさ」	教師や学校の人々を敬愛し，学級や学校の一員としての自覚をもち，協力し合ってよりよい校風をつくるとともに，様々な集団の意義や集団の中での自分の役割と責任を自覚して集団生活の充実に努めること。	「校風や集団の誇りをつくる」	よりよい学校生活，集団生活の充実
我が国や郷土の伝統と文化を大切にし，先人の努力を知り，国や郷土を愛する心をもつこと。	「伝統や文化にある先人の思い」	郷土の伝統と文化を大切にし，社会に尽くした先人や高齢者に尊敬の念を深め，地域社会の一員としての自覚をもって郷土を愛し，進んで郷土の発展に努めること。	「地域社会の形成者」	郷土の伝統と文化の尊重，郷土を愛する態度
		優れた伝統の継承と新しい文化の創造に貢献するとともに，日本人としての自覚をもって国を愛し，国家及び社会の形成者として，その発展に努めること。	「我が国の形成者」	我が国の伝統と文化の尊重，国を愛する態度
他国の人々や文化について理解し，日本人としての自覚をもって国際親善に努めること。	「国際親善は自分から」	世界の中の日本人としての自覚をもち，他国を尊重し，国際的視野に立って，世界の平和と人類の発展に寄与すること。	「同じ人間として自分にできること」	国際理解，国際貢献
D 主として生命や自然，崇高なものとの関わりに関すること ｜ 「ちっぽけだけど，とてつもなく重く，大きなもの」				
生命が多くの生命のつながりの中にあるかけがえのないものであることを理解し，生命を尊重すること。	「つながりの中にある重さ」	生命の尊さについて，その連続性や有限性なども含めて理解し，かけがえのない生命を尊重すること。	「広く，深いつながり」	生命の尊さ
自然の偉大さを知り，自然環境を大切にすること。	「自然と共に生きる」	自然の崇高さを知り，自然環境を大切にすることの意義を理解し，進んで自然の愛護に努めること。	「自然に生かされている人間」	自然愛護
美しいものや気高いものに感動する心や人間の力を超えたものに対する畏敬の念をもつこと。	「人間の力を超えたものの美しさやすごさ」	美しいものや気高いものに感動する心をもち，人間の力を超えたものに対する畏敬の念を深めること。	「感動は人を成長させる」	感動，畏敬の念
よりよく生きようとする人間の強さや気高さを理解し，人間として生きる喜びを感じること。	「自分の中にある弱さとそれを乗り越える強さ」	人間には自らの弱さや醜さを克服する強さや気高く生きようとする心があることを理解し，人間として生きることに喜びを見いだすこと。	「弱さを強さに」	よりよく生きる喜び

「特別の教科　道徳」内容項目一覧と本書のキーワード

小・内容項目	小・低学年（19項目）		小・中学年（20項目）	
	内容項目	本書のキーワード	内容項目	本書のキーワード
A 主として自分自身に関すること　｜　「自分との闘い」				
善悪の判断，自律，自由と責任	よいことと悪いこととの区別をし，よいと思うことを進んで行うこと。	**「よいことと悪いこと」「喜び」**	正しいと判断したことは，自信をもって行うこと。	**「やればできる」「自信」**
正直，誠実	うそをついたりごまかしをしたりしないで，素直に伸び伸びと生活すること。	**「モヤモヤとすっきり」**	過ちは素直に改め，正直に明るい心で生活すること。	**「自分を偽らない」「自分に正直」**
節度，節制	健康や安全に気を付け，物や金銭を大切にし，身の回りを整え，わがままをしないで，規則正しい生活をすること。	**「よい生活習慣の気持ちよさ」**	自分でできることは自分でやり，安全に気を付け，よく考えて行動し，節度のある生活をすること。	**「自分でしっかり考える」**
個性の伸長	自分の特徴に気付くこと。	**「自分のよいところ」**	自分の特徴に気付き，長所を伸ばすこと。	**「よさは伸びる」**
希望と勇気，努力と強い意志	自分のやるべき勉強や仕事をしっかりと行うこと。	**「頑張った喜び」**	自分でやろうと決めた目標に向かって，強い意志をもち，粘り強くやり抜くこと。	**「もっとよくなりたい」**
真理の探究				
B 主として人との関わりに関すること　｜　「相手のことを最大限に大切に」				
親切，思いやり	身近にいる人に温かい心で接し，親切にすること。	**「温かさ」「相手のこと」**	相手のことを思いやり，進んで親切にすること。	**「相手の気持ち」**
感謝	家族など日頃世話になっている人々に感謝すること。	**「ありがとうがいっぱい」**	家族など生活を支えてくれている人々や現在の生活を築いてくれた高齢者に，尊敬と感謝の気持ちをもって接すること。	**「ここまで私たちのことを」**
礼儀	気持ちのよい挨拶，言葉遣い，動作などに心掛けて，明るく接すること。	**「あいさつパワー」**	礼儀の大切さを知り，誰に対しても真心をもって接すること。	**「心を届ける」**
友情，信頼	友達と仲よくし，助け合うこと。	**「仲よしっていいな」**	友達と互いに理解し，信頼し，助け合うこと。	**「双方向の信頼」**
相互理解，寛容			自分の考えや意見を相手に伝えるとともに，相手のことを理解し，自分と異なる意見も大切にすること。	**「自分と相手は違う考え」**
C 主として集団や社会との関わりに関すること　｜　「集団の中に自分もいる。自分も仲間の一人」				
規則の尊重	約束やきまりを守り，みんなが使う物を大切にすること。	**「みんながよい気持ち，みんながいやな気持ち」**	約束や社会のきまりの意義を理解し，それらを守ること。	**「みんな同じ思いや願いがあるから」**
公正，公平，社会正義	自分の好き嫌いにとらわれないで接すること。	**「仲間はずれがないと，みんな楽しい」**	誰に対しても分け隔てをせず，公正，公平な態度で接すること。	**「みんな，仲間」**
勤労，公共の精神	働くことのよさを知り，みんなのために働くこと。	**「働くことの喜び」**	働くことの大切さを知り，進んでみんなのために働くこと。	**「みんなの役に」**
家族愛，家庭生活の充実	父母，祖父母を敬愛し，進んで家の手伝いなどをして，家族の役に立つこと。	**「家族の役に立つ喜び」**	父母，祖父母を敬愛し，家族みんなで協力し合って楽しい家庭をつくること。	**「家族の一人として」**
よりよい学校生活，集団生活の充実	先生を敬愛し，学校の人々に親しんで，学級や学校の生活を楽しくすること。	**「学校は楽しい」**	先生や学校の人々を敬愛し，みんなで協力し合って楽しい学級や学校をつくること。	**「自分たちの学級」**
伝統と文化の尊重，国や郷土を愛する態度	我が国や郷土の文化と生活に親しみ，愛着をもつこと。	**「私たちの自慢」**	我が国や郷土の伝統と文化を大切にし，国や郷土を愛する心をもつこと。	**「自分たちの地域」**
国際理解，国際親善	他国の人々や文化に親しむこと。	**「他国と接する楽しさや親しみ」**	他国の人々や文化に親しみ，関心をもつこと。	**「文化の違い」**
D 主として生命や自然，崇高なものとの関わりに関すること　｜　「ちっぽけだけど，とてつもなく重く，大きなもの」				
生命の尊さ	生きることのすばらしさを知り，生命を大切にすること。	**「生きているから」**	生命の尊さを知り，生命あるものを大切にすること。	**「一つしかない命，支えられている命」**
自然愛護	身近な自然に親しみ，動植物に優しい心で接すること。	**「動植物と仲よし」**	自然のすばらしさや不思議さを感じ取り，自然や動植物を大切にすること。	**「自然のもつ力」**
感動，畏敬の念	美しいものに触れ，すがすがしい心をもつこと。	**「目の前に広がる美しさやすごさ」**	美しいものや気高いものに感動する心をもつこと。	**「心で感じる美しさやすごさ」**
よりよく生きる喜び				

A 小 善悪の判断、自律、自由と責任
中 自主、自律、自由と責任

中学生に、「自由とは何ですか」と尋ねると、「何ものにも束縛されないこと」などと答えるでしょう。「具体的には？」と尋ねると、「学校が休み、宿題がない、親が出かけていて、エアコン付けっぱなし、お菓子を食べながら携帯ゲームをし、ゴロゴロできること！」などと答えるのではないでしょうか。しかし、これは本当の自由とは言えないのです。なぜなら、それは、自分の内なる欲望や衝動といった弱さに束縛されているからです。**本当の自由は、自分の内なる欲望や衝動といった弱さにも束縛されないこと**です。

自分の中に基準をつくり、それに基づいて判断することが「自律」です。そして、**自分の意志でしっかりと考え、あらゆるものに惑わされずに判断し、行動できることが「自由」**です。したがって、「自由」には「規律」が伴います。そして、自分の意思で判断したからこそ、「責任」が伴います。Aの視点「主として自分自身に関すること」の内容であることを見失わないようにしましょう。

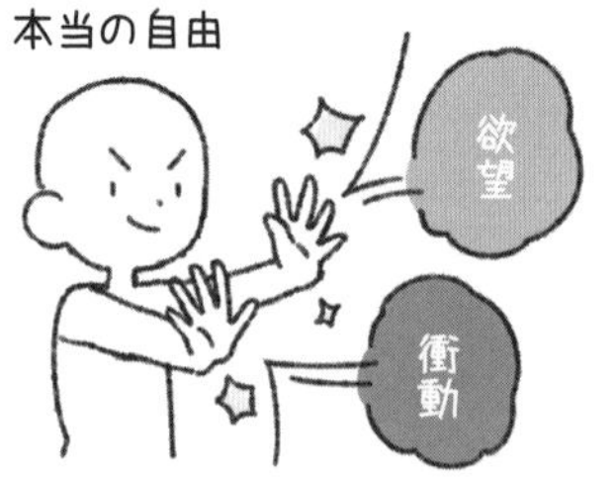

ポイント1 自分の弱さに負けない

私たち人間には、弱さがあります。物事を行うとき、その弱さが邪魔をします。「少しくらいいいや」「また今度頑張ればいいか」「嫌われたらどうしよう」「みんなからどう思われるか」「よく思われたい」……。これらの弱さに打ち克ち、他人に左右されることなく、**自らが正しいと信じることを自信をもって判断し、実行できたとき、「やってよかった」という充実感や喜びが生まれる**のです。

そして、それは、「やればできるんだ」「頑張った自分がいる」「逃げない自分でいられた」といった、自分に対する**「自信」**や**「誇り」「プライド」**など、**弱さに打ち克った人間としての値打ち**につながり、他の人を気にしたり、引っ張られたりすることなく、自らの判断ができるのです。

ポイント2 自分が決めたことだから責任が伴う

「自由」と「責任」は、どのような関係にあるのでしょうか。「責任がとれるのが自由」あるいは、「自由と責任は一体だ」などと、あまり深く考えないで捉えてはいないでしょうか。

「自由だからこそ責任が伴う」のです。なぜなら、**人に頼ったり振り回されたりせず、自分の意思で決めたから**です。「〇〇が言ったから」「みんなもしていたから」といった言い訳はできないからです。

「自由には責任が伴うんだよ」という指導ではなく、「なぜ自由には責任が伴うのか」を、しっかり考えさせたいですね。

学年	「学習指導要領」の内容	発達の段階ごとのキーワードとポイント
小・低学年	**よいことと悪いこととの区別をし，よいと思うことを進んで行うこと。**	**「よいことと悪いこと」「喜び」** 低学年には，２つの指導のポイントがあります。 まず一つは，**「よいことと悪いことの判断」**ができることです。その判断理由には，「お母さんに心配をかける」といった他律的な理由もあってよいのです。できるだけ多くの理由が出てくることが大切です。だから，「しっかりと考える」ことが大切になるのです。 もう一つは，こうして判断したことを実行したら，**「やってよかった」という喜びや爽やかさが待っていることを自覚できるようにする**ことです。実行した喜びの中には，「お母さんにほめられる」というものもあるでしょう。そこに，「自分で決めたことだから」という理由が考えられるようになるといいですね。
小・中学年	**正しいと判断したことは，自信をもって行うこと。**	(低学年の内容）＋ **「やればできる」「自信」** 中学年になると，「自分が」そのように決めたという意識をもつことがますますできるようになってきます。そのことを，「自分もやればできる」「自信」といった意識につないでいきましょう。 それが，自分の弱い心に打ち克ったことの自覚につながるのです。特に，中学年は，**正しいことをしようとする心とそれを邪魔する弱い心との綱引きのようなイメージ**で，自分の心の中を捉えられるようにするとよいでしょう。そして，**弱い心に打ち克った自分を自分でほめられるように**しましょう。
小・高学年	**自由を大切にし，自律的に判断し，責任のある行動をすること。**	(低，中学年の内容）＋ **「自由と責任」** **「自由」と「わがまま勝手」や「自分勝手」との違いに気付けること**が，高学年のポイントです。 自分の自由ばかり主張すると，他人の自由を侵害し，やがては自分の自由もなくなるといった考え方も出てくるでしょう。ただ，これだけだと，ＢやＣの視点となります。Ａの視点での学習を意識しましょう。「自分のわがままに振り回されず，しっかり考えること」「自分が決めたからこそ，その責任は自分にあるのだから，その思いをもって判断する」といった，**「自分」の意思で決めるところに，自主・自律や自由の意味がある**のです。
中学校	(自主，自律，自由と責任） **自律の精神を重んじ，自主的に考え，判断し，誠実に実行してその結果に責任をもつこと。** ※「誠実」に関わるポイントはp.43をご覧ください。	(小学校の内容）＋ **「逃げない心」「誇り」** 中学生になると，抽象的な概念を理解できるようになります。そこで，ぜひとも考えさせたいのが，「誇り」「プライド」です。 中学生の時期は，「社会律」と呼ばれるなど，友達のことが気になります。そんな生徒に，**自分が正しいと信じることを自信をもって実行するものを支えているのは，自らの「逃げない心」や「誇り」「プライド」**であること，それがあるから，他から振り回されたり，流されたりすることなく，自分で判断し，「責任」がもてることの自覚を深めましょう。 そして，自分は何に基づいて判断しているのかを意識しながら，自律的にどんな小さなことでも自分で考え，自信をもって判断し，行動できる，「人間としての誇り」をみんなで考え合いましょう。

小・低学年

教材／中心発問例	指導上のポイント
ぽんたとかんた にこにこしながらブランコにのる二人は，どんなことを思っていたでしょう。	「自分でよく考えて決めた」ことと，そのことのうれしさや気持ちよさ，爽やかさがポイントです。 まず，どうしようかと悩んでいるときの思いを押さえた上で，二人が「ぼくは行かない」と決めた理由をいっぱい出させましょう。このことが，善悪の判断につながります。そして，中心発問では，危ない目に遭わなくて済んだ，家の人に心配を掛けなくてよかったといった安心感とともに，「自分で決めた」ことの喜びやすがすがしさ，これからの意欲などを，子どもなりの言葉で出させましょう。

出典：『私たちの道徳　小学校1・2年』文部科学省

中心発問の氷山モデル

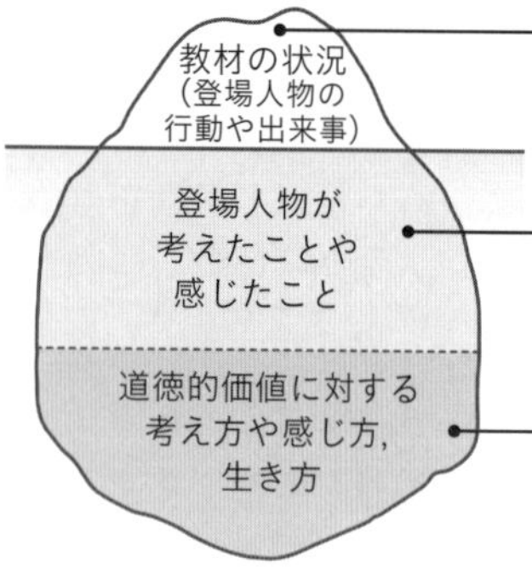
教材の状況
（登場人物の
行動や出来事）
登場人物が
考えたことや
感じたこと
道徳的価値に対する
考え方や感じ方，
生き方

状況理解レベル

・ぽんたとかんたは，自分で決めることができた。

心情理解レベル

・けがをしないように，家の人に心配を掛けないように，しっかりと考えて決めた。
・自分できちんと決めることができて，とても気持ちがいい。

道徳的価値レベル

・困ったときは，どうすることがよいのかをしっかりと考えることが大事。
・自分でしっかりと考えて決めることができたときは，とても気持ちがいいし，今度もそうしようといった思いがもてる。

小・中学年

教材／中心発問例	指導上のポイント
よわむし太郎 太郎が守ったものは何でしょう。	正しいと判断したことを実行したときのよさを，どんどんと出させましょう。特に，この教材は，「弱い立場の者がいじめられているときは，だめだと自信をもって言うこと」が，いじめられている人だけでなく，いじめている人や周りの人，学級，そして，自分自身の心をも守ることができるほど素敵なことなのだといった自覚がもてるようにすることも大切です。

出典：作・荒木徳也『道徳の指導資料とその利用1』文部省

中心発問の氷山モデル

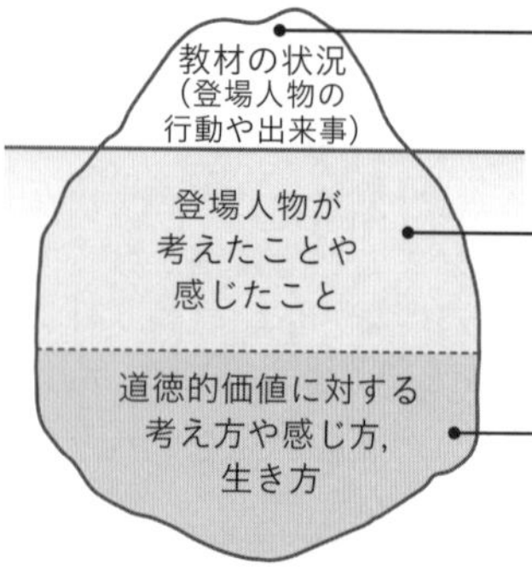
教材の状況
（登場人物の
行動や出来事）
登場人物が
考えたことや
感じたこと
道徳的価値に対する
考え方や感じ方，
生き方

状況理解レベル

・太郎は，との様の前に立ちはだかり，守ることができた。

心情理解レベル

・白鳥や子どもたちの心，村の平和を守った。
・との様の心や家来の心，自分の心をも守った。

道徳的価値レベル

・勇気を出してだめなことはだめと言ったり行動したりすることは，いじめられている人だけでなく，いじめている人や周りの人をも守ることができる。
・頑張った自分，やればできる自分，逃げなかった自分などの思いがもて，自分をも守ることができる。

小・高学年

教材／中心発問例	指導上のポイント
うばわれた自由 「わがまま勝手」と「本当の自由」の違いは何でしょう。	この教材は，「規則を守ることが大事だ」と，Cの視点の授業になりがちです。本文に出てくる「わがまま勝手」と「本当の自由」の違いをみんなで考えましょう。授業の導入で「自由とは，何ものにも縛られないこと」を押さえておき，「わがまま勝手」は，何に縛られているのかを考えさせるのも方法です。「何も考えず，自分の好き勝手な心に振り回され，縛られている」「自分さえよければという心に支配されている」「自分で決めたことなのに，何も責任を取れていない」などの話合いができるとよいですね。

出典：作・江橋照雄『小学校　読み物資料とその利用―主として自分自身に関すること―』文部省

中心発問の氷山モデル

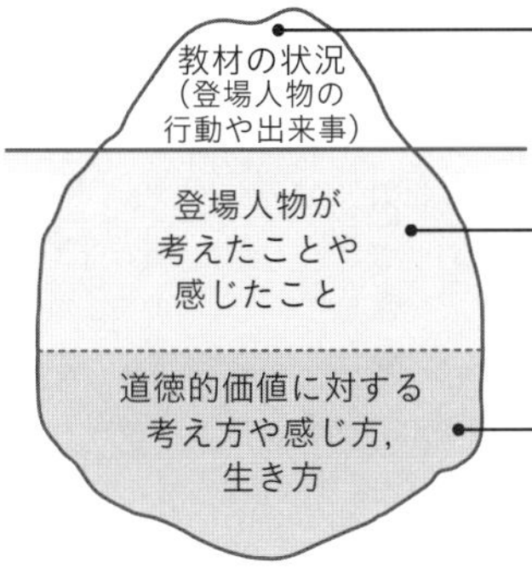
教材の状況
（登場人物の
行動や出来事）
登場人物が
考えたことや
感じたこと
道徳的価値に対する
考え方や感じ方，
生き方

状況理解レベル
- ガリューは，わがまま勝手と本当の自由とは違うと言った。

心情理解レベル
- ルールも何もかも無視をしている。
- 好き勝手なことをして，どうなろうとお構いなしだ。
- 自分さえよければよい，ではいけない。

道徳的価値レベル
- わがまま勝手は自分のわがままや好き勝手な心に振り回され，束縛されている。
- 本当の自由とは，自分のわがまま勝手な心や自分さえよければよいという心をも，それでよいのかと考え，振り回されないこと。

中学校

教材／中心発問例	指導上のポイント
裏庭でのできごと 健二を職員室に向かわせたものは何でしょう。	中学生には，「誇り」「逃げない心」といった，自分の値打ちに関わるものが，私たち一人ひとりの心の中にあることを自覚できるようにしたいと考えます。「なぜ行ったのか」ではなく，「向かわせたもの」と問うことで，「誇り」や「逃げない心」といった抽象的なものを見えるようにするのです。 この「誇り」や「逃げない心」こそ，その人の生き方を支えているものであり，弱い心から逃げず，自分の生き方に誠実であろうとする態度を押しているものなのです。

出典：『中学校　読み物資料とその利用―主として自分自身に関すること―』文部省

中心発問の氷山モデル

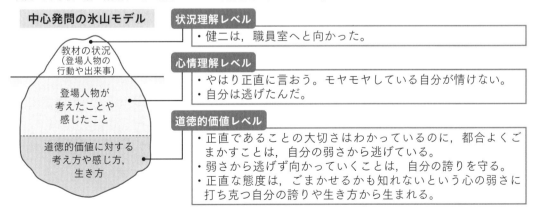

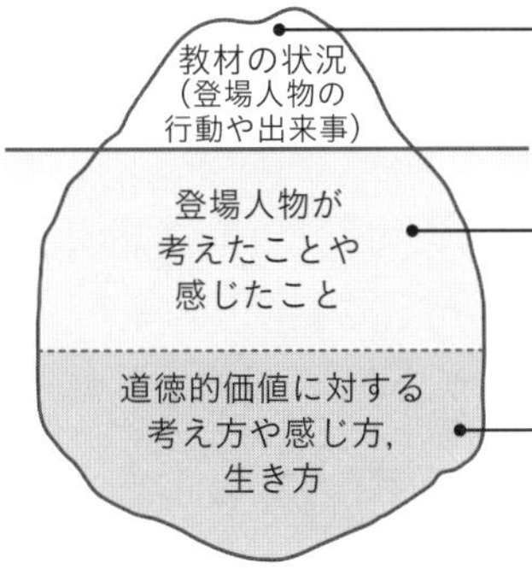
教材の状況
（登場人物の
行動や出来事）
登場人物が
考えたことや
感じたこと
道徳的価値に対する
考え方や感じ方，
生き方

状況理解レベル
- 健二は，職員室へと向かった。

心情理解レベル
- やはり正直に言おう。モヤモヤしている自分が情けない。
- 自分は逃げたんだ。

道徳的価値レベル
- 正直であることの大切さはわかっているのに，都合よくごまかすことは，自分の弱さから逃げている。
- 弱さから逃げず向かっていくことは，自分の誇りを守る。
- 正直な態度は，ごまかせるかも知れないという心の弱さに打ち克つ自分の誇りや生き方から生まれる。

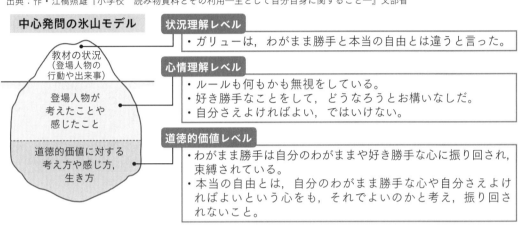

A 小 正直、誠実
中 自主、自律、自由と責任

私たちは、自分が不利になると、つい嘘をついたり、ごまかしたりしてしまいます。しかし、それによって、他者をごまかせたとしても、**世界中でたった一人、ごまかすことのできない人がいます。それは「自分」です。**「自分」をごまかすと、自分自身の中に、後悔や自責の念、良心の呵責が生じるのです。

他者に対しても、そして自分に対しても、正直で誠実であることが、明るく伸び伸びとした生活を可能にするのです。

ポイント1 「自分」がキーワード

正直や誠実は、相手や周りの人たちとの関係であるように思われがちですが、最終的には、**「自分」との闘い**なのです。私たちの心の中には、「ごまかせるかもしれない」「ごまかしてしまえ」という弱い心と、「正直でありたい」「ごまかしたくない」という強い心が同居しています。後者は、**良心**と呼ばれるものであったり、正しいことができる**自分の誇り**であったりするものです。

この後者の心に対して正直であることが、「自分に正直である」「自分に誠実である」ことで、これが、「正直・誠実」について考えるときのポイントです。

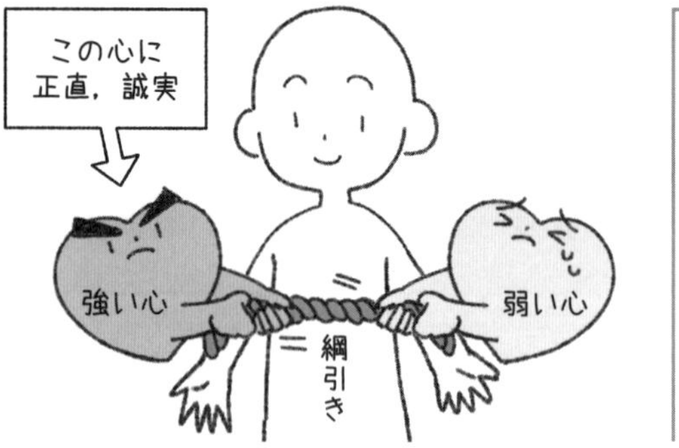

「正直である」ことは、心をすっきりとさせます。しかし、このすっきりさの中には、「叱られないから」「いつばれるかとビクビクしなくてよいから」のすっきりさもあります。一方、「自分に正直である」「自分に誠実である」のすっきりさ、すなわち、**「弱い心に負けない自分でいられた」「情けない自分にならなかった」のすっきりさを自覚できることが、深い学びとなる**のです。

ポイント2 自分の値打ち、自信、誇り、プライドに関わって

「正直、誠実」を支えているものは、自分の値打ちに対する自分の捉えです。最終的には、「自信」「誇り」「プライド」と言われるものです。

まず、中学年の「自分を偽らない」ことと、高学年の「自分に対する誠実さ」の違いに注目しましょう。嘘をつくことは、**中学年だと自分の正直でありたいと思う心に嘘をついている**ということですが、**高学年では、自分の生き方や自分という人間に対する誠実さ**と捉え、嘘をつくことが自分の値打ちを下げたり、自信を失ったりすることにつながるといった深さや広がりで考えられるようにします。

さらに、**中学校の段階では、正直さや誠実さは、自分の値打ちや自信、さらには誇りやプライドから生まれてくるものである**という積極的な生き方へと自覚を深めましょう。そして、このことが、周りの友達に惑わされることなく、自信をもって自分で判断し、行動するという自立的な生き方につながってくるのです。

学年	「学習指導要領」の内容	発達の段階ごとのキーワードとポイント
小・低学年	**うそをついたりごまかしをしたりしないで，素直に伸び伸びと生活すること。**	**「モヤモヤとすっきり」** 動機よりも結果に関心が向きやすい低学年です。嘘をついたりごまかしをしたりしていると，心の中がモヤモヤとし，暗い気持ちで過ごすことになります。 一方，正直であると，心がすっきりし，ご飯もおいしく，毎日を明るく伸び伸びと過ごすことができます。 「叱られるから」あるいは「ほめられるから」正直であることが大切なだけでなく，**モヤモヤが消え，すっきりとした気持ちで過ごせることも，正直であることのよさ**なのです。
小・中学年	**過ちは素直に改め，正直に明るい心で生活すること。**	（低学年の内容）＋**「自分を偽らない」「自分に正直」** 中学年のポイントは，「自分」に対する正直さです。それは，他者に注目するだけではなく，自分の心の中に注目する考え方へと広げ，深めるものです。 ただし，まだ具体的な思考の残る子どもたちです。**自分の心の中にある「正直でいよう」という強い心と「逃げたい，ごまかそう」という弱い心との綱引きで考える**と，子どもたちにとっては，理解がしやすくなります。板書に絵で示すのもよいことです。 また，そうすることで，自分の中には，正直な心がきちんとあることも確認することができます。
小・高学年	**誠実に，明るい心で生活すること。**	（低，中学年の内容）＋**「自分に対する誠実さ」** 高学年です。強い心と弱い心の綱引きで留まるのではなく，**弱い心に負けてしまう自分という人間の値打ち**や，**自分はどのような生き方をするのかという視点**で考えられるようにしましょう。 自分という人間を，俯瞰的に見る三人称の見方ができるようになる高学年だからこその視点です。
中学校	（自主，自律，自由と責任） **自律の精神を重んじ，自主的に考え，判断し，誠実に実行してその結果に責任をもつこと。** ※「自律」に関わるポイントはp.39をご覧ください。	（小学校の内容）＋**「誇りから生まれる誠実さ」** 何が正しいかは分かっている中学生です。しかし，そのことを誠実に実行するとなると，周りからの視線が気になります。「友達はどうするのか」「友達からどう見られるか」が気になり，ごまかしたり，流されたりしてしまいがちです。 そんな自分を客観的に見つめ，「自分が正しいと信じることを，自分は自信をもってやっているだろうか，自分は情けない人間になってはいないだろうか」と，**自らの「誇り」「プライド」に問いながら判断するという誠実さ**を考え合いましょう。 自らの誇りにかけた判断によって，他者がどうであろうと，周りがどうであろうと，自分が正しいと信じることを動ぜずに実行することができます。自分で考え，自信をもって判断し，行動できる，「人間としての誇り」をみんなで考え合いましょう。

小・低学年

教材／中心発問例	指導上のポイント
お月さまとコロ つゆの玉にうつった自分の顔を見て，コロはどんなことを思ったのでしょう。	低学年ですから，**素直にごめんなさいと言えないときのモヤモヤ感と，素直にごめんなさいと言えたときのすっきり感を対比**させ，明るい気持ちでいるためには，**ごまかさないで素直に生活することが大切**であることを子どもたちに考えさせましょう。 授業のめあてとして「素直にごめんなさいと言うことは，なぜ大切なのでしょう」などの問いが考えられます。

出典：作・生方勝『小学校　道徳の指導資料とその利用2』文部省

中心発問の氷山モデル

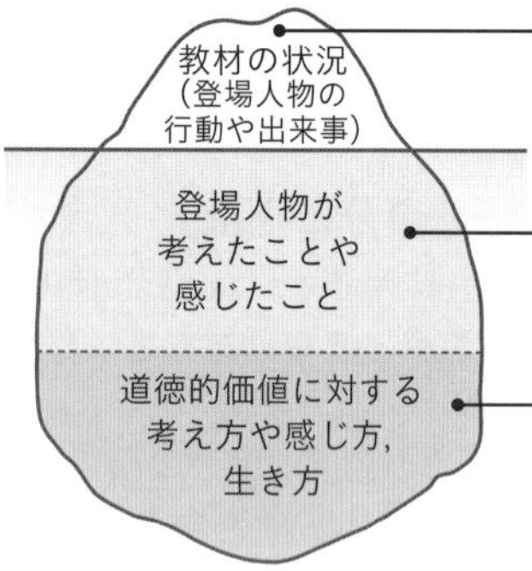

教材の状況
（登場人物の
行動や出来事）
登場人物が
考えたことや
感じたこと
道徳的価値に対する
考え方や感じ方，
生き方

状況理解レベル
- コロは，つゆの玉に映った自分の顔を見た。

心情理解レベル
- 素直にしなかったから，悲しそうな顔だ。こんな顔のままでは，ずっと悲しくていやなままだ。
- ギロに素直に「ごめんなさい」と言って，一緒に遊びたいな。そしてよい気持ちになろう。

道徳的価値レベル
- ごめんなさいと素直に言えないときは，心の中もいやな気持ちになる。
- 素直にごめんなさいと言うことで，心の中もよい気持ちになり，元気よくのびのびと遊んだり，生活したりすることができる。

小・中学年

教材／中心発問例	指導上のポイント
まどガラスと魚 あれだけ正直に言えなかった千一郎が，本当のことを言おうと思ったのはどうしてでしょう。	千一郎は，心の中で「逃げちゃいけない」と考えていました。また，遠回りをして割れた窓を見に行きます。彼の心の中には，**「正直であらねばならない」という心がずっとあった**のです。その心を出せない**自分の情けなさを自覚させたのが，お姉さんの潔い姿**です。 「モヤモヤがすっきりした」では低学年です。**千一郎がなぜ謝ろうと決心したのか**を考えさせましょう。授業のめあてとして「正直であることはどうして大切なのでしょう」と投げ掛けるのも効果的です。

出典：作・奈街三郎『小学校 道徳の指導資料 第3集（第3学年）』文部省

中心発問の氷山モデル

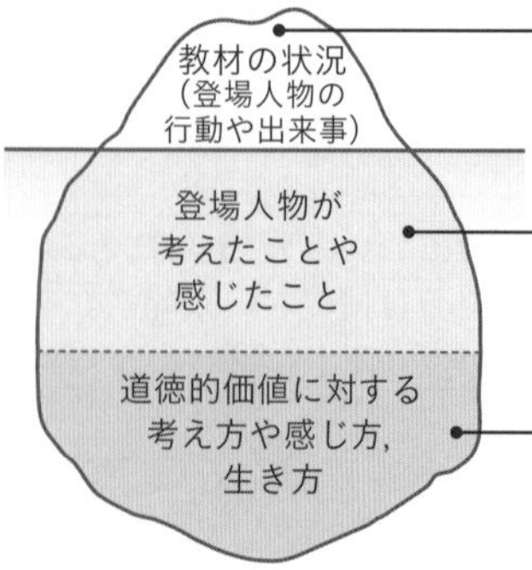

教材の状況
（登場人物の
行動や出来事）
登場人物が
考えたことや
感じたこと
道徳的価値に対する
考え方や感じ方，
生き方

状況理解レベル
- 千一郎は，ガラスを割ったことをお母さんに話した。

心情理解レベル
- お姉さんのように，正直に謝ろう。
- お姉さんはすごい。それに比べて自分はだめだな。
- 自分はなんと情けないのか。

道徳的価値レベル
- 自分でもごまかしはだめなことは分かっている。分かっていることを出せない弱い心に負けず，自分の本当の気持ちに正直であることが大切。
- 心の中には，ごまかしをしてはいけないという正直な心と，叱られたらいやだから嘘をついたままにしようという嘘つきの心がある。嘘つきの心に負けたら情けない。嘘つきの心に負けず，正直な心で生活しよう。

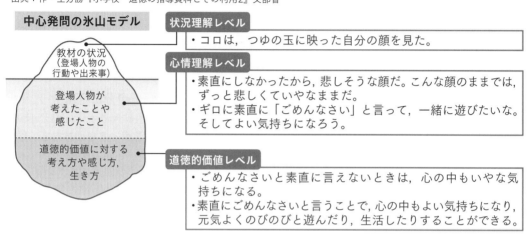

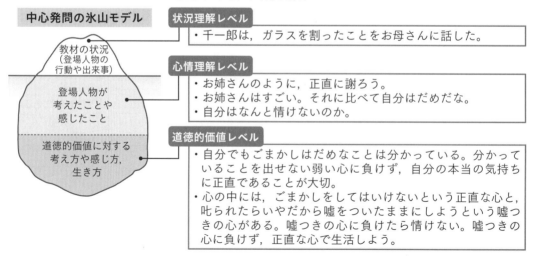

小・高学年

教材／中心発問例	指導上のポイント
手品師 どんな思いから，手品師は男の子との約束を選んだのでしょう。	「どうして手品師は，夢を捨ててまで男の子との約束を守ったのでしょう」は適切ではありません。なぜなら，手品師は，夢を捨てていないどころか，大きな夢があったからこそ，誠実に自分の生き方を大切にし，約束を守ろうと思ったのです。 また，「あなたが手品師なら，どうしますか」や「もっとよい方法を見つけてみよう」では，方法論の話合いや損か得かだけの判断理由に留まり，自分に対する誠実さの話合いには至りません。これでは，子どもたちの誠実さに対する考え方に，広がりや深まりは得られません。

出典：作・江橋照雄『小学校　道徳の指導資料とその利用1』文部省

中心発問の氷山モデル

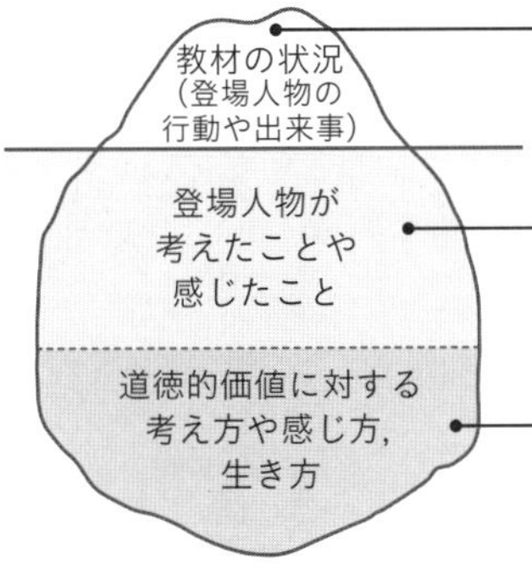
教材の状況
（登場人物の
行動や出来事）
登場人物が
考えたことや
感じたこと
道徳的価値に対する
考え方や感じ方，
生き方

状況理解レベル
- 手品師は，男の子との約束を選んだ。

心情理解レベル
- 男の子のことがかわいそう。
- 自分は，嘘つきになってしまう。
- そんな自分は，情けない。

道徳的価値レベル
- 約束を守ることやごまかさないことは，相手のためでもあるけれど，自分のためでもあるんだ。
- 正直さや誠実さは，自分にとっての自分の値打ちに関わるものなんだ。

中学校

教材／中心発問例	指導上のポイント
裏庭でのできごと 健二を職員室に向かわせたものは何でしょう。	中学生には，「誇り」「逃げない心」といった，自分の値打ちに関わるものが，私たち一人ひとりの心の中にあることを自覚できるようにしたいと考えます。「なぜ行ったのか」ではなく，「向かわせたもの」と問うことで，「誇り」や「逃げない心」といった抽象的なものを見えるようにするのです。 この「誇り」や「逃げない心」こそ，その人の生き方を支えているものであり，弱い心から逃げず，自分の生き方に誠実であろうとする態度を押しているものなのです。

出典：『中学校　読み物資料とその利用―主として自分自身に関すること―』文部省

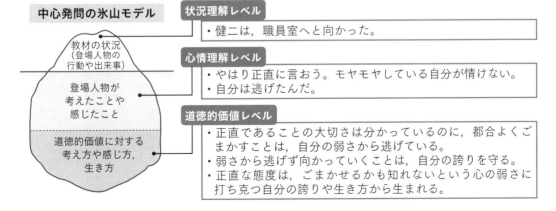

中心発問の氷山モデル

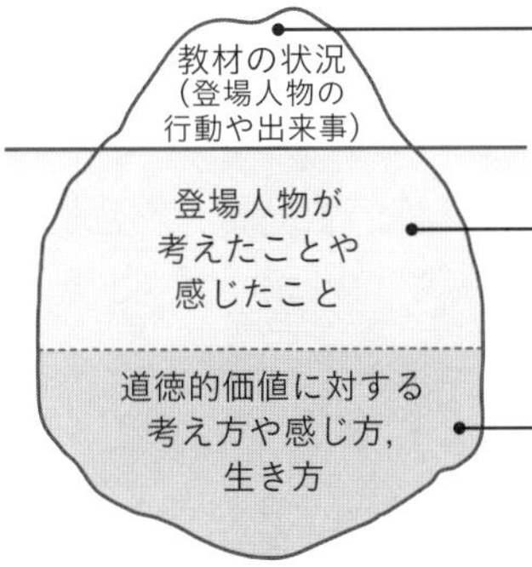
教材の状況
（登場人物の
行動や出来事）
登場人物が
考えたことや
感じたこと
道徳的価値に対する
考え方や感じ方，
生き方

状況理解レベル
- 健二は，職員室へと向かった。

心情理解レベル
- やはり正直に言おう。モヤモヤしている自分が情けない。
- 自分は逃げたんだ。

道徳的価値レベル
- 正直であることの大切さは分かっているのに，都合よくごまかすことは，自分の弱さから逃げている。
- 弱さから逃げず向かっていくことは，自分の誇りを守る。
- 正直な態度は，ごまかせるかも知れないという心の弱さに打ち克つ自分の誇りや生き方から生まれる。

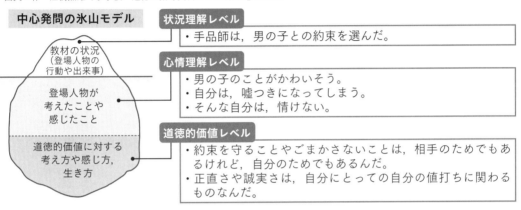

Ⓐ 小／中 節度、節制

節度を守り、節制に心掛けることは、**自分の欲望や衝動などの弱い心をコントロールすること**です。それは、心身の健康の増進、生涯にわたって学ぼうとする意欲や習慣、時間や物を大切にすること、安全に配慮して生活すること、望ましい生活習慣を身に付けることなどと多岐にわたり、**私たちが充実した人生を送る上で欠かせないもの**です。

ポイント1 自分の弱い心をコントロールする

「節度」とは、**ほどよさ**です。「節制」とは、**度を越さないように控えること**です。ほどよさを意識しながら、度を越さないように心掛けることが大切です。しかし、私たちは、分かっているけれど、やめられないのです。それは、自分の欲望や衝動、「少しくらいいいや」という誘惑に負けてしまったり、周りの雰囲気に流されてしまったりするからなのです。

つまり、「節度、節制」の大切さは、子どもたちも分かっているのです。でも、私たちは自分の弱さに負けてしまうのです。そこで、自分の弱さに負けてしまった情けなさを自覚し、先を見通したり、自分を客観的に見つめたりするなど、自分の置かれた状況をしっかり考え、**自分の意志を強くもち、情けない自分にならないよう、自分の弱い心をコントロールすることが大切**になってくるのです。そうすることで、自立した気持ちのよい生活が可能になるのです。

ポイント2 できなかったことだけでなく、できたことも

「節度、節制」の授業は、ややもすると、できなかったことへの反省だけになり、最後に決意表明をして終わるといった展開になりがちです。それでは、分かり切ったことを言わせるだけの授業になってしまいます。

なぜなら、先にも述べたように、「節度、節制」の大切さは子どもたちも十分に分かっているからです。しかし、大人も含めて、なかなか実践できないのが人間なのです。そこで、弱い心に負けてしまうことの自覚とともに、逆に、**弱い心に負けなかったときや打ち克ったときの思い**も振り返らせましょう。

低学年であれば、ほめられたことも含めて、気持ちのよさを自覚させます。そして、気持ちよさが分かれば、その気持ちよさの中身にも注目させます。学年が上がれば、情けない自分ではなく、「弱い心に負けなかった自分」や「やればできる自分」、さらには、自分の中に生まれる「誇らしさ」などへと発展させます。この考え方や捉え方が、自立した生き方へとつながるのです。

学年	「学習指導要領」の内容	発達の段階ごとのキーワードとポイント
小・低学年	**健康や安全に気を付け，物や金銭を大切にし，身の回りを整え，わがままをしないで，規則正しい生活をすること。**	**「よい生活習慣の気持ちよさ」** 低学年ですから，物事を行った後の気持ちを考えさせましょう。最初の段階では，ほめられた喜びも含めた気持ちのよさです。このことが自覚できるようになれば，ほめられただけでなく，頑張った自分，やればできる自分，前より大きくなった自分といった気持ちのよさを自覚できるようにしましょう。 逆に，わがままをしたり，健康や安全に気を付けることができなかったりしたときのいやな気持ちに気付くことも大切です。特に，自分も，そして周りの人たちも，いやな気持ちになるのです。
小・中学年	**自分でできることは自分でやり，安全に気を付け，よく考えて行動し，節度のある生活をすること。**	（低学年の内容）＋**「自分でしっかり考える」** 私たちは，つい誘惑に負けたり，周りに流されたりして，軽はずみな行動をし，正しいことができないときがあります。 そうならないようにするためには，行動する前に安全な生活や望ましい行動を思い出しながら，これでよいのかなどと，先のことや置かれている状況を自分でしっかりと考え，自分で，自分のハンドルやアクセル，ブレーキを操り，行動することの大切さを自覚できるようにしましょう。 できたときの喜びも，ほめられたり，安全な生活ができたりした喜びだけでなく，自分でちゃんと考え，自分で行動できたという喜びがあることを自覚できるようにしましょう。
小・高学年	**安全に気を付けることや，生活習慣の大切さについて理解し，自分の生活を見直し，節度を守り節制に心掛けること。**	（低，中学年の内容）＋**「自分を見つめる」** 高学年になると，自分を客観的に見ることができるようになります。そうすると，誘惑や不注意，無計画さなどのある自分が見えてきます。一方で，それに打ち克ち，ほどよさを続けている自分も見えてきます。 自分の弱さに負けてしまっている自分，逆に，やればできる自分，乗り越えた自分，心掛けている自分などと自分を客観的に見つめ，「自分との闘い」に負けない自分を自覚できるようにしましょう。 また，自分の生活や安全など，自分のことだけにしか配慮できないのではなく，周りのことも考えられる視点や視野ももてるようにしましょう。
中学校	**望ましい生活習慣を身に付け，心身の健康の増進を図り，節度を守り節制に心掛け，安全で調和のある生活をすること。**	（小学校の内容）＋**「ほどよさを自分でコントロール」** 自分の欲望や衝動に負けず，度を越さない，ほどよさを保つ，安全に配慮するなど，心身の健康の増進，生涯にわたって学ぼうとする意欲や習慣，時間や物を大切にすること，安全への配慮，望ましい生活習慣を身に付けることなどが，他に振り回されない，充実した人生につながることを自覚できるようにします。 特に，「ほどよさ」とは，過ぎてもいけないし足りなくてもいけないほどほどのところであり，その「ほどよさ」をずっと維持することは，一見，簡単そうに見えて実はとても難しいことであること，そして，それを貫き自分自身をコントロールすることで，一回り成長した自立した自分を確立できることなどを話し合いましょう。

小・低学年

教材／中心発問例	指導上のポイント
かぼちゃのつる なみだをこぼしながら，かぼちゃはどんなことをおもったのでしょう。	低学年ですから，行いや行動の結果に注目して大切さを押さえましょう。**わがままが過ぎると，自分も周りの人も，いやな気持ちになる**ことから，わがままをしないでよく考えて行動することの大切さに迫ります。 授業のめあてとして「どうしてわがままは，いけないのでしょう」などの問いをもたせるのも効果的です。

出典：作・大蔵宏之『小学校　道徳の指導資料　第３集（第１学年）』文部省

中心発問の氷山モデル

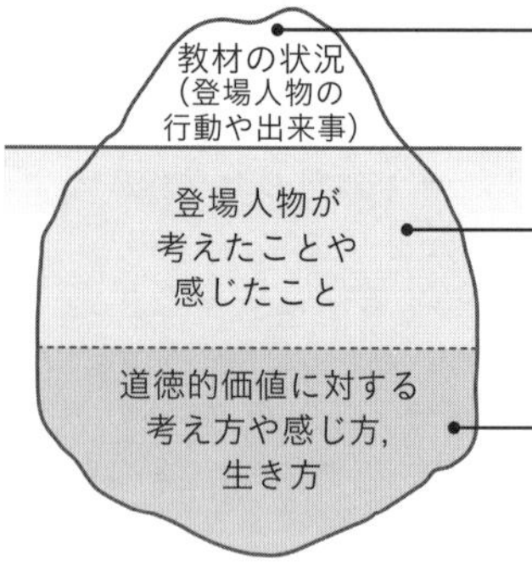

教材の状況
（登場人物の
行動や出来事）
登場人物が
考えたことや
感じたこと
道徳的価値に対する
考え方や感じ方，
生き方

状況理解レベル
- つるが切れて，かぼちゃは涙を流した。

心情理解レベル
- みんなの言うことを聞かず，わがままにしていたから，こんなに痛い目にあった。
- みんなも，いやな気持ちだっただろうな。
- わがままをしたから，自分もみんなも，いやな気持ちになったんだ。

道徳的価値レベル
- わがままな行動をしていると，自分も周りの人も，気持ちよく生活できない。
- したいことをするときも，よく考えてわがままをしないように気を付けると，気持ちよく生活できる。

小・中学年

教材／中心発問例	指導上のポイント
どんどん橋のできごと みんながなぐさめたのに，どうして「ぼく」は，何とも言えない気持ちになったのでしょう。	何が正しいのかをちゃんと分かっていたにもかかわらず，周りに流され，軽はずみな行動に出た「ぼく」です。後悔する「ぼく」がどんなことを考えたのかを話し合い，**先のことや置かれている状況を，自分でしっかり考えて判断することの大切さ**を押さえましょう。 授業のめあてとして「よく考えて行動することは，どうして大切なのでしょう」などの問いが考えられます。

出典：千葉県教育研究会道徳部会資料『小学校　道徳の指導資料とその利用1』文部省

中心発問の氷山モデル

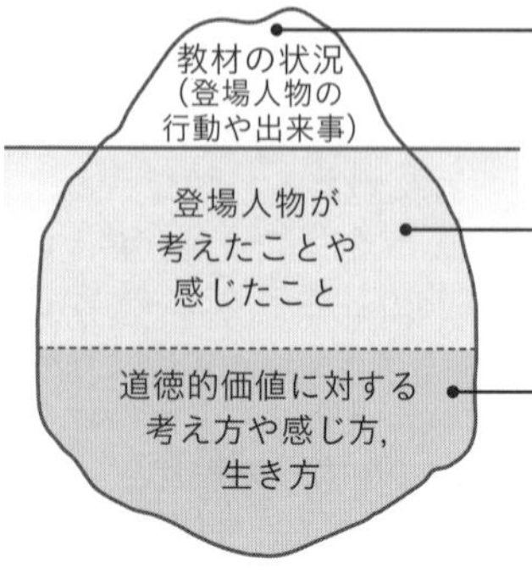

教材の状況
（登場人物の
行動や出来事）
登場人物が
考えたことや
感じたこと
道徳的価値に対する
考え方や感じ方，
生き方

状況理解レベル
- 「ぼく」の傘はボロボロになってしまった。

心情理解レベル
- だめなことは分かっていたのに，ついやってしまった。
- これをすればどうなるかと，もっと考えればよかった。
- 自分のことなのに，周りに流され，しっかりと考えられなかった自分は情けないな。

道徳的価値レベル
- 行動する前に，安全な生活や望ましい行動を思い出しながら，これでよいのかを自分でしっかりと考えて判断すると，後悔を繰り返さない。
- 「よくないと分かっているが楽しそうなことをしたい」といった弱い心に負けないようにすると，「自分で考えて行動できた」という喜びが生まれる。

小・高学年

教材／中心発問例	指導上のポイント
流行おくれ シーンとした自分の部屋を見回すまゆみは，どんなことを考えていたのでしょう。	流行に惑わされ，周りのことが見えなくなり，そのことで家族のみんなにも迷惑を掛けていたまゆみです。「シーンとした自分の部屋」を想像させ，**自分を客観的に見つめて考えたこと**を話し合いましょう。 「みんな持っているからという考えは，どこが間違っているのでしょう」などのめあてを提示して考えさせ，単に「もったいない」という理由だけでなく，**自分を見失い，振り回されているという弱さがある**ことを考え合いましょう。

出典：作・生越詔二『小学校　読み物資料とその利用―主として自分自身に関すること―』文部省

中心発問の氷山モデル

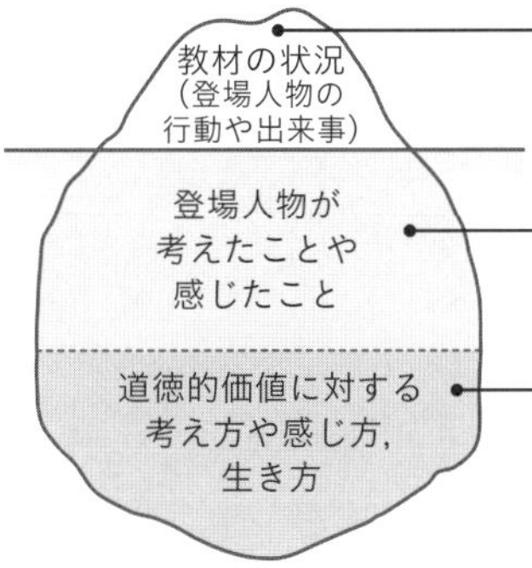

状況理解レベル
- まゆみは，自分の部屋を見回した。

心情理解レベル
- 自分は，何とだらしない生活をしているのだ。
- 周りの人や流行に振り回されていたな。
- みんなに迷惑を掛けてしまっている。申し訳ないな。

道徳的価値レベル
- 周りや目先のことばかりを気にして振り回されることは，自分の弱さに負けてしまっていることだ。
- 弱さに負けている自分を，ちょっと離れて落ち着いて見つめることで，自分の弱さに負けない自分をつくり，よりよい生活を送ることができる。

中学校

教材／中心発問例	指導上のポイント
独りを慎む どうして筆者は，「独りを慎む」という言葉を大切にしようと思ったのでしょう。	**自分の欲望や衝動に負けず，度を越さない生活は，独りだからこそ大切**なのです。なぜなら，充実した人生を送るためには，人から言われたり，他人の目を気にしたりするのではなく，**自分で自分をコントロールする必要がある**からです。それが，**「ほどよさ」の持続と自己の成長**につながります。まずは，独りになったときの弱さや怠け心にみんなで共感した上で，なぜ「独りを慎む」を大切にしようとしたのかを考え合いましょう。 授業のめあてとして「『独りを慎む』とはどういうことか」といった投げ掛けから始めるのもよいでしょう。

出典：作・向田邦子『男どき女どき』新潮社

中心発問の氷山モデル

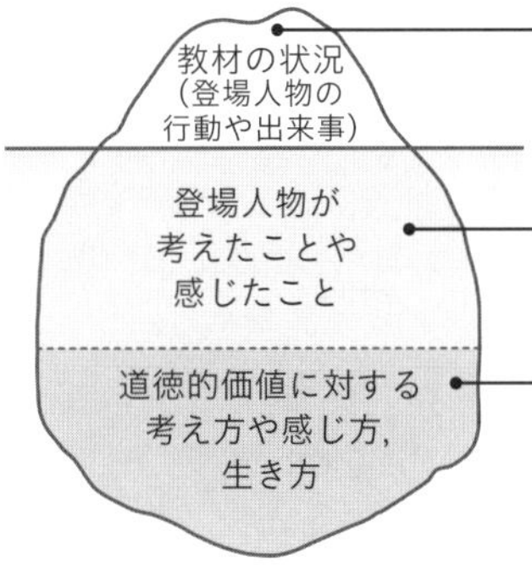

状況理解レベル
- 筆者は，「独りを慎む」という言葉を大切にしている。

心情理解レベル
- このままでは，自堕落な生活に陥ってしまう。
- 結局，自分は父親の目を気にして生活していただけ。
- 弱い自分に負けてしまっているのは恥ずかしい。

道徳的価値レベル
- 私たちは，つい自分の欲望や衝動に負けて，だらだらとした生活を送ってしまう。しかし，自分をコントロールできるのは，結局，周りではなく自分だ。
- 自分をしっかりとコントロールすることで，品を保ち，自分を成長させ，自立した生活を送ることができる。

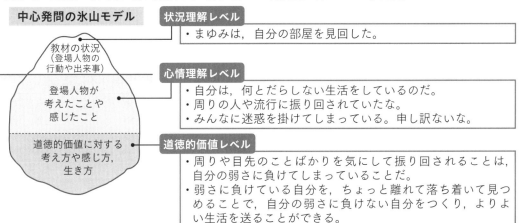

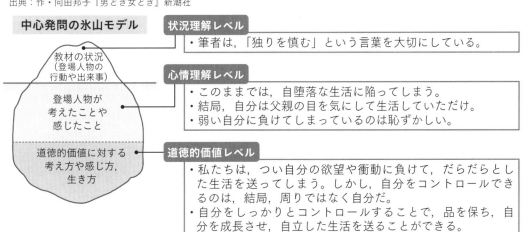

A 小 個性の伸長
中 向上心、個性の伸長

長所だけでなく短所も含めて自分の特徴に気付き、自分のよさを生かしながら更にそれを伸ばし、自分らしい生活や生き方をしていこうとする態度を育てる内容です。

この内容は、教科化に当たって低学年にも設定されました。自尊感情が低い子どもたちが多い中、自分らしさを積極的に生かし、将来にわたって自己実現を果たせるようにしようと重視されている内容です。

ポイント1 「個性」についての向き合い方を自覚する時間

「個性の伸長」の授業で陥りがちなのが、「自分の長所などの個性に気付く授業」になってしまうことです。**道徳科は、自分の個性も含めて、「個性」とはどういうものか、「個性」とどのように向き合っていけばよいのかを自覚する時間**です。道徳科は、道徳的価値に対する感じ方、考え方、生き方を豊かにする時間だからです。

具体的には、「みんなに、その人らしいよさがあるんだ」「個性は、自分がつくっていくものなんだ」「自分のよさは気付きにくいが、それは、『自分にはよいところがないが、他者にはよいところがいっぱいある』というマイナスの偏った見方をしているからなんだ」などと、個性との向き合い方を自覚する時間です。このことが、自分や他者のよさや個性についての理解を、より豊かにしていくことになるのです。

ポイント2 Aの視点であることの意味

「個性の伸長」は、Aの視点「主として自分自身に関すること」の内容の一つです。したがって、**Aの特徴である「自分との闘い」という視点から内容を捉える**ことで、深い学びにつなぐことができます。

まず、**私たち一人ひとりには、その人らしさという「個性」があります。**それは、他人と比較して優劣を付けるものではありません。私たち一人ひとりは、世界にたった一人のかけがえのない存在なのです。ところが、私たちには、つい、**他人のよさに関心が向き、自分と比べてしまう弱さがある**のです。

この弱さと闘い、自分もまた、自分らしさという「個性」をもった、世界でただ一人の人間なのだと考えることが、自分の特徴に気付き、個性を伸ばすことにつながります。また、個性を固定的に捉えるのではなく、他者から見た自分のよさを積極的に受け入れることでよさはどんどん伸び、広がることや、自分のよさを自分でしっかりと意識することで、自分のよさは自分で伸ばすこともつくり出すこともできること、さらには別のよさも伸びていくことなど、「個性との向き合い方」を、より豊かなものにしていけるようにしましょう。

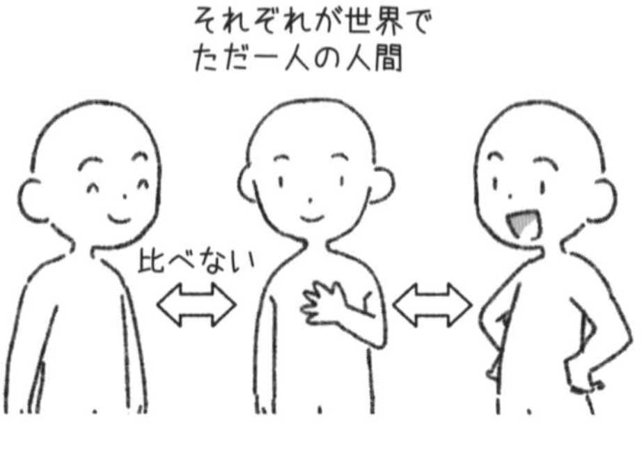

学年	「学習指導要領」の内容	発達の段階ごとのキーワードとポイント
小・低学年	自分の特徴に気付くこと。	**「自分のよいところ」** 自分のよさは，なかなか気付くことが難しいものです。低学年ですから，自分から他人と比べてというよりも，周りの人たちからほめられたり，指摘されたりして気付くことのほうが多くあります。 そこで，ほめられたり励まされたりするところが自分のよいところであることや，よいところを知ることはうれしいし楽しいことに気付き，自分のよいところをもっと見つけようとする意欲を高めることができるようにしましょう。
小・中学年	自分の特徴に気付き，長所を伸ばすこと。	（低学年の内容）＋**「よさは伸びる」** 集団での活動が活発になるにつれ，子どもたちは，周りの友達と自分を比べることが増えてきます。このことは，「自分らしさや自分のよいところなんてない」などと，マイナス思考で固定的に考えてしまうことになりがちです。 私たち一人ひとりには，必ず自分らしさや自分のよさがあること，そのよさは自分の中に隠れているが，自分の力で伸ばすことができることなどと，自分のよさを固定的に捉えることなく，可能性をもってプラス思考で捉えることができるようにしましょう。
小・高学年	自分の特徴を知って，短所を改め長所を伸ばすこと。	（低，中学年の内容）＋**「自分磨き」** 中学年では，よさは伸ばせることを学んできました。高学年では，それをさらに磨くことで，新しい自分が生まれてくることや，自分が短所と思っていることでも，他の人から見たり，見方を豊かにしたりすれば長所にもなることなど，より一層，自分磨きの大切さについて考えられるようにしましょう。 自分のよさは，自分が積極的に磨いていかないと輝いてきません。自分が磨き始めると，自分が思っていた以上に輝き始めるのです。自分を見つめ直し，自分のよさを生かすことが大切です。
中学校	自己を見つめ，自己の向上を図るとともに，個性を伸ばして充実した生き方を追求すること。	（小学校の内容）＋**「未来の自分を輝かせるのも自分」** 誰もが，よいところといやなところをもっています。そしてそれは，決して，他人と比べるものではない，その人らしさなのです。個性を伸ばすためには，まずは，この丸ごとの自分を受け入れるところが出発点です。 よいところもいやなところも含め，自分は自分なのです。それを，他人と比べてひがんだり，落ち込んだりしていては，自分を伸ばすことには決してつながらないのです。何より，自分の値打ちを最も分からねばならないのは自分なのです。 その上で，よいところは自分から磨きを掛け，いやなところは改めようと自らが思うことが，その人を輝かせることになります。 人と比べてしまう弱さに気付き，過去ではなく，未来の自分を変えようとする向上心が，充実した生き方につながっていくことを自覚できるようにしましょう。 未来の自分を輝かせるかどうかは，自分次第なのです。

小・低学年

教材／中心発問例	指導上のポイント
ぼくは小さくて白い どうしてお母さんは，「ぼく」のよいところをたくさん知っているのでしょう。	低学年です。自分にはよいところが必ずあること，それは，自分のことを好きになって探すことによって見つけられること，周りの人たちからほめられたり励まされたりしているところが自分のよいところであることなどを押さえましょう。そして，**自分のよいところを見つけることの喜びや楽しさ**を自覚できるようにしましょう。

出典：作・和田裕美『ぼくはちいさくてしろい』クラーケン

中心発問の氷山モデル

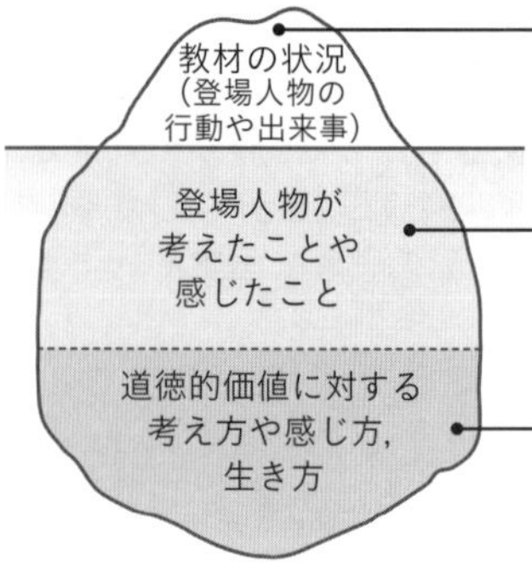

状況理解レベル

- お母さんは，ぼくのよいところをたくさん知っている。

心情理解レベル

- お母さんは，ぼくのことが大好きなんだ。
- ぼくのことをよく見てくれている。
- ぼくにはよいところがあると思ってくれている。

道徳的価値レベル

- みんなによいところがある。
- ほめられたところが，よいところだ。
- 自分のことを好きになると，自分のよいところをいっぱい見つけることができる。

小・中学年

教材／中心発問例	指導上のポイント
うれしく思えた日から いいところがたくさんのびてきた「ぼく」は，どんなことを考えたのでしょう。	**自分のよさは，自分次第でつくることも伸ばすこともできる**ということを，みんなで考え合いましょう。 **プラス思考で自分を見ていく**ことが大切です。ただし，単に「自分のよいところ見つけ」の活動にならないように注意しましょう。 授業のめあてとして「自分のよいところを伸ばすには，どんな考え方が大切なのでしょう」などと問い，活動に留まらない深い学びのある授業にしましょう。

出典：『小学校道徳　読み物資料集』文部科学省

中心発問の氷山モデル

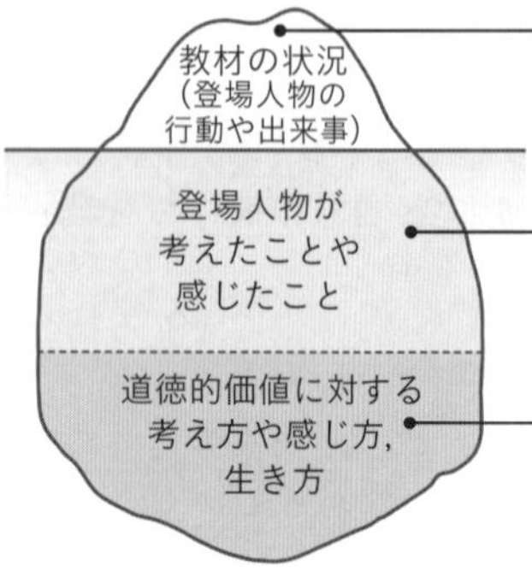

状況理解レベル

- 「ぼく」は，おまじないの言葉を大切に野球の練習を頑張ったら，いいところがたくさん伸びてきた。

心情理解レベル

- 野球の力だけじゃなくて，とび箱や走る力も伸びてきてうれしい。もう１年前のぼくじゃないぞ。
- おまじないの言葉を大切にして，一生懸命頑張ってよかった。「いいところなんてひとつもない」と思っていたままだったら，こんなに伸びなかった。

道徳的価値レベル

- 自分のよいところは，伸びるんだ。「自分はだめだ」と思うのではなく，よいところをもっと伸ばそうという気持ちが大事。
- 頑張っていたら，その他のよいところも，どんどんと伸びていく。
- 自分の気持ちを前向きにもつことがとても大切。

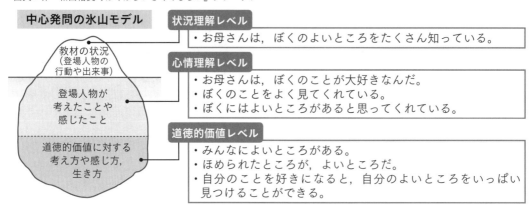

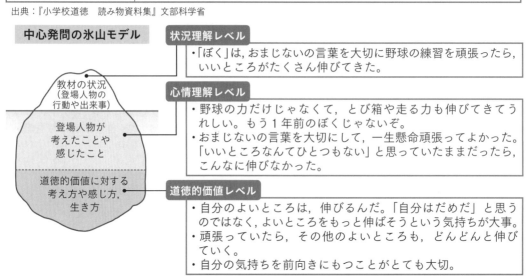

小・高学年

教材／中心発問例	指導上のポイント
マンガ家 手塚治虫 めげそうになりながらも，得意なマンガをみがき続けることができたのは，手塚さんにどのような考えがあったからでしょう。	自分のよさを磨くことを支えている考え方について考えます。それは,「自分の力を伸ばす」という強い信念や「好きだ」という思い，自分を応援してくれる人に応えようとする思いです。そして何より，**自分を見つめ直し，自分のよさや得意なことなどの自分らしさをどう伸ばすのか**を，自分でしっかりと考えることです。「お母さんの言葉に，手塚さんは自分の何を見つめ直したのでしょう」という補助発問も用意しておきましょう。また,「自分の得意なことを磨くには，どんな考えが大切でしょう」と問い掛けて授業を始めるのも効果的です。

出典：作・編集委員会『小学道徳 生きる力5』日本文教出版，参考・手塚治虫『ガラスの地球を救え―21世紀の君たちへ―』光文社

中心発問の氷山モデル

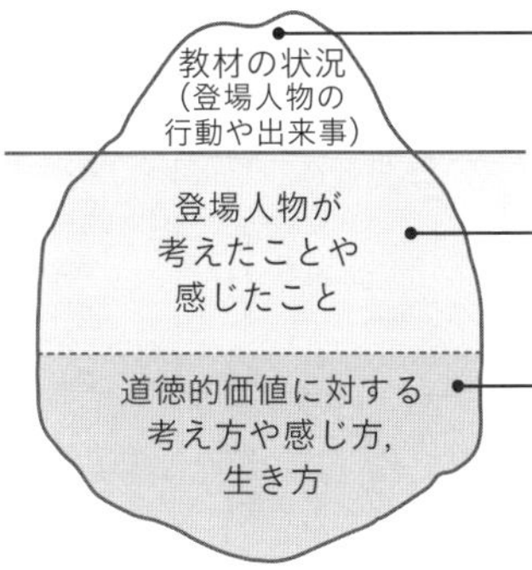
教材の状況
(登場人物の
行動や出来事)
登場人物が
考えたことや
感じたこと
道徳的価値に対する
考え方や感じ方，
生き方

状況理解レベル
- 手塚さんは，マンガ家を続けることができた。

心情理解レベル
- 自分を見つめ直し，自分は本当にマンガが好きなのか，ずっと描きたいのかを考え，決心した。人と比べるのではなく，マンガが好きだという自分らしさを大切にした。
- 自分を支えてくれる人の言葉を信じ，励みにした。

道徳的価値レベル
- 自分の個性は，自分らしさから生まれるもので，それは人と比べるものではなく，自分で信念をもって磨くことによって輝いてくるものだ。
- 自分のよさや個性を認めてくれている人は必ずいて，そういった人たちを信じ，励みにすることも大事。

中学校

教材／中心発問例	指導上のポイント
トマトとメロン トマトとメロンを比べることの，何が問題なのでしょう。	一人一人の個性やよさ，その人らしさは，他人と比べて優劣を付けることはできません。しかし，私たちは，つい他人と比べてしまいがちです。しかも，その尺度は固定的なものです。大切なのは，**固定的な価値観で見ることなく，また自分の外に基準を置かず，丸ごとの自分を受け入れて，よさや個性を伸ばそうとしていくこと**です。

出典：作・相田みつを『にんげんだもの』文化出版局

中心発問の氷山モデル

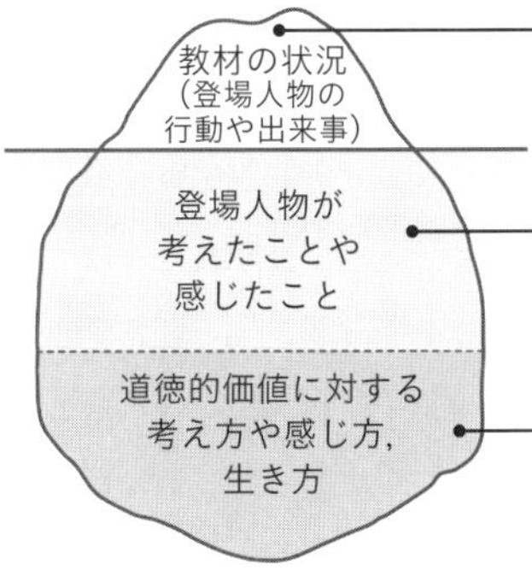
教材の状況
(登場人物の
行動や出来事)
登場人物が
考えたことや
感じたこと
道徳的価値に対する
考え方や感じ方，
生き方

状況理解レベル
- トマトとメロンを比べてもしょうがない。

心情理解レベル
- トマトにはトマトの，メロンにはメロンのよさがある。人間が勝手な基準でトマトとメロンを比べているけれど，それはまったくの狭い比較。

道徳的価値レベル
- 人それぞれに個性やよさがあり，どちらが優れているのかを比べるより，それぞれをどのように伸ばしていくのかを考えることのほうがずっと重要。
- 余計な基準に振り回されず，自分の中に基準をもって自分の個性やよさを見抜いて磨いていくと，未来の自分を輝かせることができる。

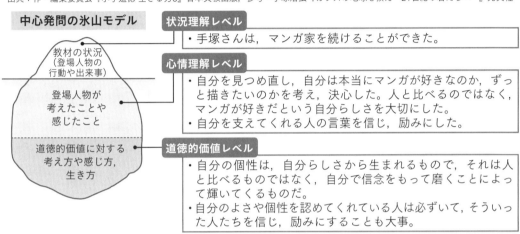

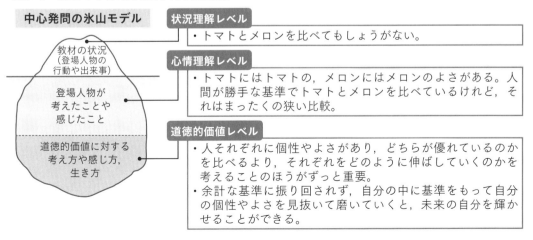

A 小 希望と勇気、努力と強い意志
中 希望と勇気、克己と強い意志

人生を豊かに生きるには、高い目標をもち、希望と勇気をもって努力していくことが大切です。苦しくてもくじけずに努力してやり抜く強い意志と、それを実行していく力をもつことで、人生を前向きに明るく過ごすことができるのです。

ポイント1 「やるべきこと」と「やろうと決めたこと」

低学年の対象は、「自分のやるべき勉強や仕事」です。一方、中学年の対象は、「自分でやろうと決めた目標」です。

低学年の対象は、やめることはできず、最後までしなければならないことです。子どもも、大人から言われ続け、やらなければならないことは分かっています。「なぜしなければならないのか」といった理由に関わらず、最後までしなくてはならないのです。

したがって、**した後のことに注目**させましょう。**最後までやり切ったら、喜びがちゃんとある**のです。しかも、その喜びは、ほめられる喜びもあれば、物事が完成した喜び、やればできるという喜び、そして、成長した自分に気付くことができる喜びなど、様々です。喜びに注目させるとともに、喜びの違いにも気付かせましょう。

一方、**中学年の対象は、やめることもできる**のです。しかし、途中で諦めてしまうことで、やろうとしていたことはできなくなってしまいます。つまり、**「なぜ、それをしようとしたのか」が重要**だということです。途中で諦めてしまうと、これまでのような弱い自分に戻ってしまいます。したがって、強い意志が大切なのです。

さらに、**高学年や中学校は、「より高い」目標の意義**へと広がります。より高い目標であるからこそ、自分の生き方や自分の値打ちに関わってくるのです。そして、**結果だけでなく、頑張った自分自身が、新たな自己像の形成や充実した人生につながる**ことを考えられるようにしましょう。

ポイント2 マイナス思考とプラス思考

希望と勇気、努力と強い意志をもつためには、考え方もプラス思考であることが大切です。

高い目標の実現のためには、小さな目標を立て、それを一つ一つ着実にこなしていくことが大切ですが、この小さな目標を達成したとき、「まだこれだけしか進んでいない……」と考えるのはマイナス思考です。一方、**「目標に一歩近づいた！」と考えるのは前向きなプラス思考**です。「希望」も「勇気」も、マイナス思考では出てきません。

そして、プラス思考が大切なのは、プラス思考のとき、私たち人間の頭の中では前頭葉が活性化し、考える力がどんどん伸びると言われているからです。でも、私たち人間は、つい「マイナス思考」に陥ってしまいます。「どうせ……」「いくらやっても……」「才能がないから……」などと、否定的に考えてしまう弱さがあるのです。

マイナス思考に陥っている自分を客観的に見たり、目標に向かって進んでいる中のプラス面に注目したりして、希望と勇気をもって着実に進めていくことの大切さを自覚できるようにしましょう。

学年	「学習指導要領」の内容	発達の段階ごとのキーワードとポイント
小・低学年	自分のやるべき勉強や仕事をしっかりと行うこと。	**「頑張った喜び」** 低学年は「自分のやるべきこと」です。それは，勉強や家のお手伝い，学級の仕事などです。自分がやらねばならないことですから，最後まで，頑張ってやらなければなりません。つらくても，しんどくても，頑張った先には，やってよかったという喜びが待っているのです。その喜びに出会うために，辛くてもしっかりと行うことが大切です。 なお，その喜びには，ほめられる喜び，自分の力でできた喜び，得意になった喜び，自分が成長し大きくなった喜びなど，様々です。喜びの違いへの気付きもまた，深い学びとなります。
小・中学年	自分でやろうと決めた目標に向かって，強い意志をもち，粘り強くやり抜くこと。	（低学年の内容）＋**「もっとよくなりたい」** 中学年は「自分でやろうと決めた目標」です。最後まで続けるか，それとも途中で諦めてしまうかは，自分次第です。しかし，やろうと決めたのには，訳があるはずです。「今よりよくなりたい」「強い自分になりたい」「みんなの役に立ちたい」などです。諦めてしまうと，これらのことができなくなってしまうし，頑張ったことも無駄になってしまいます。 逆に，目標を達成することで，自信が生まれ，さらにもっとよくなりたいという心が育ってくるのです。また，頑張るコツなどについても考えられるようにしましょう。
小・高学年	より高い目標を立て，希望と勇気をもち，困難があってもくじけずに努力して物事をやり抜くこと。	（低，中学年の内容）＋**「目標に向かって確かな一歩」** 目標の実現のためには，自分が目指す目標と，その目標に至る一つ一つのステップの両方が大切です。どこに向かって進もうとしているのか，何を目指すのかをしっかりと見据えていないと，迷子になってしまいます。 一方，足もともしっかりと見ていないと，目標に近付くことすらできなくなってしまいます。 より高い目標があるからこそ頑張ろうという気持ちが高まり，小さなステップを一歩ずつ進むからこそ，小さな喜びが希望となり，自信や勇気となって次の一歩を後押ししてくれるのです。 目標に向かっての確かな一歩が，目標を実現する大きな一歩なのです。努力とは，この一歩一歩を確かに進んでいくことです。
中学校	より高い目標を設定し，その達成を目指し，希望と勇気をもち，困難や失敗を乗り越えて着実にやり遂げること。	（小学校の内容）＋**「自分の弱さに打ち克つ」** 中学生になると，理想通りにいかない現実が見えるようになってきます。そして，困難や失敗の経験も増えてきます。そうすると，日々の生活がマイナス思考になってしまいがちです。 その中で，困難や失敗を乗り越えて最後までやり遂げるには，意志を強くもって自分の弱さに打ち克つことと，目標に向かって計画的に小さなステップを歩んでいくことが大切です。 自分の心の中にある不安や自信のなさ，怠け心，計画性のなさなどの弱さを冷静に見つめ，困難や失敗をバネに，小さな目標であってもそれが達成されたときの満足感や希望，勇気に気付き，自分の弱さを克服していく，すなわち，克己が中学校のポイントです。

小・低学年

教材／中心発問例	指導上のポイント
おふろばそうじ おかあさんから,「はじめはうまくできなかったけど, とてもじょうずになったものね」と言われたあきらは, どんなことをおもったでしょう。	低学年です。頑張って最後までできたときの経験を思い出しながら, **自分のやるべき勉強や仕事をしっかりと行うと, たくさんの喜びや自信がつくこと**を話し合い, **やり抜くことの大切さ**を押さえましょう。 特に, ほめられる, みんなの役に立つ, 自分が成長する, 自信がつく, もっとしようと思うなど, 頑張ることのよさをいっぱい考えさせましょう。 「最後まで頑張るとどんなよいことがあるのでしょう」という問いを, 授業の最初に投げ掛けるのも効果的です。

出典：作・小林陽子『小学校　読み物資料とその利用―主として自分自身に関すること―』文部省

中心発問の氷山モデル

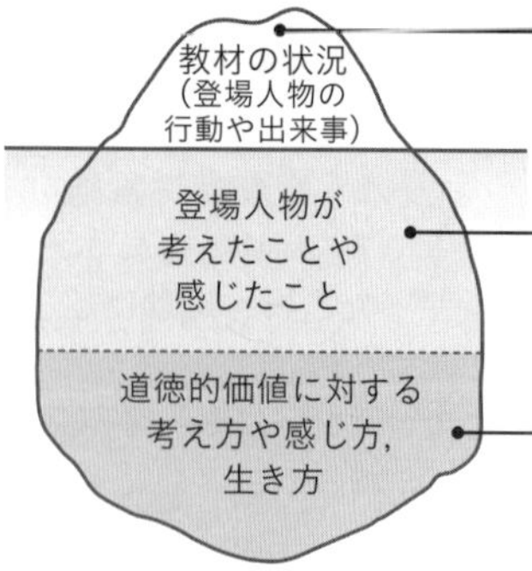
教材の状況
(登場人物の
行動や出来事)
登場人物が
考えたことや
感じたこと
道徳的価値に対する
考え方や感じ方,
生き方

状況理解レベル

・あきらは, お母さんからおふろばそうじが「とてもじょうずになったものね」と言われた。

心情理解レベル

・頑張ってよかった。みんなの役に立ててうれしいな。
・頑張ったら, うまくなれる。ぼくにまかせて。

道徳的価値レベル

・自分がしなければならない仕事を頑張ってできるようになると, とてもうれしい。
・一生懸命頑張ったら, うまくできなかったこともできるようになって, 自分に自信がついてくる。

小・中学年

教材／中心発問例	指導上のポイント
ぼくらは小さなかにはかせ べんきょうなかま三人組が, さいごまであきらめずに調べつづけたのは, どんな考えがあったからでしょう。	中学年ですから, 結果だけでなく, 過程にも注目させましょう。そのためには, 図書館の本を調べても分からなかったときに, やめようと思った心の弱さを押さえた上で,「それでも諦めなかったのはどんな考えがあったからか」を考えさせ, ねらいに迫りましょう。**諦めずに続けることができたのは, 目標や面白さがあったから**です。また,「はかせ」になって考えたであろう**「もっとよくなりたい」**も大切です。授業のめあてとして「勉強や仕事を最後まで諦めずに続けるには, どんな考えが大切でしょう」といった問いも効果的です。

出典：作・森田直樹『小学校　真理や学ぶことを愛する心を育てる』文部省

中心発問の氷山モデル

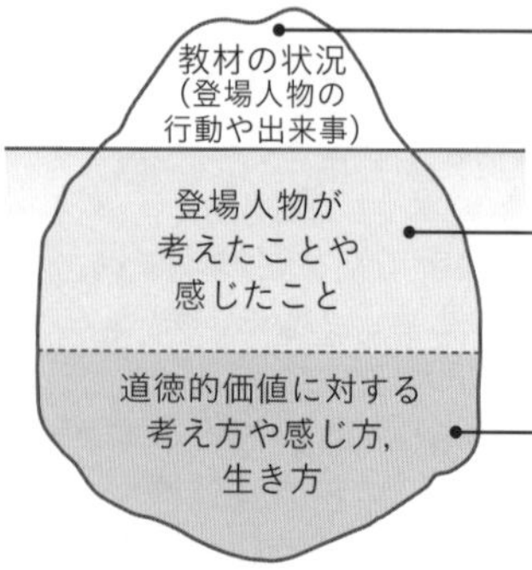
教材の状況
(登場人物の
行動や出来事)
登場人物が
考えたことや
感じたこと
道徳的価値に対する
考え方や感じ方,
生き方

状況理解レベル

・勉強仲間三人組は, 中庭のかにについて最後まで諦めずに調べ続けた。

心情理解レベル

・自分たちで調べて, みんなを驚かせたいな。
・やめようかと思ったけれど, ここで諦めたら悔しい。
・調べているうちに, 面白くなってきた。

道徳的価値レベル

・自分でやろうと決めたことを最後までやり抜くためには, 目標やもっとよくなりたいという気持ちをもつことや, やり抜いたらどんなよいことがあるかを考えることが大切。
・途中で諦めたら悔しいという思いも, 最後までやり抜くためには大切。

小・高学年

教材／中心発問例	指導上のポイント
ヘレンと共に —アニー・サリバン— アニーのねばり強さを支えていた思いとは，どのようなものだったのでしょう。	アニーの思いを基に，困難があってもくじけずに努力して物事をやり抜くには，**より高い目標や信念をもち，失敗を重ねながらも一つ一つ前向きに進める**ことなどが大切であることをみんなで話し合いましょう。その際，アニーが仕事を引き受けるときの「よく考えた末に」に込められた，大きな目標や信念，決意，使命感などを大事にしましょう。 「困難があってもくじけずやり抜くために大切なものは何でしょう」などのめあてを立て，授業を進めていくのも効果的です。

出典：作・井美博子『小学校　読み物資料とその利用—主として自分自身に関すること—』文部省

中心発問の氷山モデル

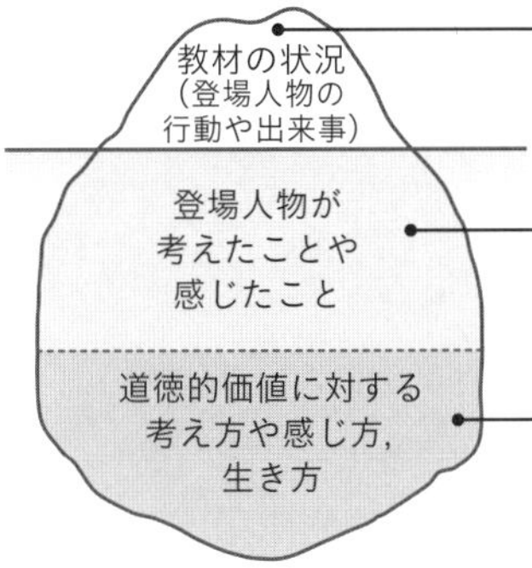
教材の状況
（登場人物の
行動や出来事）
登場人物が
考えたことや
感じたこと
道徳的価値に対する
考え方や感じ方，
生き方

状況理解レベル
- アニーは，ヘレンの自立を願い，諦めることなくヘレンの教育に取り組んだ。

心情理解レベル
- 自分の目が見えるようになった喜びと感謝を，目の不自由な人たちのために役立てたいという信念。
- ヘレンは必ず成長する，という期待と信頼。
- 少しずつ焦らず，しかし，着実に進もうという意志。
- 周りの言葉に振り回されず，自分の信念を貫く強い思い。

道徳的価値レベル
- 困難を乗り越えるには，目標や信念をしっかりともつこと，また，一気に解決しようと焦ったり周囲に惑わされたりせず，着実に前に一歩を踏み出すことが大切。

中学校

教材／中心発問例	指導上のポイント
木箱の中の鉛筆たち 木箱の中のちびた鉛筆の話を父から聞いた「私」は，どのようなことを考えたのでしょう。	私たちは，目標に対して挑む前から「どうせ無理だ」「自分には力がない」と，諦めてしまうことが多くあります。目標を達成するには，**このような弱い心に打ち克ち，自分の中にある可能性を引き出す**ことが大切です。このことを，「私」の考えたことを通して考え合いましょう。「父」は諦めるどころか，猛烈な努力で自分の可能性を引き出したのです。 「目標を実現するには，何が大切なのでしょう」を授業のめあてとして提示し，１時間を掛けて追求していくのもよいでしょう。

出典：作・神津カンナ『男と女の交差点』講談社

中心発問の氷山モデル

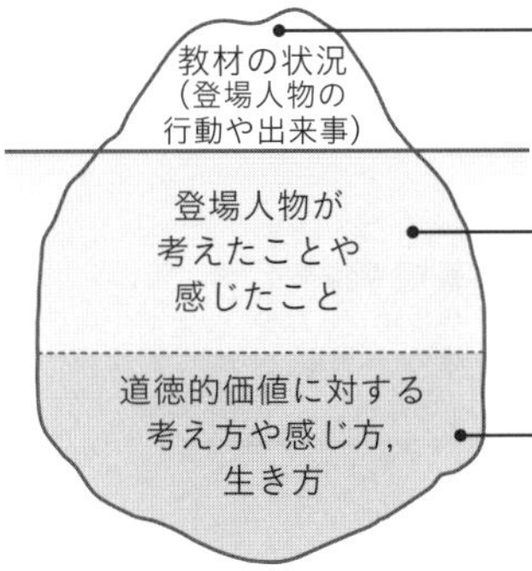
教材の状況
（登場人物の
行動や出来事）
登場人物が
考えたことや
感じたこと
道徳的価値に対する
考え方や感じ方，
生き方

状況理解レベル
- 「私」は，父から，才能がないと分かったときから猛烈に勉強を始めた話を聞いた。

心情理解レベル
- 自分で自分のことを諦めてしまっていた。
- 自分は何も努力をしないで，才能があるなしで目標を諦めてしまっていた。

道徳的価値レベル
- 最初から諦めている限り，目標に届くことはできない。プラス思考で挑むことが大事だ。
- 弱い心に打ち克つ意志と努力が，自分の中に眠っている可能性を引き出すのだ。

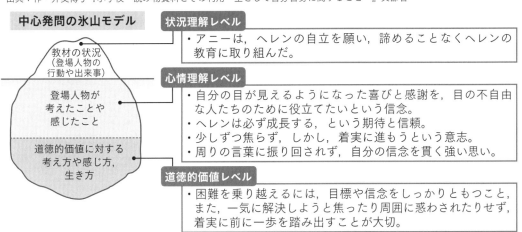

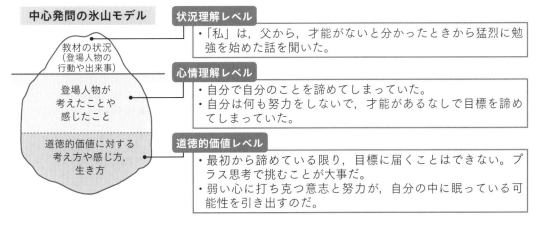

Ⓐ 小 真理の探究
中 真理の探究、創造

私たちの社会や歴史は、真実や真理を求め続ける人々の努力によって進歩や発展を遂げてきました。このことの意義や大切さについて自覚し、**疑問や分からないことをそのままにせず、広い視野に立って幅広い見方や考え方で探究し続けることが、私たちの生活を豊かにしていく**のです。

ポイント1 真理の探究も「自分との闘い」

真理の探究とは逆に、疑問や分からないことをそのままにしてしまうのは、どのような考え方からでしょうか。それは、人の噂や不確かな情報に惑わされ、偏った見方をしてしまったり、「どうせ分からないだろう」「自分には無理だ」などと現状に甘えて諦めてしまったりするなど、自分の中にある弱い心に負けてしまう態度が関係しているのではないでしょうか。

この内容は、高学年と中学校にのみ設定されていますが、「学習指導要領解説」では、低学年の「よいことと悪いこととの区別をし、よいと思うことを進んで行うこと」や、中学年の「正しいと判断したことは、自信をもって行うこと」とのつながりがあるとされています。

つまり、**真理の探究は、学問上の真理に留まることなく、生き方も含めて物事の根拠を追求すること**であり、それは**自分の弱さとの闘いでもある**のです。

ポイント2 先人から学ぶ

この内容項目は、先人から学ぶ教材が多くあります。なぜなら、社会の進歩や発展には、真実や真理を求め続ける先人の努力があったからです。

そして、多くの先人の生き様を見ていると、自らの弱さと闘い続け、苦悩の末に勝ち抜いた人がいる一方で、悩むことなく一途に真実や真理を求め続け、真実や真理に近付いていった人もいます。授業を進める中で指導の難しさを感じるのは、後者の先人でしょう。弱さを探そうにも、弱さらしきものは見当たりません。

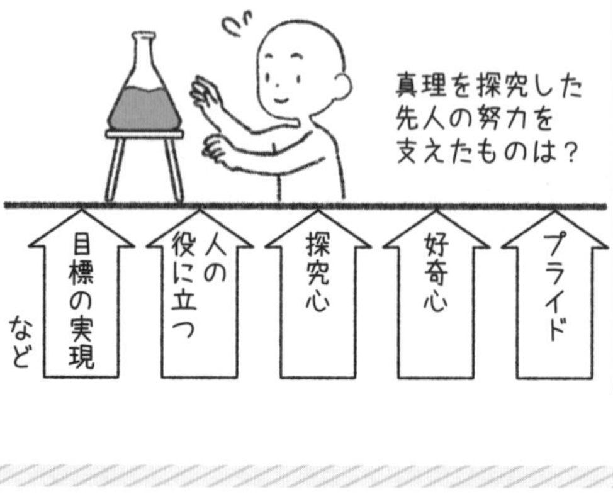

そのようなときは、この**先人の努力を支えていたものは何か**をみんなで考え合いましょう。それは、新しいことを発見する好奇心であったり、分からないことをそのままにしたくないという探究心であったり、分からなかったことが分かる喜びであったり、人の役に立つことのうれしさ、さらには、自分の大きな目標の実現であったりするでしょう。そして実は、**真実や真理を求め続ける人を支えているこのような思いは、私たち一人ひとりの中にも、大きさは違えども、ある**のです。このことを確かめ合い、先人と同じ思いが自分たちの中にもあることから意欲を高めていけるようにするのがポイントです。

学年	「学習指導要領」の内容	発達の段階ごとのキーワードとポイント
小・高学年	**真理を大切にし，物事を探究しようとする心をもつこと。**	**「分からないことをそのままにしない」** 先人が物事の真理を明らかにしたきっかけは，小さな好奇心であったり，ちょっとした疑問であったりすることが多くあります。**疑問に思ったことや分からないことをそのままにせず，自分が納得するまで分かろうとする**ことが，大きな業績を残すことにつながることに気付き，**自分の中にある好奇心や疑問のもつ値打ち**を大切にできるようにしましょう。
中学校	**真実を大切にし，真理を探究して新しいものを生み出そうと努めること。**	（小学校の内容）＋**「真理の探究が人生を豊かに」** 新たなものは，これまでの固定的な見方や考え方に囚われず，自由な発想の中で創造されるものです。広い視野に立ち，**多面的・多角的な見方や，論理的・批判的に考える姿勢が，新たな見方や考え方の発見や創造につながり，自分の喜びや成長，人生の豊かさにつながる**ことに気付くことができるようにしましょう。

小・高学年

教材／中心発問例	指導上のポイント
天からの手紙 中谷宇吉郎の研究を支えていたのは，どんな思いだったのでしょう。	「宇吉郎はすごい，この人だからできた」となるのではなく，宇吉郎が研究をスタートしたときの思いに注目し，**自分たちの中にもある好奇心や興味・関心**が大切であることを押さえましょう。

出典：作・林和子『小学校　読み物資料とその利用―主として自分自身に関すること―』文部省

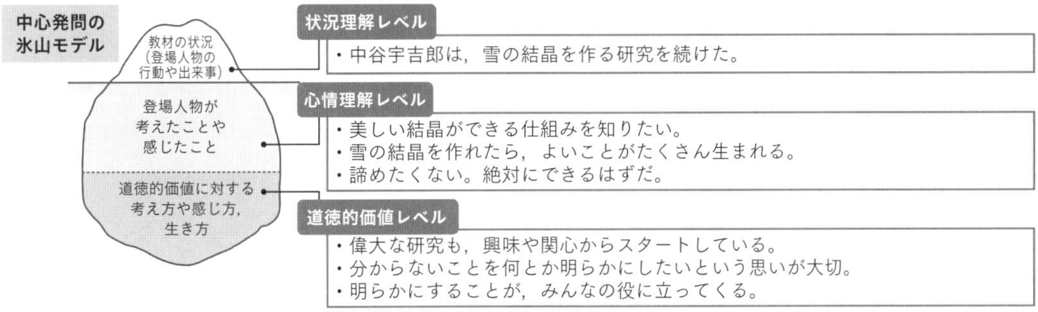

中学校

教材／中心発問例	指導上のポイント
iPS細胞で難病を治したい 山中さんが研究を続ける原動力は何でしょう。	真理の探究には，名声や見返りではなく，真実を明らかにすること自体の喜びや人生の充実があることなどを，**「成功＝完成ではない」**を起点に話し合いましょう。

出典：作・編集委員会『中学道徳 あすを生きる3』日本文教出版

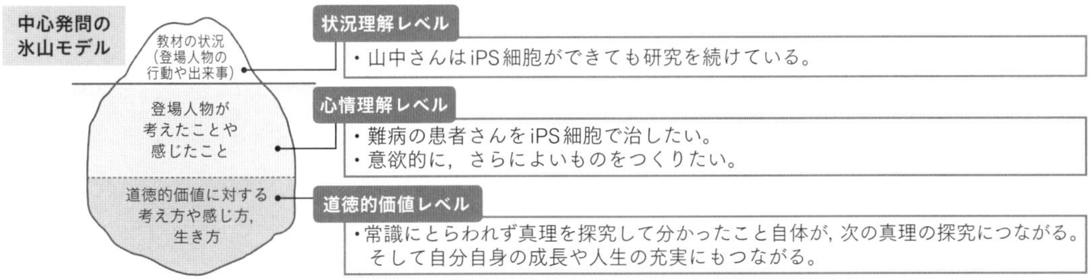

B 小 親切、思いやり 中 思いやり、感謝

「親切、思いやり」とは、相手のために自分にできることを行うことです。特に、**思いやりとは、相手の気持ちを想像し、もし自分ならどうしてほしいかと考え、それを相手に届けること**です。相手に「心」を寄せ、大切に思うが故の行為です。

ポイント1 「相手の○○」の違いを考える

親切、思いやりを行うためには、相手について考えなければなりません。ただし、発達の段階によって、それは異なります。

- **「相手のこと」**を考える…親切は相手に対して行うものであるといった分かり切った捉えでの親切です。相手の気持ちを深く理解する「思いやり」までは至りません。低学年の段階です。
- **「相手の気持ち」**を考える…相手の気持ちを自分のことのように考え、思い遣ることです。相手の気持ちを深く理解できるようになる中学年の段階です。
- **「相手の立場」**を考える…相手の置かれている立場や背景、状況をも考慮する思いやりです。高学年の段階です。

以上のように、**「こと」「気持ち」「立場」をしっかりと区別**しながら、どれを扱っているのかを意識することが、学年の段階に応じた指導や深い学びのある授業につながるのです。

ポイント2 相手のことをいかに大切にできるか

私たちは、**相手のことを大切に思っているようで、つい、自分のことを優先してしまいがち**です。例えば、相手がつらそうにしている場面に出会ったとき、相手のためを思って自分ができることを懸命にしているにもかかわらず、「相手のために自分の時間や手間を使っている」「これだけやってあげているのだから、お礼があってもよいのでは」「相手や周りの人は分かってくれるだろうか」などと、つい「自分」のことを考えてしまうときがあるのです。**本当の親切、思いやりは、ひたすら、相手に「心」を寄せ、相手のことを大切に考えて行うもの**であり、**自己犠牲などでなく、人間をかけがえのない存在として思う人間愛によってなされるもの**なのです。したがって、**「さりげなさ」**や**「相手に気付かれないこと」**が大切なのです。

全校朝礼の司会を例に考えてみます。「次は校長先生のお話です」に続き、校長先生が張り切って朝礼台を駆け上がりました。ところが、張り切り過ぎて一段踏み外し、向こうずねを思い切り打ってしまいました。「きっと痛いだろうなあ」と**校長先生の気持ち**を考え、**「校長先生、大丈夫ですか！」**と叫ぶのは「中学年」です。

一方、全校の子どもたちが見ています。とっさに**校長先生の立場**を考え、空を指さして、**「あっ、不思議な雲が浮かんでいるよ！」**と叫ぶのは「高学年」。

そして全校朝礼が終わり、職員室に戻ったときに、校長先生から「気を遣ってくれてありがとう」と声を掛けられたとき、**「何のことですか」と知らぬフリ**をできるのが「中学校」だということです。

学年	「学習指導要領」の内容	発達の段階ごとのキーワードとポイント
小・低学年	**身近にいる人に温かい心で接し，親切にすること。**	**「温かさ」「相手のこと」** 低学年の子どもたちは，親切にすることが大切であることは知っています。なぜなら，小さい頃から，「年下の子や高齢者，困っている人には親切にしようね」と言われ続けているからです。でも，その「大切さ」の中身は，「言われたから」「ほめられるから」が中心です。そのような子どもに，「親切って大切なのだ」という考え方の中身を広げていきましょう。 低学年ですから，結果に着目します。親切にすると，ほめられるだけじゃなく，相手がとてもにこにこと笑顔になります。周りの人たちもにこにことします。そして，親切にした自分も嬉しくなるのです。つまり，親切は，自分や相手，周りの人たちの心を温かくする素敵なことなのだということから，親切の大切さを広げていけるようにします。
小・中学年	**相手のことを思いやり，進んで親切にすること。**	（低学年の内容）＋**「相手の気持ち」** 中学年は，相手の気持ちを深く考えられるようになってくると言われています。したがって，中学年では「温かさ」に加えて，相手の気持ちを考え，「自分だったらこうしてほしい」と思うことを相手にすることが思いやりだと自覚できるようにします。 低学年は結果であったのに対して，中学年は「相手の気持ちを考えたら，自分は……」と，「動機」に注目して「親切，思いやり」の意味や大切さを考えられるようにします。
小・高学年	**誰に対しても思いやりの心をもち，相手の立場に立って親切にすること。**	（低，中学年の内容）＋**「相手の立場」** 相手の気持ちを考えるだけでは，高学年の「親切，思いやり」には不十分なのです。相手の置かれている立場や状況までも考え，どうすることが本当に相手のためになるのかを考えて行うのが思いやりであるということを自覚できるようにしたいです。 さらに，「誰に対しても」は，様々な人に対象を広げるというより，「様々な相手に応じて」つまり，その人にとってどうすることが大切なのかという方向で考えられるようにします。
中学校	（思いやり，感謝） **思いやりの心をもって人と接するとともに，家族などの支えや多くの人々の善意により日々の生活や現在の自分があることに感謝し，進んでそれに応え，人間愛の精神を深めること。** ※「感謝」に関わるポイントはp.65をご覧ください。	（小学校の内容）＋**「さりげなさ」** 中学校の段階では，人間としての弱さと崇高さから思いやりについて考えられるようにします。 ポイントは，「さりげなさ」です。思いやりとは，心から相手のためのことを思い行う行為であるが故に，「自分がしてあげた」などといった自分中心の考えではなく，「さりげなさ」が大切です。しかし，私たちはつい，「してあげている」と，自分のことが大事になってしまうのです。この人間的な弱さと同時に，相手のことをとことん大切にしようとする思いやりをもった人間の崇高さが，私たちの心の中には同居していることを自覚できるようにしましょう。それが人間愛です。そして，相手に気付かせない，負担をかけない，さりげない思いやりの難しさとその素晴らしさを，みんなで考え合えるようにしたいものです。

小・低学年

教材／中心発問例	指導上のポイント
はしのうえのおおかみ しんせつにしたおおかみは，どんなきもちだったでしょう。また，さいしょのいいきもちと，いまのいいきもちは，なにがちがうのでしょう。	いじわるをしているときの「いい気持ち」と，親切にしたときの「いい気持ち」をそれぞれに押さえたあと，その比較をしてみましょう。特に，後者の「いい気持ち」は，とても「温かい」いい気持ちです。 なぜなら，意地悪のいい気持ちは，自分だけがいい気持ちなのに対して，親切にしたときのいい気持ちは，相手がいい気持ちで，それを見ている自分も含めてみんながいい気持ちだからです。 授業のめあてとして「親切って，どんなよいことがあるのでしょう」と投げ掛けるのも効果的です。

出典：作・奈街三郎『小学校　道徳の指導資料　第１集（第１学年）』文部省

中心発問の氷山モデル

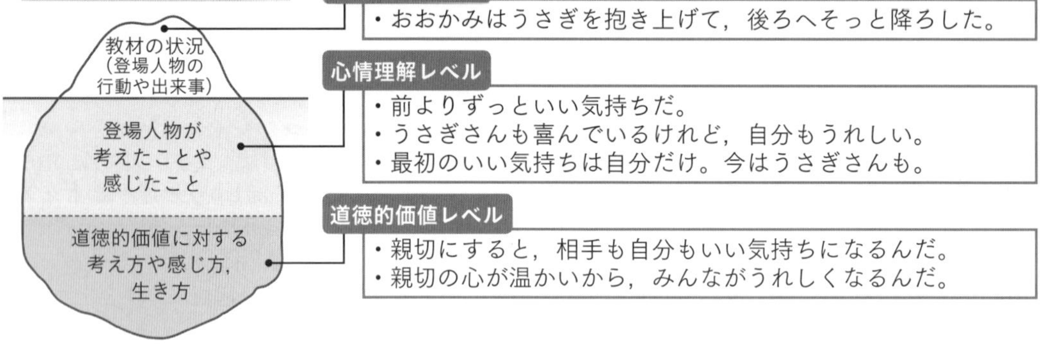

状況理解レベル
・おおかみはうさぎを抱き上げて，後ろへそっと降ろした。
教材の状況
（登場人物の
行動や出来事）
心情理解レベル
・前よりずっといい気持ちだ。
・うさぎさんも喜んでいるけれど，自分もうれしい。
・最初のいい気持ちは自分だけ。今はうさぎさんも。
登場人物が
考えたことや
感じたこと
道徳的価値レベル
・親切にすると，相手も自分もいい気持ちになるんだ。
・親切の心が温かいから，みんながうれしくなるんだ。
道徳的価値に対する
考え方や感じ方，
生き方

小・中学年

教材／中心発問例	指導上のポイント
心と心のあくしゅ おばあさんの理由がわかってもなお，「ぼく」がおばあさんの後ろをついて歩いたのはどうしてでしょう。	中学年は，声をかける親切と見守る親切の「違い」ではなく，「共通点」を問いましょう。それは，困っている人を見たときに，その人のつらさ（気持ち）に心を寄せ，何か自分にできないことはないかと「思い」「遣る」心です。この心の素晴らしさと，そういう心が，自分たちの中にもあることを，みんなで確かめ合いましょう。違いに注目し，「見守ることも親切だ」となると，相手の立場や状況を考えた行為ですから，高学年で考え合いたい内容となります。もちろん，子どもからそうした意見が出たときは，より深い考え方をしているということです。 授業のめあてとして「思いやりの心とは，どのような心だろう」と問うのもよいでしょう。

出典：『わたしたちの道徳　小学校3・4年』文部科学省

中心発問の氷山モデル

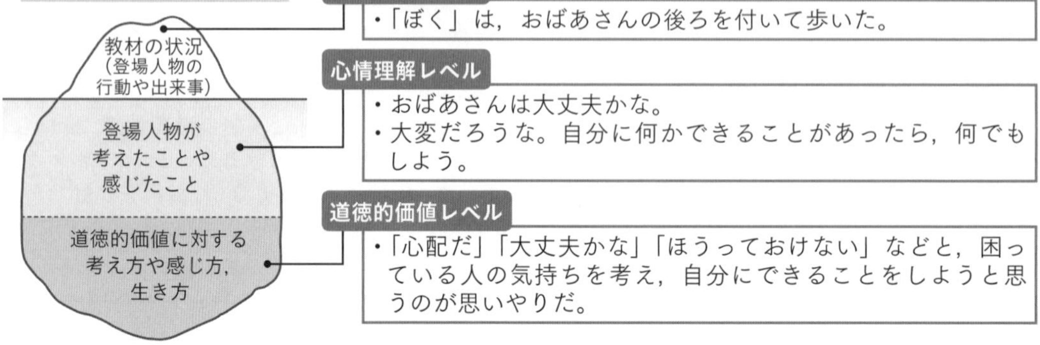

状況理解レベル
・「ぼく」は，おばあさんの後ろを付いて歩いた。
教材の状況
（登場人物の
行動や出来事）
心情理解レベル
・おばあさんは大丈夫かな。
・大変だろうな。自分に何かできることがあったら，何でもしよう。
登場人物が
考えたことや
感じたこと
道徳的価値レベル
・「心配だ」「大丈夫かな」「ほうっておけない」などと，困っている人の気持ちを考え，自分にできることをしようと思うのが思いやりだ。
道徳的価値に対する
考え方や感じ方，
生き方

小・高学年

教材／中心発問例	指導上のポイント
最後のおくり物 ロベーヌとジョルジュじいさんに共通する心とは，どのようなものでしょう。	ロベーヌとジョルジュじいさんは，二人とも，相手の立場を考え，相手のために夢中で自分にできることをしようとしたのです。それが，思いやりの心です。 授業の導入で「思いやりは，自分を犠牲にしてするものでしょうか」などの問いをめあてとして設定し，中心発問を深める中で，再度，この問いについて考え合うとよいでしょう。

出典：作・武田正樹『小学校　読み物資料とその利用―主として他の人とのかかわりに関すること―』文部省

中心発問の氷山モデル

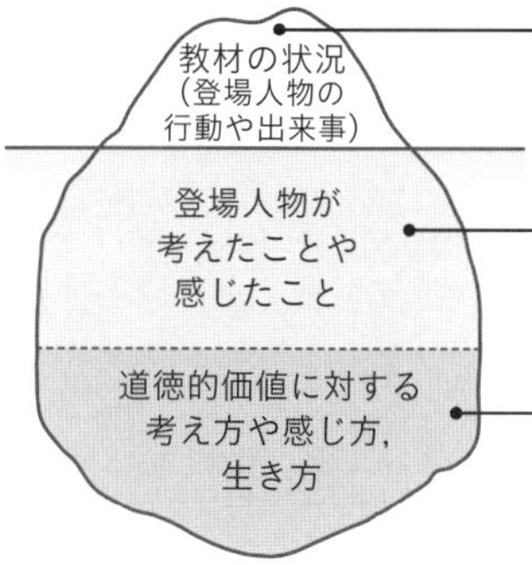

状況理解レベル

- ジョルジュじいさんは，自分の名前を伏せてロベーヌにお金を送り続けた。
- ロベーヌは，「ぼくが息子です」と言って，懸命にジョルジュじいさんの看病をした。

心情理解レベル

- ロベーヌの夢のために，自分にできることをしよう。
- ジョルジュじいさんの体がよくなってもらいたい。自分が懸命に看病するんだ。

道徳的価値レベル

- 思いやりの心は，どうすることが相手のためになるのかを一心に考え，届けることだ。そこには，「してあげる」いう自分を犠牲にする思いではなく，相手のことを最大限に大切にしたいという思いがある。

中学校

教材／中心発問例	指導上のポイント
夜のくだもの屋 声も出ないほど驚いた少女は，何に驚いたのでしょう。	くだもの屋さんのさりげない優しさのもつ，人を元気にする力の大きさと，それを想像もしなかった「私」自身の至らなさに着目し，さりげない思いやりの素晴らしさや難しさと，さりげない小さなことでさえも，当たり前と見過ごさず，感謝の心（中学校の項目）をもつことの大切さを考え合いましょう。

出典：作・杉みき子『小さな町の風景』偕成社

中心発問の氷山モデル

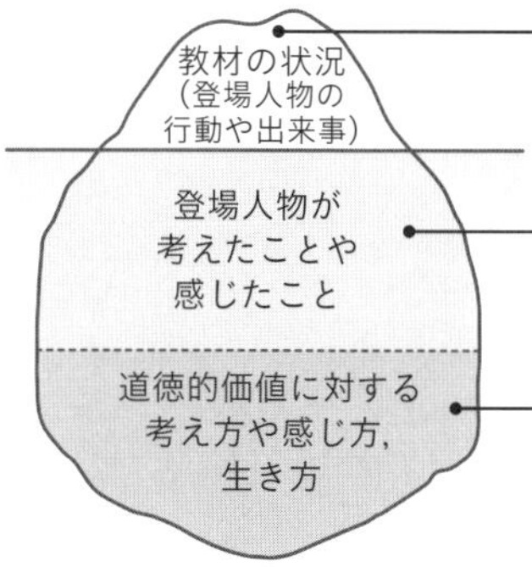

状況理解レベル

- 少女は，くだもの屋のあかりの話を聞いて，声も出ないほど驚いた。

心情理解レベル

- くだもの屋さんの心遣いを，私はまったく想像していなかった。けれど，私の心を楽にしてくれていた。
- さりげなくされたのに，包み込まれるほどの優しさを感じることができた。ありがたいことだ。

道徳的価値レベル

- 本当の親切や思いやりは，相手に気付かせないようにするもの。それは見ず知らずの人にも発揮できる。
- 私たちは親切にしながらも，心のどこかで「してあげている」と思いがちである。本当の親切や思いやりは，相手のためだけを思い，気付かせないさりげなさが大切。
- 感謝の心は，されて当たり前と考え，なかなかもてないものである。当たり前と思わず過ごすことが大切。

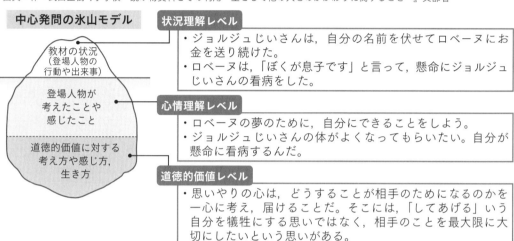

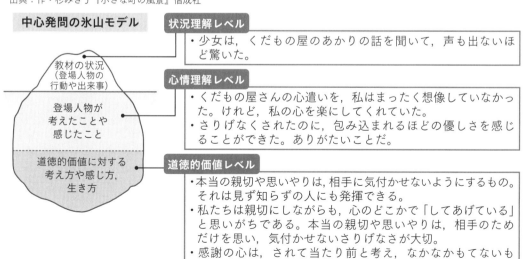

Ｂ 小 感謝
中 思いやり、感謝

「感謝」と「親切、思いやり」は、表裏一体です。他者からの親切や思いやりに対して有り難さを感じ、そうまでして自分を支えてくれていることへの尊敬と、改めて深い感謝の気持ちを自覚することが大切です。

ポイント1 感謝の「対象」に着目！

発達の段階によって、感謝の対象が異なります。具体から抽象へと、対象が広がっていくことを意識しましょう。

●低学年…対象は身近で、いつも顔を合わせている人たち。いつも会っているのに、してもらって当たり前となっていることに対して感謝の心を自覚できるようにすることです。毎日の生活の中にあるたくさんの「ありがとう」を見つけ、自分たちが大変お世話になっていることに気付き、それに対する感謝の心をもてるようにしましょう。

●中学年…普段出会うことはないのだけれど、よく考えてみると自分の生活を支えてくれている人たちに対する感謝です。自分は、限りなく大勢の人たちに支えられ、助けられて生きていることを自覚し、感謝の気持ちを高めましょう。しかも、それらの人たちは、遠くの見ず知らずの自分たちを、しっかりと支え、助けてくれています。そのことに対して尊敬の気持ちを高めることもまた、中学年のポイントです。

●高学年…この人という具体的な対象だけでなく、そのつながりや絆が自分を支えてくれていることに対する感謝です。例えば、ボランティアの人に対する感謝に留まるのではなく、ボランティアの輪に包まれ、支えられていることに対する感謝です。

ポイント2 人間の弱さ

もう一つのポイントは、主として中学校で扱う「人間の弱さ」です。私たちは、「親切、思いやり」については、わざわざ「見せよう」としがちです。一方、「感謝」については、なかなか「見ようとしない」のです。

これは、相手のことを考えているようで、自分のことが中心となってしまう私たち人間の弱さです。「親切、思いやり」は見せないことを、「感謝」は積極的に見ようとすることの難しさと素晴らしさを、考え合いたいです。それが、人間愛につながるのです。

そして、このように、「親切、思いやり」と「感謝」は表裏の関係にありますから、中学校においては、一つの内容項目として扱われているのです。

学年	「学習指導要領」の内容	発達の段階ごとのキーワードとポイント
小・低学年	家族など日頃世話になっている人々に感謝すること。	**「ありがとうがいっぱい」** 低学年は，具体的な思考をする段階です。したがって，感謝の対象も，身近にいてお世話になっている人たちです。 しかし，自分中心の低学年の子どもたちは，お世話になっていることは当たり前のことと考え，感謝の気持ちを抱きにくい状況があります。 合い言葉は，「ありがとうを見つけよう！」。「ありがとう」を伝えたい人たちやお世話になっていることをたくさん見つけられるようにしましょう。また，してくれたことだけではなく，その奥にある思いも考えることができるようにしましょう。
小・中学年	家族など生活を支えてくれている人々や現在の生活を築いてくれた高齢者に，尊敬と感謝の気持ちをもって接すること。	（低学年の内容）＋**「ここまで私たちのことを」** 中学年の感謝の対象は，目の前の人に限らず，自分たちの生活を支えてくれている人たちへの感謝です。それは，出会ったことのない人たちもいれば，高齢者のように，かつて支えてくださっていた人たちなど，子どもたちにとっては「遠く」の人たちです。つまり，対象の範囲が広がります。 さらに，「尊敬」という内容も加わります。この尊敬は，単に，すごいというだけでなく，遠くの見ず知らずの私たちのことを大事に考えようとしてくれていることに対する尊敬であり，心からの感謝につながるものです。
小・高学年	日々の生活が家族や過去からの多くの人々の支え合いや助け合いで成り立っていることに感謝し，それに応えること。	（低，中学年の内容）＋**「つながりに守られて」** 高学年の感謝の対象は，さらに見えにくいものとなります。それは，支え合いや助け合いという，人と人のつながりによって私たちは支えられ，助けられていることに対する感謝です。 これは，直接，見たり，お礼を言ったりすることはできません。だから，しっかりと意識しないといけないし，感謝の心を表すために，自分もまた支え合いや助け合いのつながりの中に入り，自分にできることをすることによって，困っている人を支えたり，助けたりしていくことが，感謝に応えることになるのです。
中学校	（思いやり，感謝） **思いやりの心をもって人と接するとともに，家族などの支えや多くの人々の善意により日々の生活や現在の自分があることに感謝し，進んでそれに応え，人間愛の精神を深めること。** ※「思いやり」に関わるポイントはp.61をご覧ください。	（小学校の内容）＋**「見ようとしない自分の弱さ」** 感謝の心は，進んで心掛けて見ようとしないと気付けないものです。なぜなら，私たちは自分中心に，狭く物事を捉えてしまうからです。このことは，つい，「自分がしてあげている」と自分を主張してしまいがちな「思いやり」の心と同じく，人間的な弱さから出ているものです。したがって，中学校は，「思いやり」と「感謝」は一つの内容項目として扱われています。 当たり前と思い，見ようとしない自分の弱さに気付き，相手の思いやりの深さに感謝するとともに，自分のできることで応えていこうとする気持ちを高めていくことができるようにしましょう。 なお，感謝の対象も，個人に対するものから，社会や人と人とのつながり，さらには自然の恵みへの感謝などへも広げましょう。

小・低学年

教材／中心発問例	指導上のポイント
きつねとぶどう 「おかあさん，ありがとう」と言った子ぎつねは，どんなことを思っていたのでしょう。	まず，ぶどうの木があることの意味が分かることが大事です。分かりやすく，範読や説明を加えましょう。その上で，子ぎつねになりきって考えさせましょう。**子ぎつねがお母さんに対して感謝したときの思い**をみんなで考え，その流れで，**「みんなも，お母さんやおうちの人にたくさんお世話になっているのかな」と自分の身近な人につなぐ**ようにしましょう。子ぎつねに，自分の家族のことを紹介する手紙を書くのも，低学年にはよい展開です。何より，学習の流れをうまくつくることができます。

出典：作・坪田譲治『坪田譲治全集　第八巻』新潮社

中心発問の氷山モデル

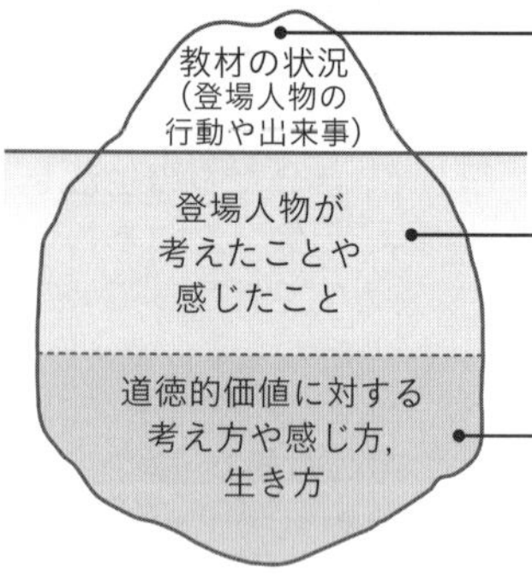

教材の状況
（登場人物の
行動や出来事）
登場人物が
考えたことや
感じたこと
道徳的価値に対する
考え方や感じ方，
生き方

状況理解レベル

・ぶどうがなっているのを見た子ぎつねは，「おかあさん，ありがとう」と言った。

心情理解レベル

・お母さんは，僕を守ろうとしてくれていたんだ。
・お母さんの遺してくれたぶどうは，とてもおいしいよ。
・お母さんは，僕のことを一番に考えてくれていたんだ。とても優しいな。ありがとう。

道徳的価値レベル

・おうちの人は，自分のことをおいてでも，私たちのことを大切に思ってくれている。
・私たちが大きくなるのを応援してくれている。
・「ありがとう」を伝えたいな。

小・中学年

教材／中心発問例	指導上のポイント
朝がくると 自分たちの生活をささえてくれている人たちを思いうかべてみましょう。その人たちは，どんな思いで仕事をしているのでしょう。	中学年です。**直接，関わることはないが，自分たちの生活を支えてくれている遠くの人たちや先人などへの尊敬と感謝**を考えます。 中学年では，社会科においても，地域の安全や健康，生活環境，伝統文化を支えている活動や人々の学習をしているため，そこで育った視点を発揮することができます。詩をきっかけとして，自分たちの生活を支えてくれている人たちのことを話し合いながら，**その人たちの思いをみんなで考え，尊敬と感謝の気持ちをもてるように**しましょう。また，自分も将来は支える仕事をしようという意欲も大切にしましょう。

出典：作・まど・みちお『まど・みちお全詩集』理論社

中心発問の氷山モデル

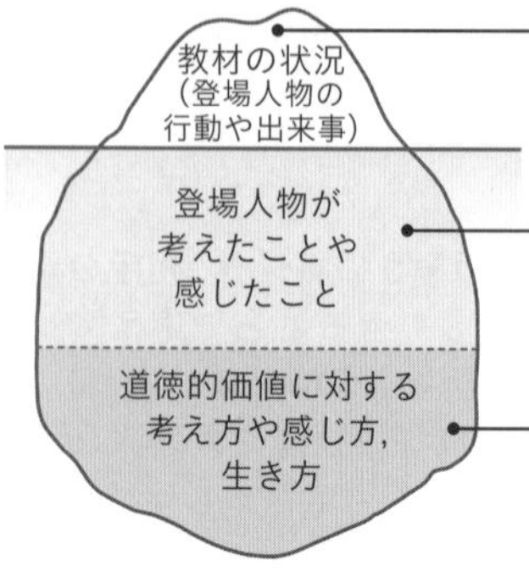

教材の状況
（登場人物の
行動や出来事）
登場人物が
考えたことや
感じたこと
道徳的価値に対する
考え方や感じ方，
生き方

状況理解レベル

・私たちは，誰かが作ったものに囲まれて生活している。

心情理解レベル

・子どもたちが幸せで，元気で，大きくなってほしい。
・大変なことも，みんなの笑顔を見ることができたら苦労だとは思わない。

道徳的価値レベル

・私たちは，遠くの人たちや昔の人たちなどの多くの人たちに支えられて生活をしている。
・当たり前と思わず，感謝しながら生活しよう。
・自分も，人の役に立つ仕事をしよう。

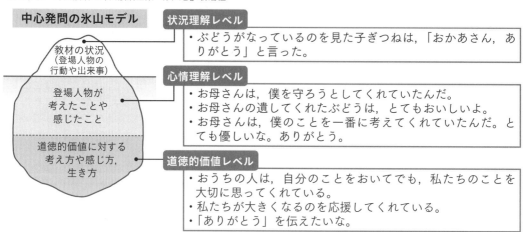

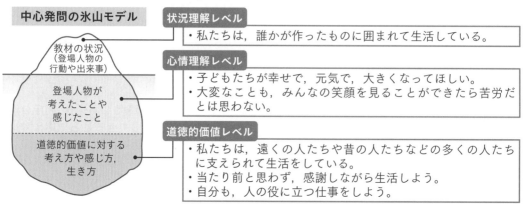

小・高学年

教材／中心発問例	指導上のポイント
おかげさまで 祖母の「おかげさまで」の意味がわかった「ぼく」は，どんなことに気づいたでしょう。	祖母の口ぐせの「おかげさま」は，何に対して言っているのかを考えさせ，**自分たちの生活を支えてくれている人たちだけでなく，支え合う社会に生きていることへの感謝でもある**ことへと考えを深めていきましょう。そして，高学年ですから，**「応える」という視点**を大切にし，その社会のつながりの中に，自分も参加しようという思いを高めることができるようにしましょう。

出典：作・編集委員会『小学道徳 生きる力6』日本文教出版

中心発問の氷山モデル

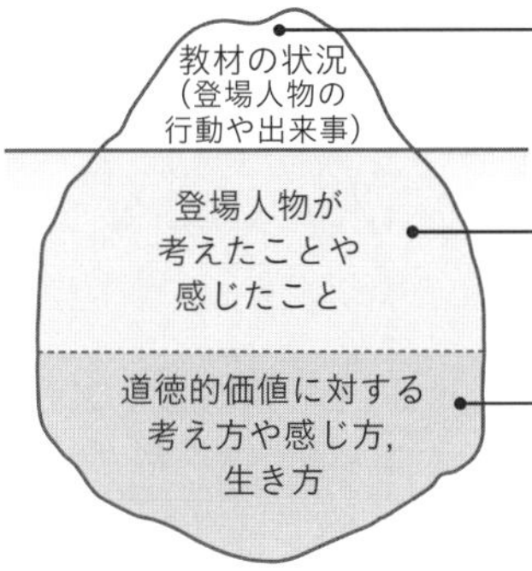
教材の状況
（登場人物の
行動や出来事）
登場人物が
考えたことや
感じたこと
道徳的価値に対する
考え方や感じ方，
生き方

状況理解レベル

・「ぼく」は，祖母の口ぐせの「おかげさまで」の意味がやっと分かりかけてきた。

心情理解レベル

・自分たちの生活は，多くの人たちのおかげで成り立っている。祖母の「おかげさまで」は，「みんなに支えられていてありがたい」ということで，社会やつながりに対する感謝でもあるんだ。
・だから，祖母は自分にできることでお返しをしているんだ。

道徳的価値レベル

・私たちは，互いに支え合う社会の中で生き，その社会のつながりに支えられている。ありがたいことだ。
・自分もまた，支えられてばかりではなく，そのつながりの中で，支えることができるようになりたい。

中学校

教材／中心発問例	指導上のポイント
夜のくだもの屋 声も出ないほど驚いた少女は，何に驚いたのでしょう。	**くだもの屋さんのさりげない優しさ**のもつ，人を元気にする力の大きさと，それを想像もしなかった「私」自身の至らなさに着目し，**さりげない思いやりの素晴らしさや難しさ**と，さりげない小さなことでさえも，当たり前と見過ごさず，**感謝の心（中学校の項目）**をもつことの大切さを考え合いましょう。

出典：作・杉みき子『小さな町の風景』偕成社

中心発問の氷山モデル

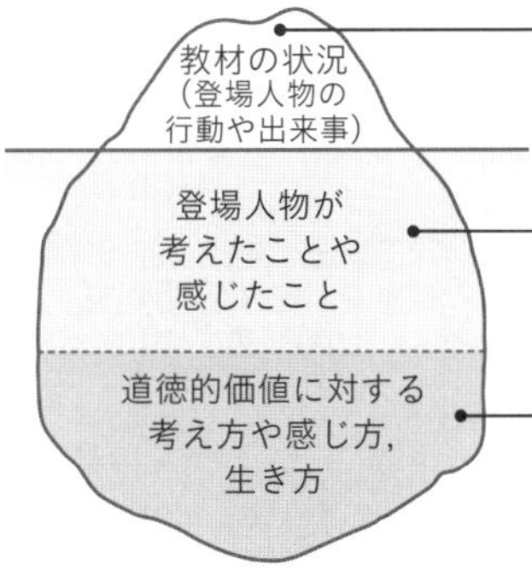
教材の状況
（登場人物の
行動や出来事）
登場人物が
考えたことや
感じたこと
道徳的価値に対する
考え方や感じ方，
生き方

状況理解レベル

・少女は，くだもの屋のあかりの話を聞いて，声も出ないほど驚いた。

心情理解レベル

・くだもの屋さんの心遣いを，私はまったく想像していなかった。けれど，私の心を楽にしてくれていた。
・さりげなくされたのに，包み込まれるほどの優しさを感じることができた。ありがたいことだ。

道徳的価値レベル

・本当の親切や思いやりは，相手に気付かせないようにするもの。それは見ず知らずの人にも発揮できる。
・私たちは，親切にしながらも，心のどこかで「してあげている」と思いがちである。本当の親切や思いやりは，相手のためだけを思い，気付かせないさりげなさが大切。
・感謝の心は，されて当たり前と考え，なかなかもてないものである。当たり前と思わず過ごすことが大切。

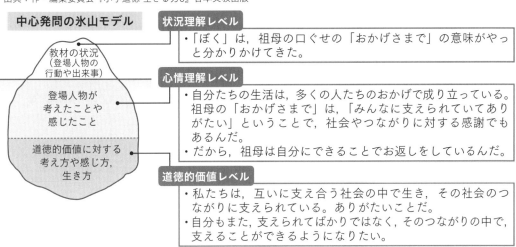

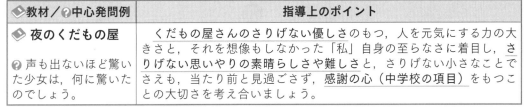

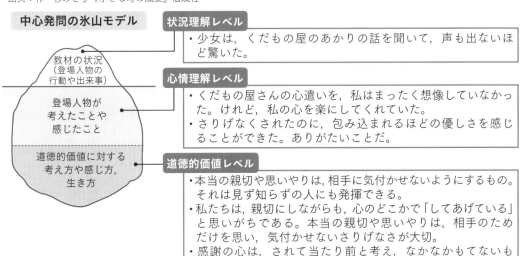

B 小／中 礼儀

子どもたちは、幼い頃から、あいさつなどの礼儀を教えられ、習慣化しています。しかし、人に言われるからあいさつをする、知っている人にだけあいさつをするなどの状況もうかがえます。これらは、「なぜ礼儀が大切なのか」を考える機会が乏しく、言われるがままにしてきただけというところが大きくあります。

礼儀は、人間関係を築き、お互いが気持ちよく生活していく上で大切な心と心の通い合いです。礼儀の意義や意味、大切なポイントについて考えられるようにしましょう。

ポイント1 礼儀は、相手を尊重する心の表れ

私たちが、相手に対して礼儀を示すときは、相手に心を開き、人間関係をつなごうとするときです。その根底には、相手を大切にしようとする心があります。

よく知っている人にはあいさつをするが、あまり知らない人には自分からあいさつができないという状況には、自分から人間関係をつなごうとする気持ちが弱く、相手に対して警戒心をもっていたり、自分の恥ずかしさが勝っていたりすることが多くあります。このことを、相手の側から考えると、「自分は認められていないのだ」、さらには、「無視をされているのだ」などと、否定的な感情が湧き起こってきます。心が通じ合っていないからですね。

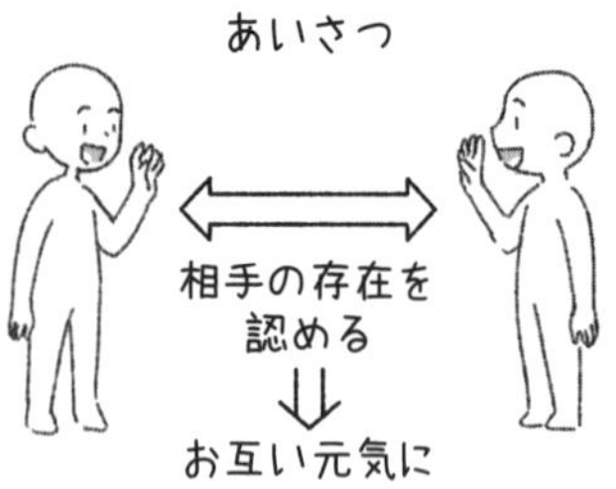

一方、**相手のことを一人の人間として大切に考え、共に気持ちよく生活していこうとする心の表れが、礼儀**であるとともに、そうして**心を届けることによって、相手も自分も、周りの人たちも、心が和み、気持ちよく、そして元気になるという力**が礼儀にはあります。特に低学年の子どもたちには、「あいさつパワー」などの言い方で自覚を深めると、とても分かりやすく、親しみのあるものになります。

このようにして、「誰に対しても、心を込めてあいさつをする」ことの大切さを、みんなで考えていきましょう。

ポイント2 TPOの大切さ

礼儀は、相手を尊重する心の表れですが、いくら心があったとしても、形が伴わないと、相手に伝わっていきません。**相手を尊重する心は、言葉遣いや態度といった形となって、伝わっていく**からです。ただし、形はあるものの、心が伴わない形式的な礼儀もまた、相手に伝わっていきません。T（時間）、P（場所）、O（場合）を考え、時と場所と場合に応じた礼儀は、昔からずっと大切にされてきたのです。

ただし、社会の変化とともに、TPOも少しずつ変わってきています。SNSなど、通信手段の急激な発達から来る、礼儀に関するトラブルも増えています。相手を大切に考えるという礼儀の基本的な考え方をベースに、**変化するTPOに適切に対応**できるようにしたいものです。

学年	「学習指導要領」の内容	発達の段階ごとのキーワードとポイント
小・低学年	気持ちのよい挨拶，言葉遣い，動作などに心掛けて，明るく接すること。	**「あいさつパワー」** 結果や具体的なことに注目しやすい低学年です。「あいさつパワー」「にこにこパワー」などを使って，あいさつや気持ちのよいふるまいのもつよさを，考えさせましょう。 あいさつや気持ちのよいふるまいには，「一緒に頑張ろう」「明日も頑張ろう」「とても心強いな」などと，相手にも自分にも，周りの人たちにも，大きな力を与えてくれるパワーがあるのです。 展開の後段も，「あいさつパワーやにこにこパワーを見たことがありますか」と尋ね，自分たちの生活の中にある礼儀の大切さを自覚できるようにしましょう。
小・中学年	礼儀の大切さを知り，誰に対しても真心をもって接すること。	（低学年の内容）＋**「心を届ける」** 礼儀は，相手に対して心を届けることができます。心と心のキャッチボールなのです。 単に，「誰に対してもあいさつをしましょう」と押さえるのではなく，自分の気持ちを相手に届けていることや，相手の気持ちが自分に届いていることを自覚できるようにしましょう。 相手の気持ちを深く理解できるようになる中学年ならではのポイントです。
小・高学年	時と場をわきまえて，礼儀正しく真心をもって接すること。	（低，中学年の内容）＋**「心と形」** 高学年の「親切，思いやり」は，「どうすることが本当に相手のためになるのかを考えた親切の大切さ」です。そのような，相手の状況や立場が理解できる高学年だからこそ，どうすることが相手のためになるのか，あるいは状況に応じた礼儀とは何かといったことを考えることの大切さを取り上げましょう。 相手のことを思うが故に，それをどう表すのかが大切なのです。心と形の両方が伴ってこそ，相手を尊重し，真心のこもった礼儀となることを自覚できるようにしましょう。
中学校	礼儀の意義を理解し，時と場に応じた適切な言動をとること。	（小学校の内容）＋**「ＴＰＯと自分の心」** 中学生は，これまで習慣化してきた礼儀の形を無意識のうちに行っている一方で，素直に礼儀の心を表すことに恥ずかしさや照れを感じてしまうことも多くあります。中学校の「思いやり」のポイントは，「さりげなさ」です。「礼儀」においても，さりげない立ちふるまいの中に，相手を尊重する思いが感じられるかどうかが大切になります。ＴＰＯを考え，心のこもった礼儀は，自然と，相手や周りの人の心を和らげ，心にそっと届きます。 そうなってくると，礼儀は自分自身の問題でもあります。「自分」がムクムクと邪魔をしてくる中で，「相手」を心から大切にしようとするさりげない礼儀を，自分から表すことができるかどうかは，その人の値打ちに関わってくるのです。 「自分は，相手のことを大切に思い，ＴＰＯを考えているかどうか」というように，自分を一歩下がって俯瞰しながら，礼儀について考えられるようにしましょう。

小・低学年

教材／中心発問例	指導上のポイント
たびにでて 「あいさつなんてめんどうだ」と思っていた「けいた」が，自分からあいさつをはじめたのはなぜでしょう。	あいさつには，みんなを笑顔にする力や，友達になる力，元気にする力があることなど，あいさつのもつ力を，低学年の子どもたちが経験を振り返りながら，具体的に考えることができるようにしましょう。「あいさつパワー」と，親しみのある呼び方にするのもよい方法です。 授業の最初に「あいさつって，どうして大切なのでしょう」と問い掛け，それを解決する授業として展開するのも効果的です。

出典：『小学校道徳　読み物資料集』文部科学省

中心発問の氷山モデル

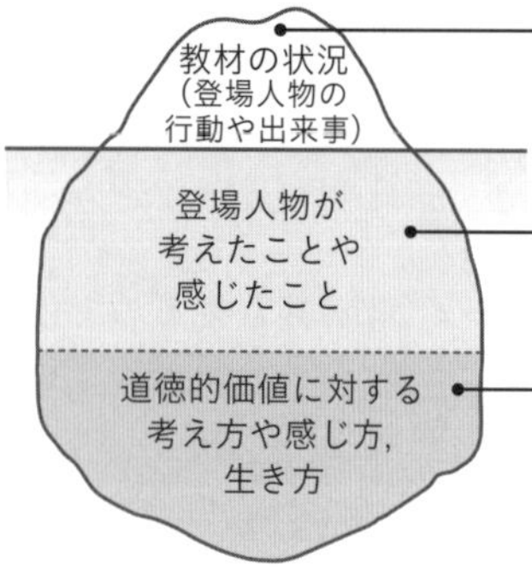

教材の状況
(登場人物の
行動や出来事)
登場人物が
考えたことや
感じたこと
道徳的価値に対する
考え方や感じ方，
生き方

状況理解レベル
- 「けいた」は，あいさつのない島で，自分からあいさつをした。

心情理解レベル
- あいさつをすると気持ちがいいことを教えてあげよう。
- みんなあまり仲よくないから，あいさつをして，みんなをにこにこさせよう。

道徳的価値レベル
- あいさつは，みんなをにこにことよい気持ちにする。
- あいさつの力ってすごい。「あいさつパワー」は，みんなを仲よしにする。
- 自分からあいさつをすることが大事。

小・中学年

教材／中心発問例	指導上のポイント
フィンガーボール 女王が大切にしたものは何だったのでしょう。	礼儀は，相手を認め，大切にしようとする思いやりの心が込められたとき，その心は相手に届き，さらに相手や周りの人たちの心を和ませ，心が通い合う温かなものとなります。 女王様の行為の基にある，相手に対する真心を明らかにしながら，心の通い合う礼儀の大切さについてみんなで考え合いましょう。 「礼儀に大切なのは，どのような心でしょう」などのめあてをもたせて授業を進めるのもいいでしょう。

出典：作・吉沢久子『美しい日々のために』三十書房

中心発問の氷山モデル

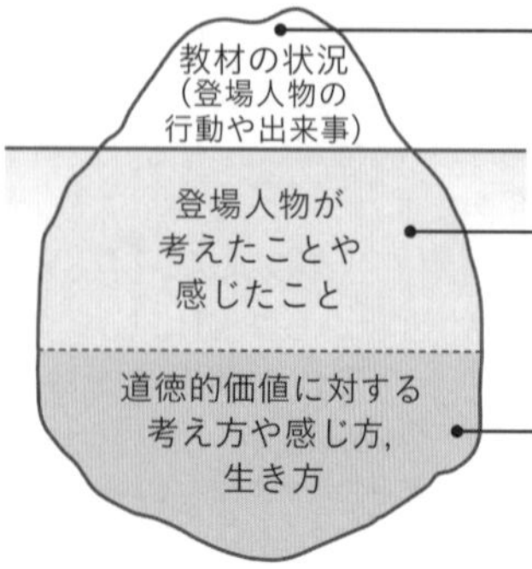

教材の状況
(登場人物の
行動や出来事)
登場人物が
考えたことや
感じたこと
道徳的価値に対する
考え方や感じ方，
生き方

状況理解レベル
- 女王様は，お客様に合わせて自分のフィンガーボールの水を飲んだ。

心情理解レベル
- パーティに来てくれたお客様の心を大切にしたい。
- 優しさや思いやりの心で，お客様が恥ずかしい思いをしないようにしたい。
- もてなしの心をもって，みんなの心を和ませよう。
- パーティに来てくれたお客様に対する感謝の気持ち。

道徳的価値レベル
- 礼儀やマナーは，相手を大切にしようとする心が込められたものであり，真心のある礼儀は，相手や周りの人たちに届き，よい気持ちにさせる。

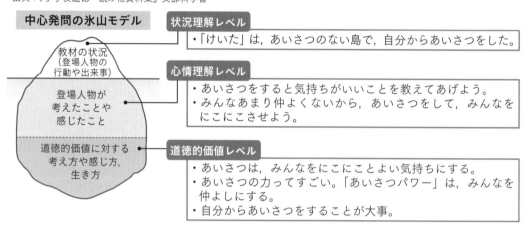

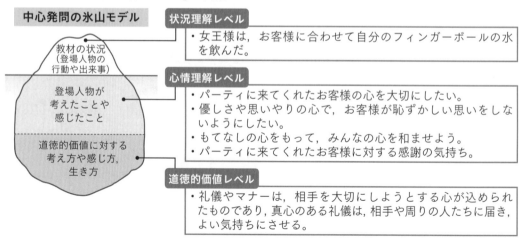

小・高学年

教材／中心発問例	指導上のポイント
人間をつくる道 —剣道— 「礼に始まり礼に終わる」「人間をつくる道」という言葉に，「ぼく」はどのようなことを考えたのでしょう。	心と形の両方が伴ってこそ，真心のこもった礼儀になることについて，自覚を深めていきます。勝負にこだわり，自分のことしか考えていなかった「ぼく」です。そんな「ぼく」が，負けたときの引き上げの美しさから，**礼という形の中に込められた相手への敬いや尊重の気持ち**に気付いていったことを，みんなで考え合いましょう。 「負けたのに，引き上げが美しく見えたのはなぜでしょう」などの補助発問も用意しましょう。「礼儀正しさとは何でしょう」などの問いを投げ掛けて授業をスタートし，追求していくのもよいでしょう。

出典：『小学校道徳　読み物資料集』文部科学省

中心発問の氷山モデル

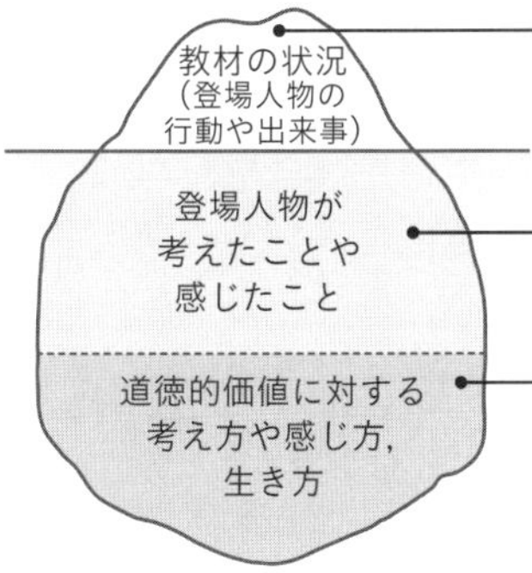
教材の状況
（登場人物の
行動や出来事）
登場人物が
考えたことや
感じたこと
道徳的価値に対する
考え方や感じ方，
生き方

状況理解レベル
- 「礼に始まり礼に終わる」「人間をつくる道」という言葉に「ぼく」は考えさせられた。

心情理解レベル
- お互いが全力で戦ったことへの尊敬の気持ちが，礼に表されているからこそ，見ている者でさえも美しく感じる。勝負にこだわり，自分のことだけを考えるようでは，人としてまだまだ足りないぞ。

道徳的価値レベル
- 礼儀の形の中には，相手に対する尊重の気持ちや真心が込められている。形と心が合わさったとき，相手も自分も，周りの者も，爽やかで，心地よい気持ちとなる。

中学校

教材／中心発問例	指導上のポイント
出迎え三歩，見送り七歩 出迎え三歩，見送り七歩には，どのような心が込められているのでしょう。	人を迎えるときは，こちらの気が焦り「まだかまだか」と踏み出してしまうのを抑える難しさ。送るときは，「これくらいでよいだろう」あるいは「これでもか」と自分中心に考えてしまうところを，相手の気持ちに寄り添い，温かくしかもさりげなく見送る難しさ。 私たちの弱さにみんなで共感し，**礼儀の中にある，相手を尊重する思いをさりげなく込める大切さや難しさ**をみんなで考え合いましょう。授業の終末では，さりげない礼儀をこれまでの経験から想起させ，そこに込められた思いをみんなで確かめ合うのもよいでしょう。

出典：作・山折哲雄　日本文藝家協会『ベスト・エッセイ2009父娘の銀座』光村図書出版

中心発問の氷山モデル

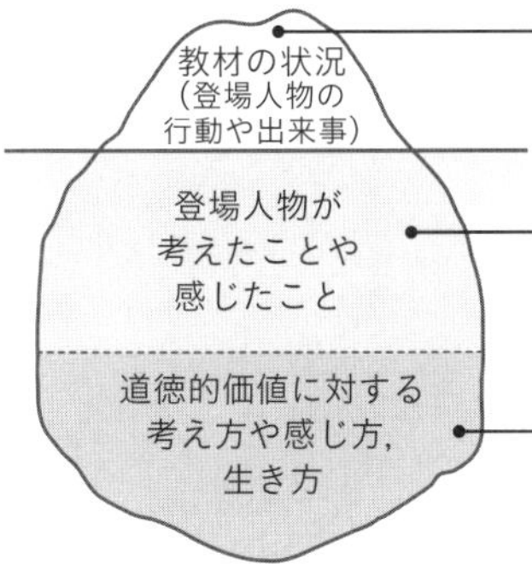
教材の状況
（登場人物の
行動や出来事）
登場人物が
考えたことや
感じたこと
道徳的価値に対する
考え方や感じ方，
生き方

状況理解レベル
- 出迎え三歩で人を迎え，見送り七歩で送り出す。

心情理解レベル
- 歓迎の気持ちと心残りの気持ちを，さりげなく表している。
- これ見よがしに相手に届けるのではない礼儀だ。

道徳的価値レベル
- 礼儀に，相手に対する尊重の気持ちがさりげなく込められていることで，礼儀の心は，自然と相手や周りの人の心を和らげ，心にそっと届く。

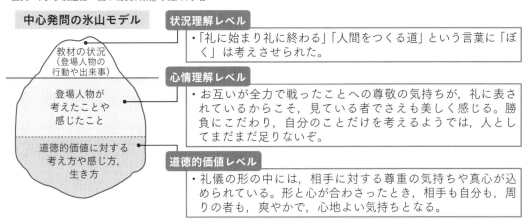

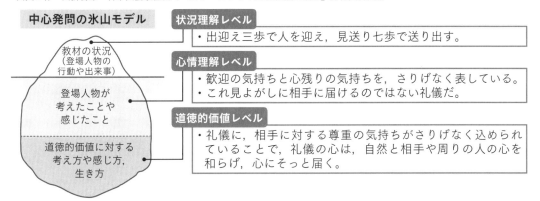

B 小／中 友情、信頼

友達と友情を深めることは、子どもたちにとっては日々の生活の充実につながるとともに、将来にわたる宝物を得ることになります。困っているとき、友達は大きな支えになってくれます。そして、**友達の真価が問われるのが、友達が困っているときで、いかに支えに行けるか**が重要です。一方的に求めるだけの関係ではなく、互いに信頼し合い、高め合える関係を築いていくことの大切さを、しっかりと自覚できるようにしましょう。

ポイント1 「親切、思いやり」との共通点

「友情、信頼」の発達の段階は、「親切、思いやり」の発達の段階と共通点が多くあります。そこで、低学年「仲よくすることの楽しさ」→中学年「互いに相手の気持ちを考えることの大切さ」→高学年「どうすることが相手のためになるか、相手の立場を考える」→中学校「とことん相手のために」という発達の段階を考えましょう。

ポイント2 友情、理解、信頼、助け合いは、双方向

「友情、理解、信頼、助け合い」を、私たちは、相手に対して一方的に求めがちです。しかも、「〜してもらいたい」「〜してくれない」と、自分にとって得となることばかりを求めがちです。そして、それがかなわないとき、私たちは、相手のことを信じることができず、一方的に、関係を切ってしまいます。今の子どもたちにありがちな、SNSでつながる友達関係が、まさにそうです。

友達のことを理解しているか、友達のことを信頼しているか、友達のことを助けようとしているか、といった視点で考えていくことが大切です。したがって、「友情、信頼」は、**一方的な見方と双方向的な見方の違いに注目させる**とよいでしょう。そして、学年が上がれば、一方的な見方は、「自分のことを大事にしたい」「自分が嫌われるのがいやだ」「自分が傷付くことを避けたい」といった、人間のもつ弱さがそのようにさせていることなども考え合えるとよいでしょう。

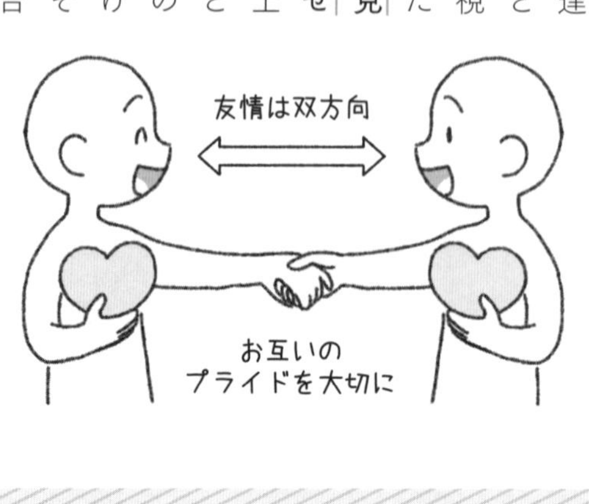

特に最近の中学生にありがちな、「本当の友達だからこそ、しんどいことなどは言わないようにしている」という考え方と、「しんどいときにしんどいことを出し合えるのが本当の友達だ」という考え方との違いなどに焦点を当てていくと、ねらいに迫っていくことができるでしょう。前者は、結局、自分を守るためであり、また、友達からの負担から逃げている状況であるのに対して、後者は、「喜びは2倍に、悲しみは半分に」という本当の友達の在り方が話し合えるのではないでしょうか。

また、**お互いを理解し合い、信じ合うことは、お互いのプライドを大切にしていることである**ことなども、話し合いたいですね。

学年	「学習指導要領」の内容	発達の段階ごとのキーワードとポイント
小・低学年	**友達と仲よくし，助け合うこと。**	**「仲よしっていいな」** まだまだ自己中心性が残る子どもたちです。相手の気持ちを深く考えたり，察したりすることは難しい段階です。その一方で，友達と楽しく遊んだ経験や，喧嘩をしてつまらなかった経験は，たくさんあります。 結果に目がいきやすい子どもたちですから，そのよさを大切にし，**けんかするより仲よくしたほうがずっと楽しいし，一人でできないこともできるようになる**といったよさに注目させましょう。
小・中学年	**友達と互いに理解し，信頼し，助け合うこと。**	（低学年の内容）＋**「双方向の信頼」** 子どもたちにとって友達は，「自分が何かをしてもらうため」と一方的に求める存在です。このため，自分に必要がなかったり，自分に都合が悪かったりすると，「友達じゃない」と考えがちです。 友達との関係は双方向であり，相手が自分の気持ちを大切にしてくれるのは，自分が相手の気持ちをどれだけ大切にしているか，相手が信頼してくれるのは，自分がどれだけ相手を信頼しているか次第なのです。
小・高学年	**友達と互いに信頼し，学び合って友情を深め，異性についても理解しながら，人間関係を築いていくこと。**	（低，中学年の内容）＋**「磨き合い，高め合い」** 高学年になると，相手の気持ちだけでなく，相手の立場をも考えることができるようになります。つまり，**どうすることが相手のためになるのかが考えられる学年**ということです。 そこで，高学年では，「本当に相手のためになることは何か」という視点で友情を考え，**単なる仲よしではなく，磨き合い，高め合える関係を築いていくことの大切さ**を考え合いましょう。 異性についても，信頼のもと，互いを理解し合い，よさを認め，磨き合い，高め合いながら友情を深めていこうとする態度を育てていくことが大切です。
中学校	**友情の尊さを理解して心から信頼できる友達をもち，互いに励まし合い，高め合うとともに，異性についての理解を深め，悩みや葛藤も経験しながら人間関係を深めていくこと。**	（小学校の内容）＋**「互いのプライドの尊重」** 中学生の時代は，生涯にわたる親友との出会いの多い時期です。その一方で，周りから見られる自分を気にする時期でもあります。 **真の友情は，互いに，相手を一人の人間として，とことん信頼し，尊重し合える関係においてできあがるものである**ことを，みんなで考え合いましょう。 「一人の人間として」とは，相手のことを自分のことのように考えるだけでは足りません。**相手は，自分にない素晴らしいものをもった存在であり，お互いがどのように相手から学び合い，高め合うことができるか**と考えられることです。 ただし，自分が傷付くことを恐れ，距離を取ったり，感情の行き違いがあったりと，悩みや葛藤も表れます。これらを共に乗り越えたとき，真の友情が生まれます。それは，互いのプライドを尊重し合える，生涯にわたる友情です。 なお，異性についても，互いに相手のよさを認め理解し合い，相手の成長と幸せを願って励まし合い，高め合える関係を築いていくことが大切であることを自覚できるようにしましょう。

小・低学年

教材／中心発問例	指導上のポイント
二わのことり うっすらとなみだをうかべるやまがらを見て，みそさざいはどんな気もちだったでしょう。	やまがらの涙を見たみそさざいは，友達を大切にすることの喜びを感じます。低学年ですから，みんなでこの喜びに共感できるようにしましょう。 「友達を大切にすると，どのようなよいことがあるでしょう」などのめあても効果的です。「どちらも楽しくてうれしい気持ちになる」などと，**「喜び」と「どちらも」**を大切にしましょう。 **「友だちパワー」**という表現で子どもたちと考え合うと，低学年の子どもたちにとっては友達の大切さを実感しやすくなります。

出典：作・久保喬『愛の学校二年生』岩崎書店

中心発問の氷山モデル

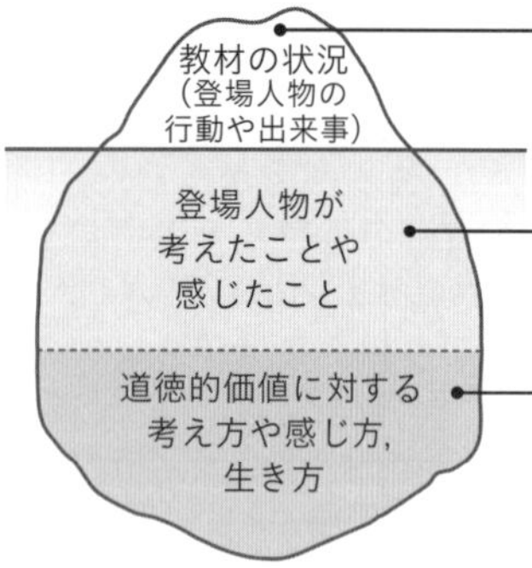
教材の状況
(登場人物の
行動や出来事)
登場人物が
考えたことや
感じたこと
道徳的価値に対する
考え方や感じ方，
生き方

状況理解レベル

・みそさざいは，やまがらの家へ行き，うっすらと涙を浮かべるやまがらを見た。

心情理解レベル

・やまがらさんのところに来てよかった。
・やまがらさんは，寂しかったんだな。こんなに喜んでくれてよかった。

道徳的価値レベル

・友達と一緒にいることは，とてもうれしいし楽しいことだ。
・ひとりぼっちの友達がいたら，声をかけて，一緒に遊んだり勉強したりすることは，相手にとっても，自分にとっても，うれしく気持ちのよいものだ。

小・中学年

教材／中心発問例	指導上のポイント
絵はがきと切手 それでも，ひろ子が正子に料金不足を教えようとしたのはなぜでしょう。	まず，兄と母の意見を整理し，その考えの違いを押さえます。また，主体的な参加を促すために，子ども自身の考えが兄側か母側かを明確にするのもよいでしょう。その上で，「それでも，教えようとしたのはなぜか」を考えさせます。 ポイントは，**友達とは助け合う関係にあること**と，**相手を信頼しているからこそ教えようとしたこと**です。そして，**友達同士がお互いに信じ合う関係**が大切であることを自覚できるようにしましょう。

出典：作・辺見兵衛『道徳の指導資料とその利用3』文部省

中心発問の氷山モデル

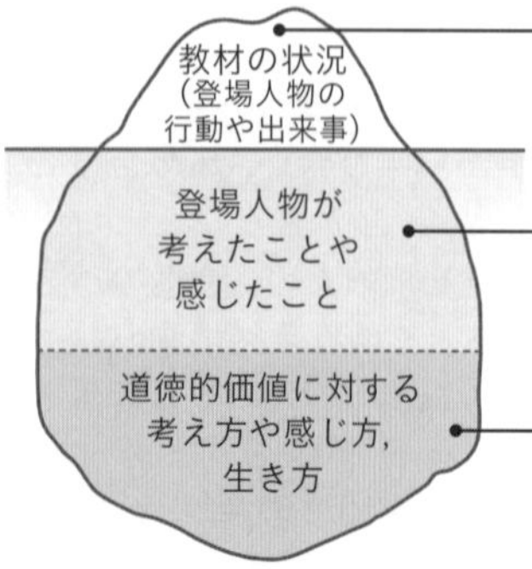
教材の状況
(登場人物の
行動や出来事)
登場人物が
考えたことや
感じたこと
道徳的価値に対する
考え方や感じ方，
生き方

状況理解レベル

・ひろ子は，正子に料金不足を教えた。

心情理解レベル

・正子さんがまた間違えてはいけない。
・私たちは友達だ。正子さんなら，きっと分かってくれると思った。

道徳的価値レベル

・友達だったら，相手のことを大切に考え，相手のためを思う優しさがある。その優しさには，「注意する」ことも含まれる。
・本当の友達は，相手のことを信じ，お互いに助け合う友達。だから，友達が困らないように助けるし，分かってくれると信じている。

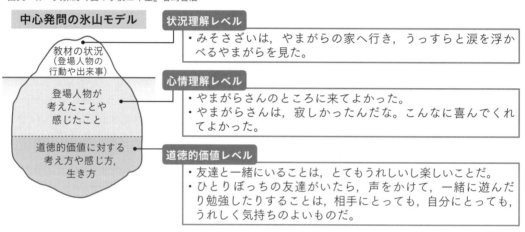

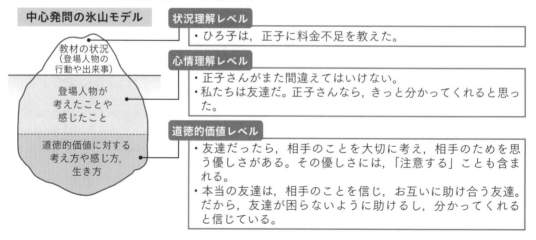

小・高学年

教材／中心発問例	指導上のポイント
ロレンゾの友達 かしの木の下で話し合ったことを口にしなかった三人は，どのようなことを考えていたのでしょう。	友達への向き合い方を考え合いましょう。ただし，高学年では，一人ひとりの思いを明らかにした後，**三人に共通する「相手のことを何とか助けたい」という思い**に迫りましょう。 なお，中学校では，三人の違いに焦点化し，友達を大切にする考え方の違いを取り上げるとよいでしょう。 高学年ですから，自分のことを大事にしがちな心の弱さに気付きながら，相手の立場を考え，相手のために自分はどのようなことができるのかという友情の大切さを考え合いましょう。

出典：作・武田正樹『小学校　読み物資料とその利用―主として他の人とのかかわりに関すること―』文部省

中心発問の氷山モデル

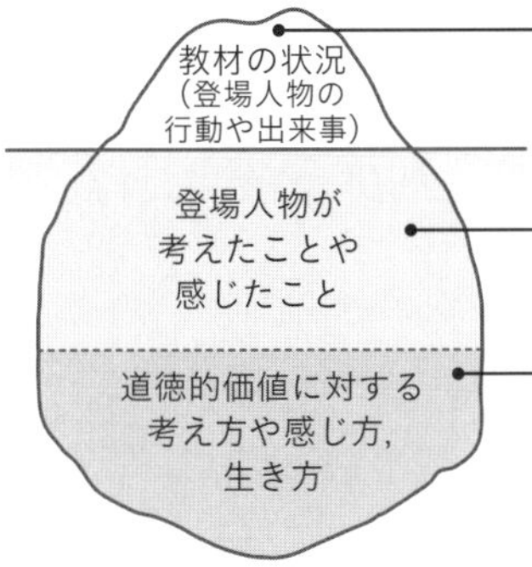
教材の状況
（登場人物の
行動や出来事）
登場人物が
考えたことや
感じたこと
道徳的価値に対する
考え方や感じ方，
生き方

状況理解レベル

- かしの木の下で話し合ったことを，三人は誰も口にしなかった。

心情理解レベル

- 自分の考えは，果たしてロレンゾのためになったのだろうか。
- 自分は，ロレンゾのことを疑っていた。ロレンゾのことを信じられなかった。
- 自分は友達として，ロレンゾのことを考えていただろうか。自分の都合を考えていなかっただろうか。

道徳的価値レベル

- 友達のためを考えるとき，つい私たちは「自分にとってどうか」と考えてしまうが，友達のために何ができるかをしっかりと考えることが大切。
- その際，相手の立場を考え，友達を信じることや，友達の成長を願うことが大事。

中学校

教材／中心発問例	指導上のポイント
ライバル 「このままではいけない」とペンをとった康夫は，どのようなことを考えていたのでしょう。	互いに競い合い，切磋琢磨してきたにもかかわらず，自らの弱さや醜さに，自分がいやになる二人です。この二人の心の弱さに共感しながら，**その人間の弱さを乗り越え，かけがえのない友情を取り戻そうとした康夫の思い**について考え合い，ねらいに迫りましょう。 導入で「真の友情とは何か」と問い掛け，それを明らかにしていく授業にするのもよいでしょう。

出典：作・横光晃「ライバル」

中心発問の氷山モデル

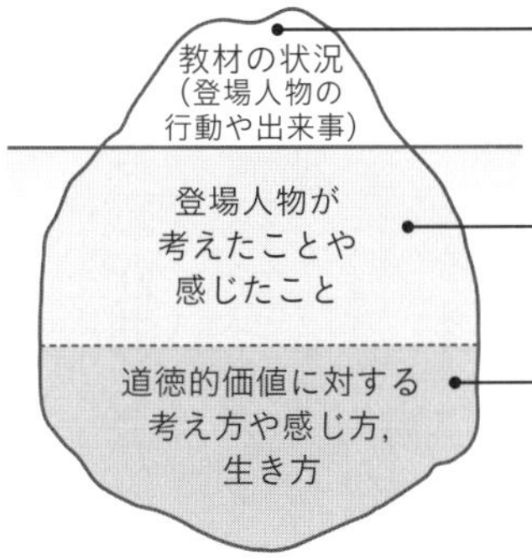
教材の状況
（登場人物の
行動や出来事）
登場人物が
考えたことや
感じたこと
道徳的価値に対する
考え方や感じ方，
生き方

状況理解レベル

- 康夫は，「このままではいけない」とペンをとった。

心情理解レベル

- 自分の心の弱さで，大切な友を失うところだった。
- 共に競い合ってきた友達だからこそ，心を開き，つらいことはつらいと伝え，相手の頑張りを励みに，自分もつらさを乗り越えていくんだ。

道徳的価値レベル

- 真の友情とは，しんどいとき，苦しいときにこそ，お互いが心を開き，励まし合い，高め合っていくものだ。
- 相手への深い信頼感があるからこそ，互いの本音を出し合い，高め合うことができる。

B 小／中 相互理解、寛容

この内容項目は、教科化に伴って、これまではなかった中学年においても取り上げられるようになったものです。その背景には、「いじめの問題」への対応があります。

ポイント1 相手を大切に考えるBの視点であること

ひとつの物事でも、その見方や考え方は様々で、見方によって色々な捉え方があります。自分がこうだと思う見方や考え方が、すべてではないのです。実際、相手は、自分にない見方や考え方をもっていることが多くあります。意見が対立する場合や、自分の考え方と違う場合は、特にそうです。そこで、相手の意見や考え方を謙虚に受け止めることで、自分の見方や考え方も格段に広がっていくのです。

ところが、私たち人間はそれがなかなかできず、意見が対立する場合や、自分の考え方と違う場合は、頑なに自分の意見や考えを守り通そうとしてしまいます。

つまり、**相手は自分にない意見や考えをもった貴重な存在であると大切に考え、接していこうとするBの視点**なのです。指導に当たっては、このことを意識しながら、進めましょう。そして、**頑なに自分の意見を守ろうとしてしまう弱さ**と、逆に、**「違いは豊かさ」として、進んで相手の意見を理解しようとすることの大切さ**を考え合いましょう。

ポイント2 「折り合い」をつける経験があるかどうか

道徳教育は、道徳科を要とし、教育活動全体を通して進めます。普段の生活の中で意識しながら指導することで、子どもたちの心の中に豊かな心が育まれていきます。道徳科は、その経験を基に、道徳の内容の大切さや意義、意味を自覚できるようにします。**この内容項目では、「折り合い」の経験がとても重要**です。その経験を意図的に指導できる場が、学級活動や児童会・生徒会活動などの特別活動です。

「折り合い」とは、対立した意見について、自分も相手も納得する程合いを取ることのように思われがちですが、**本当の折り合いは、それぞれのよさを生かし、さらによい考えを生み出すこと**です。

というのも、**対立する意見は、**それぞれによいところをもっています。逆に言うと、**それぞれに足りないところもある**ということです。したがって、多数決で決めてしまうと、多数派、少数派のいずれに決まろうが、足りないままで決まってしまうのです。話合い活動で、できるだけ多数決をしない指導があり、折り合いをつけて決めたことを実行した喜びを経験している子どもは、道徳科の授業で「そう言えば、自分たちもそうだったけど……」などと、この内容項目を深く自覚することができます。そして、**「意見の違いは、とてもよいことなんだ」という価値観をもって、対立した相手であっても、まず、話を聞こうとする**ことができるようになるのです。この考え方は、「公正、公平、社会正義」「国際理解」にも通じています。

学年	「学習指導要領」の内容	発達の段階ごとのキーワードとポイント
小・中学年	**自分の考えや意見を相手に伝えるとともに，相手のことを理解し，自分と異なる意見も大切にすること。**	**「自分と相手は違う考え」** 相手の気持ちを深く考えられるようになってくる中学年です。自分の考えだけしかないと思ってしまいがちだけれど，**相手は自分とは違った考え方をすることや，相手の考えをしっかりと聞くことで自分と違った考えを知ることができ，とても楽しくなり，自分の世界も広がる**ことなどを自覚できるようにしましょう。
小・高学年	**自分の考えや意見を相手に伝えるとともに，謙虚な心をもち，広い心で自分と異なる意見や立場を尊重すること。**	（中学年の内容）＋**「違いは豊かさ」** 意見や考えの違いを，私たちはマイナスに捉え，自分の意見を守ろうとします。しかし，相手は，自分にない見方や考え方をもっています。意見が対立する場合などは，特にそうです。そこで，**相手の考え方や意見，立場を広い心で謙虚に受け止めることで，自分の見方や考え方はより豊かなものとなる**のです。 相手の考え方や意見，立場のもつ値打ちや意義は，自分にとってとても有意義なものであるとして大切に考える「**違いは豊かさ**」という見方や考え方を自覚できるようにしましょう。
中学校	**自分の考えや意見を相手に伝えるとともに，それぞれの個性や立場を尊重し，いろいろなものの見方や考え方があることを理解し，寛容の心をもって謙虚に他に学び，自らを高めていくこと。**	（小学校の内容）＋**「頑なな自分と開く自分」** 中学校の段階になると，相手の意見や考え，個性や立場を理解することの大切さは十分理解しているようです。しかし，自分の意見や考えを守ろうとするあまり，相手を理解することを頑なに避けたり，逆に，攻撃してしまったりする心の弱さをもち合わせています。最大の防御は攻撃であるとは，よく言ったものです。 「寛容」とは，心が広く，ゆとりがあることです。まさに，**相手の意見や考えを受け入れられないときは，自分に心の余裕がないとき**です。さらに，「謙虚」とは，飾らず控えめであることです。確かに，私たちには，見栄を張り，自分をよく見せようと飾ってしまう弱さがあります。 「相互理解，寛容」は，相手に迎合することではありません。自他共に尊重しながら，**人それぞれによさがあることとお互いに心の弱さをもっていること**を，心にゆとりをもって客観的に捉え，**自分を開くことで自らを高めていくことができる**ことを自覚できるようにしましょう。自分を俯瞰できる中学生だからできることです。

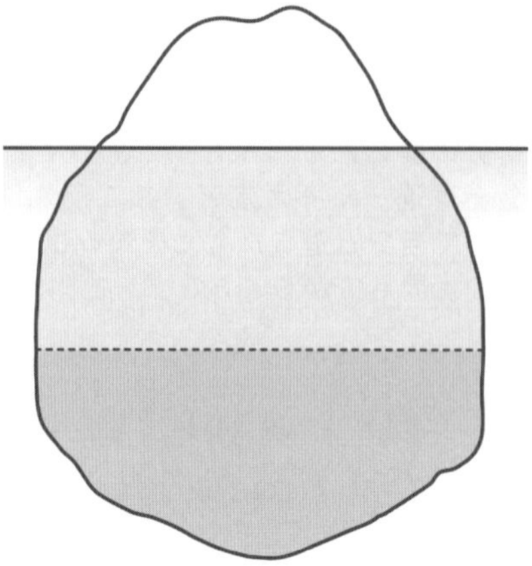

小・中学年

教材／中心発問例	指導上のポイント
たまちゃん大好き すてたタイムカプセルをさがすまるちゃん，寒い中を待っていたまるちゃんのことを考えているたまちゃん，二人はどのようなことを考えていたのでしょう。	ちょっとした気持ちのすれ違いからけんかになることは，中学年の子どもたちにはよくあることです。 まるちゃんとたまちゃんが，**それぞれ自分を振り返ったときに考えたこと**を，みんなで話し合いましょう。また，**それぞれに，どのような考えが足りなかったのか**を考えることも，ねらいに近付くよい学習活動です。 「私たちは，どうしてけんかをしてしまうのでしょう」といった問いを授業の最初に投げ掛け，この教材を使って考えていくのも方法です。

出典：作・さくらももこ『ちびまる子ちゃんはなまるえほん　たまちゃん大好きの巻』永岡書店

中心発問の氷山モデル

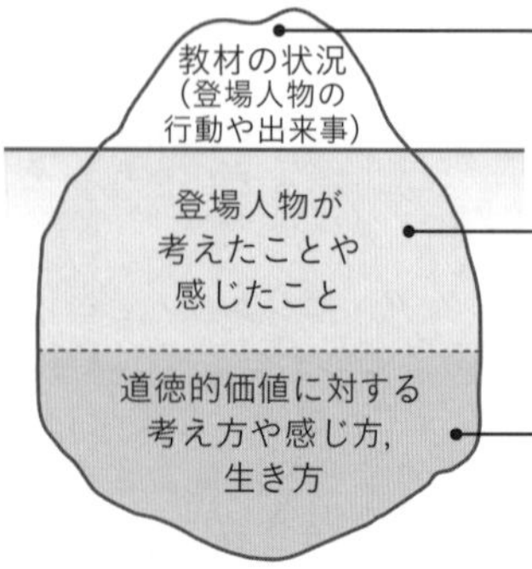
教材の状況
（登場人物の
行動や出来事）
登場人物が
考えたことや
感じたこと
道徳的価値に対する
考え方や感じ方，
生き方

状況理解レベル

・まるちゃんとたまちゃんは，それぞれ相手のことを考えていた。

心情理解レベル

・ごめんね。たまちゃんの気持ち（まるちゃんの気持ち）を，もっと考えたらよかった。
・自分のことしか考えていなかった。だから，けんかをしてしまった。もっと，相手のことを大切に考えていたら，けんかにもならなかった。

道徳的価値レベル

・私たちは，自分の考えや気持ちが絶対に正しいと思ってしまうことが多い。
・相手の意見や考えを最後まできちんと聞いて，相手の気持ちを考えることで，お互いが分かり合うことができ，けんかもしないで済む。

小・高学年

教材／中心発問例	指導上のポイント
ブランコ乗りとピエロ ピエロの心から，サムをにくむ気持ちが消えたのはなぜでしょう。	まず，カーテンの隙間からサムを見つめるピエロの心の中を考えさせ，相手を憎む気持ちに十分共感させます。その気持ちが消えたのです。子どもたちは意外性を感じ，「なぜ消えたのか」の問いを真剣に考えます。 「自分も目立ちたかったから」「サムの演技はすごかったから」で留まれば，心情理解に偏る授業です。「目立ちたかった，すごいという思いが，なぜ，あの憎む気持ちを消すのでしょうか」と，さらに問うことで，子どもたちの頭の中はフル回転することでしょう。 浅いレベルだと，「かなわないと思ったから」です。しかし，ピエロも素晴らしい演技をしたのです。では，なぜ消えたのでしょう。

出典：作・永井裕『小学校　読み物資料とその利用―主として他の人とのかかわりに関すること―』文部省

中心発問の氷山モデル

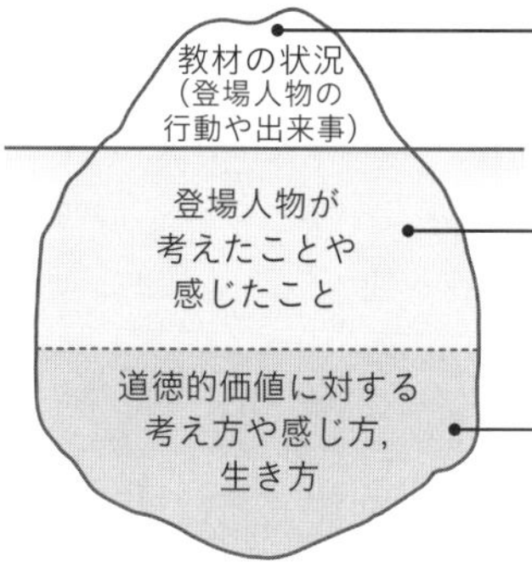

状況理解レベル
- ピエロの心の中から，サムを憎む気持ちが消えた。

心情理解レベル
- 自分も目立ちたかった。
- サムの演技はすごい。素晴らしい。

道徳的価値レベル
- 人のせいばかりにするのは，自分にも足りないところがあるから。
- 意見の違いを受け入れることは，よりよいものが生まれるチャンスになる。
- 違いは，豊かさにつながる。

中学校

教材／中心発問例	指導上のポイント
言葉の向こうに 「すごいこと発見しちゃった」と言う「私」が気づいたことは，どのようなことでしょう。	「私」は，ネット上の相手に負けてなるものかと夢中になり，攻撃的になってしまいます。それは，相手も同じことです。 そんな「私」が，ネットの書き込みから冷静になり，自分を客観的に見つめ，大きく深呼吸をしたとき，すごい発見をするのです。その発見とは，私たちは，自分の主張を守ろうとすると自分中心になり，相手の意見を理解しようともせず，攻撃的になること，逆に，相手の顔を想像し，相手の意見を理解しようとすることで，自分の視野や考えが大きく広がっていくことなどです。

出典：『中学校道徳　読み物資料集』文部科学省

中心発問の氷山モデル

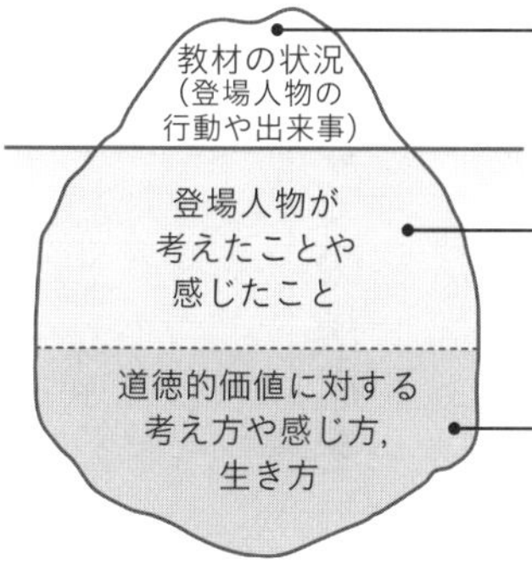

状況理解レベル
- 「私」は，すごいことを発見した。

心情理解レベル
- 自分は，「相手に負けられない」としか考えていなかったな。狭い考えだった。
- 相手も，同じようなことを思っていたのかも。

道徳的価値レベル
- 私たちは，つい，自分の主張を守ろうとするあまり，お互い心に余裕をもてず攻撃的になってしまうんだ。
- 自分の心の弱さに気付き，冷静に自分を見つめ直して心を開くことで，相手の意見や考えが分かり，自分の足りないところも見えてくる。

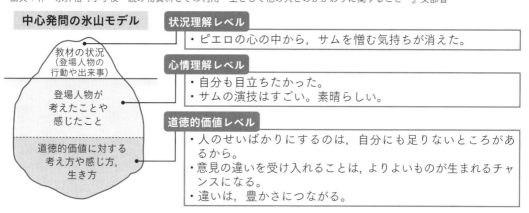

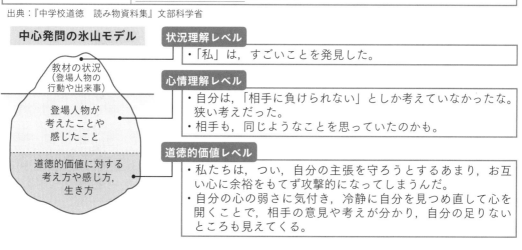

C 小 規則の尊重
中 遵法精神、公徳心

私事化社会の進展により、自分中心に物事を考え、きまりを無視したり、自分勝手に行動したりする人が増えています。人間は、社会的な動物です。一人で暮らしていくことはできません。「きまりを守ろう」「みんなで使うものや場所は大切に使おう」と呼び掛けるだけでなく、**「守ること、大切に使うことはなぜ大事なのか」**を**多面的・多角的に考え、積極的に守る**ことができるようにしましょう。

この内容項目は、**規則を守るという遵法精神**と、**公共のものや場の使い方のような社会生活上守るべき道徳という公徳心**の二つのことが関わっています。

ポイント1 集団の中に自分もいる

私たちは、必ず何らかの集団や社会に所属して生きています。それぞれが思い思いに勝手気ままな行動や生活をすれば、たちまち衝突や争いが起き、みんなが気持ちよく生活することはできなくなります。にもかかわらず、私たちは、「自分さえよければ」「少しくらいいいだろう」などと軽い気持ちできまりをなおざりにしてしまいがちです。そのくせ、自分が他者の身勝手さから被害を受けたときは、その人の身勝手さを非難してしまいます。

集団の中に自分もいて、**誰かがすればよいのならば、自分もその一人であること**を理解し、きまりを守り公共のものや場を大切にすることでみんなが気持ちよく生活できるようにすることが大切です。

なお、低学年では守った後の気持ちよさからきまりの大切さを考え、学年が上がるにつれて、きまりがあることの意義や公徳の考え方、さらには、立法者としての視点へと発展します。

ポイント2 立法者、社会の形成者としての視点を

自分の家にはゴミを捨てないのに、道端に平気でゴミを捨てたり、駅前のゴミを拾ったりしない人が多いのは何故でしょう。それは、「自分の町である」と考えていなかったり、「誰かが拾うだろう」「自分のゴミではない」「自分一人がしたところで変わらない」と考えたりするなど、自分には関係ないと他人事に考えてしまうからです。

中学校の「学習指導要領解説」には、「『法やきまり』は、この集団に秩序を与え、摩擦を最小限にするために、**人間の知恵が生み出したものである**」とあります。**社会の秩序と規律を守ることによって、トラブルを防ぎ、お互いが気持ちよく生活できるよう、私たち人間は法やきまりを作った**のです。つまり、道端にゴミを捨てない、あるいは駅前のゴミを拾うのは、法やきまりがあるからではなく、自分たちの町をみんなで気持ちのよい町にしていこうという思いからです。その思いが、ゴミを捨てないという法やきまりや、駅前のゴミを拾うというマナーとなり、みんなで守ろうとしているのです。

法やきまりを、既存のものとし、「法やきまりに拘束されている」という捉え方から、守ることで気持ちよく生活できるという捉え方へ、さらに、**自分たちの集団や社会をよりよいものにしていくために作ったという立法者や社会の形成者としての捉え方**へと発展していく視点をもって、法やきまりの指導を考えていきましょう。

学年	「学習指導要領」の内容	発達の段階ごとのキーワードとポイント
小・低学年	約束やきまりを守り，みんなが使う物を大切にすること。	**「みんながよい気持ち，みんながいやな気持ち」** 結果や具体的なことに注目しがちの低学年は，きまりを守ったり，守れなかったりした後のことに注目させましょう。その際，「みんな」という視点を大事にしましょう。みんなには，自分も相手も，そして，その物や場所を使う多くの人も含まれています。きまりを守ることで，そのみんながよい気持ちになるのです。 さらに，みんなが気持ちよく過ごせるというだけでなく，みんなが優しい集団や社会になるといった視点も大切にしましょう。
小・中学年	約束や社会のきまりの意義を理解し，それらを守ること。	（低学年の内容）＋**「みんな同じ思いや願いがあるから」** 約束や社会のきまりの意義，公共のものや場の大切さは，「守るとよい気持ちになる」という結果の視点だけでなく，「みんな同じ思いや願いがあり，それらを誰もがかなえられるようにするためにあるのだ」という視点で考えましょう。 この視点は，低学年に見られがちの「結果」に注目したものではなく，中学年から表れてくる「動機や過程」に注目した考え方です。
小・高学年	法やきまりの意義を理解した上で進んでそれらを守り，自他の権利を大切にし，義務を果たすこと。	（低，中学年の内容）＋**「権利があるから義務がある」** 中学年では「きまり」であったものが，高学年では「法やきまり」と，法の考え方に発展していきます。 集団の中の成員は，一人ひとりが権利をもっています。その権利をみんなで守っていくために，成員一人ひとりに義務があります。それは，よりよい社会に生きる権利と，よりよい社会をつくる義務です。 このことを理解することで，法やきまりは，守らなければ罰せられるという他律的な考え方ではなく，みんなが住みやすいよりよい社会をみんなでつくるという公徳の考え方や，自律的な法やきまりの守り方の自覚につながります。
中学校	法やきまりの意義を理解し，それらを進んで守るとともに，そのよりよい在り方について考え，自他の権利を大切にし，義務を果たして，規律ある安定した社会の実現に努めること。	（小学校の内容）＋**「法やきまりは自分たちが作ったもの」** 私たちは，法やきまりを「私たちを拘束する，冷たく融通の利かないもの」として捉えがちです。しかし，そもそも，法やきまりは，みんなでよりよい集団や社会をつくろうという思いのもと，みんなで知恵を絞って考え，作ったものなのです。つまり，法やきまりを，すでにあるものと捉えるのではなく，立法者や社会の形成者としての視点で捉えるということです。 実際，中学生が校則の改正に取り組む事例がありますが，このとき，不思議なことに，中学生は，教師が考えるよりも厳しく校則を定めます。この校則をみんなで守ることによって，自分たちの中学校を，みんなが楽しく通える日本一の中学校にしようという思いがあるからです。ところが，年月が経つと，校則は自分たちを縛るためのものだといった捉えになってしまうのです。 特に，中学校２，３年生あたりで，法やきまりに対して，立法者の視点がもてるようになってくると言われています。中学校の指導のポイントは，ここにあります。

小・低学年

教材／中心発問例	指導上のポイント
黄色いベンチ 「はっ」と顔を見合わせた二人は，どんなことを考えたのでしょう。	みんなが使うものは，自分たちだけのものではないことや，次に使う人たちのこと，みんなで代わる代わる使っていることなどを考え，**丁寧に使うことでみんながにこにことよい気持ちになる**ことをイメージできるようにしましょう。特に，**「みんな」の中には，相手や自分，周りの人たち，その物や場所を使う多くの人たちがいる**ことを自覚できるようにしましょう。そして，低学年ですから，みんなできちんと使った後の気持ちのよさを押さえましょう。

出典：作・千葉県道徳評価研究会『小学校　道徳の指導資料とその利用1』文部省

中心発問の氷山モデル

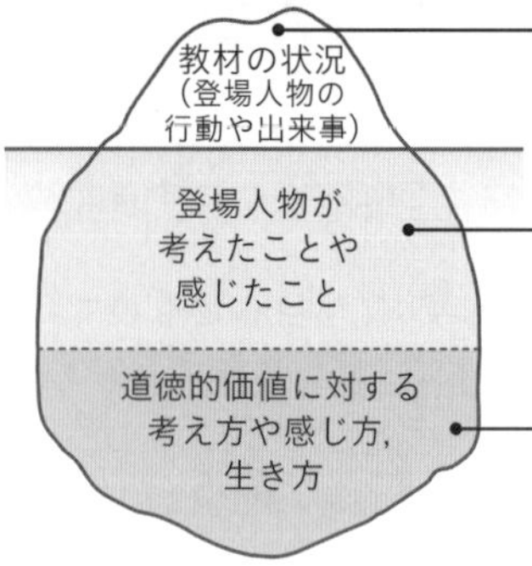
教材の状況
(登場人物の
行動や出来事)
登場人物が
考えたことや
感じたこと
道徳的価値に対する
考え方や感じ方，
生き方

状況理解レベル

・二人は，「はっ」と顔を見合わせた。

心情理解レベル

・ぼくたちのしたことで，女の子やおばあちゃんに，いやな思いをさせてしまった。
・自分たちが楽しかったらよいとしか考えていないのはだめだな。

道徳的価値レベル

・みんなで使うものは，自分たちのことだけを考えていたら，みんなに迷惑をかけてしまう。
・みんなが気持ちよく使ったり遊んだりできるようにするためには，きまりを守ることや大切に使うことが大事だ。

小・中学年

教材／中心発問例	指導上のポイント
雨のバスていりゅう所で 「早く乗りたい，ぬれたくない，すわりたい」と同じ思いだったのに，いちばんに走ったよし子と順番にならんだお客さんとで，何がちがったのでしょう。	「黙ったままのお母さんを見て，よし子は，どんなことを考えたでしょう」では，お母さんに引っ張られ，「今度からちゃんとしよう。それで優しいお母さんに戻る」となります。「雨が吹きつける窓を見ながら，よし子は，何を考えたのでしょう」だと，「きまりを守ればみんなが気持ちよく乗れる」が押さえられます。ただし，これでは低学年になります。**よし子は一番に走り，お客さんは並んだ**のです。**ここを比較し，中学年のねらいに迫っていけるように**しましょう。 授業のはじめに，「きまりは何のためにあるのでしょう」と問い，これを追求していくことも効果的です。

出典：作・成田國英『道徳の指導資料とその利用2』文部省

中心発問の氷山モデル

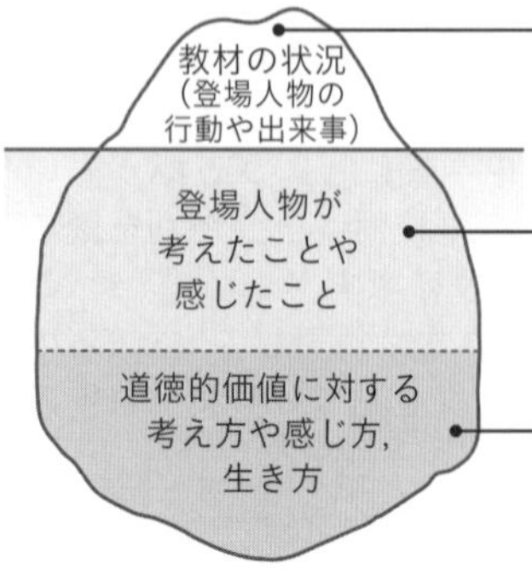
教材の状況
(登場人物の
行動や出来事)
登場人物が
考えたことや
感じたこと
道徳的価値に対する
考え方や感じ方，
生き方

状況理解レベル

・よし子は一番に走った。お客さんは順番に並んだ。

心情理解レベル

・みんな早く乗りたいし，濡れたくない，座りたい。
・だから，一列に順番に並ぶんだ。

道徳的価値レベル

・みんな，同じ願いや思いがある。それらをきちんとかなえていくために，きまりがあるんだ。

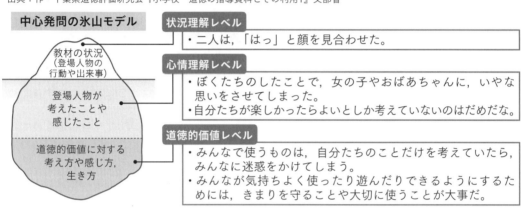

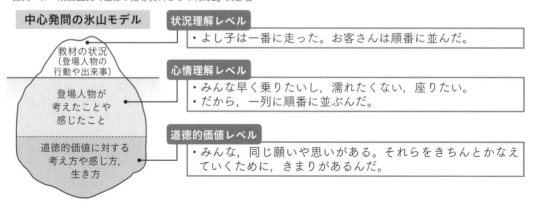

小・高学年

教材／中心発問例	指導上のポイント
住みよいマンション 岡さんがした新たな発見とは，どのようなことでしょう。	ルールは，互いが気持ちよく生活するために作られたものですが，時間が経つにつれ，本来の趣旨が忘れ去られ，「ルールだから」と他律的に捉えられがちです。大事なことは，**「みんながお互いに気持ちよく生活できるようにルールは作られた」ということからスタートし，そのために自分の義務を考えていく**ことです。このことを，岡さんの発見を通してみんなで考え合いましょう。

出典：作・ＮＨＫ道徳ドキュメント制作班「いらなくなったルール」『ＮＨＫ道徳ドキュメント②あいさつの力』汐文社

中心発問の氷山モデル

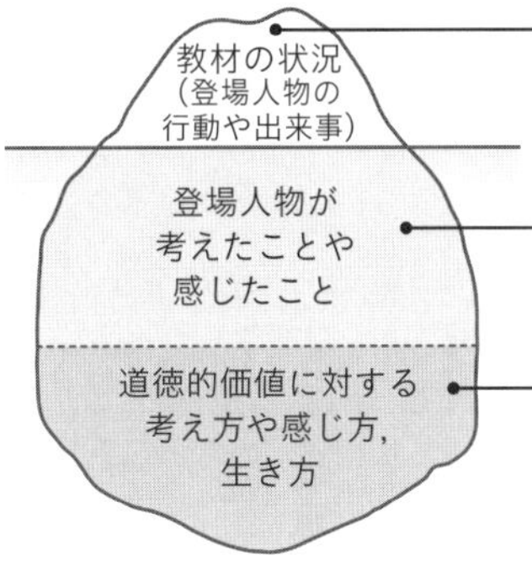
教材の状況
（登場人物の
行動や出来事）
登場人物が
考えたことや
感じたこと
道徳的価値に対する
考え方や感じ方，
生き方

状況理解レベル

・岡さんは，ルールについて新たな発見をした。

心情理解レベル

・それぞれの権利を言い張ってばかりでは解決しない。また，ルールを作ればよいというものでもない。
・お互いに相手の話を聞き，どうすればみんなが気持ちよく生活できるかを話し合うことが大切だ。
・みんなが気持ちよく生活したいと思っているから，それを理解し合うことが基本。

道徳的価値レベル

・私たちは，一人ひとりに権利があるが，自分中心に自分の権利だけを主張するのではなく，みんなが互いの立場を考え，それぞれの権利を守るために自分はどのような義務を果たすのかを考えることが大切。

中学校

教材／中心発問例	指導上のポイント
二通の手紙 元さんが，この年になって初めて考えさせられたこととは何でしょう。	元さんが姉弟を入園させたのは，思いやりとともに，「少しくらいいいや」「規則は固すぎるんだ」などと，きまりに対する間違った捉えがあったからです。このことに元さんは気付いたのです。一通目の手紙にある**「子どもたちの笑顔や幸せ」は，何が何でも守らねばなりません。そこで，元さんたち動物園の人々はきまりを作り，自分たちみんなで懸命に守ってきた**のです。 最初の元さんの思いは，中学生と同じ思いですが，**きまりは，思いやりと相反する冷たいものではなく，思いやりも含んだ温かいもの**なのです。

出典：作・白木みどり『私たちの道徳　中学校』文部科学省

中心発問の氷山モデル

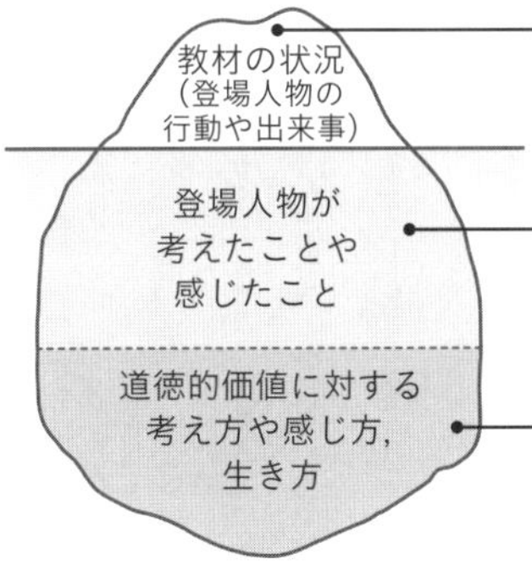
教材の状況
（登場人物の
行動や出来事）
登場人物が
考えたことや
感じたこと
道徳的価値に対する
考え方や感じ方，
生き方

状況理解レベル

・元さんは，この年になって初めて考えさせられた。

心情理解レベル

・子どもたちの幸せや笑顔を失ってしまうところだった。これを失わないよう，自分たちみんなできまりを決めて，守ろうとしていたはずだ。その当事者が破ってどうする。
・きまりについての自分の考え方は，間違っていたな。

道徳的価値レベル

・きまりは，幸せで安心な社会をつくるために，自分たちみんなで決め，守ろうと同意したこと。だから，守ることが大切。
・固すぎるのではなく，固くなければならないのだ。

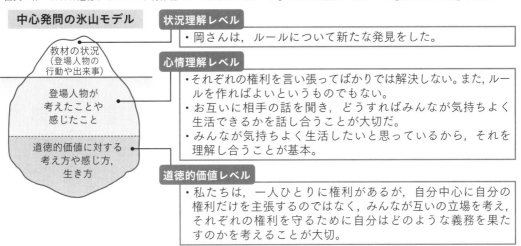

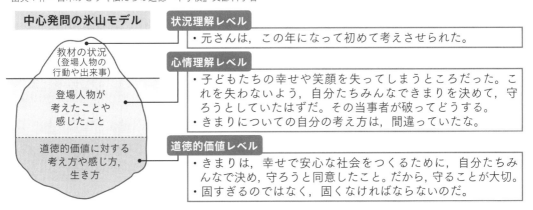

C 小／中 公正、公平、社会正義

「公正、公平、社会正義」は、かつては高学年と中学校だけでしたが、教科化に伴って全学年に配置されました。その大きな理由は「いじめの問題」への対応です。仲間はずれやいじめがどうしていけないのかについて、発達の段階に応じてしっかりと考えられるようにしようというものです。

ポイント1 Cの視点の内容であること

この「公正、公平、社会正義」は、「間違ったことは、自信をもって正していく」という正義に捉えられがちです。ここで押さえておきたいことは、**この内容はCの視点（主として集団や社会との関わりに関すること）である**ということです。**「間違ったことを自信をもって正す」というAの視点の正義ではない**ということです。

私たちは、ともすれば、自分たちの仲間だけを優遇し、自分たち以外の者や集団への差別や偏った見方をしがちです。特に、自分たちと違う感じ方や考え方をしている相手や、少数の立場や社会的弱者の人たちに対して、自分たちだけが正しいと主張して多数派に同調したり、優越感を抱いて偏った接し方をしたりするなど、自分たちの集団を閉じ、自分たちを守ろうとするのです。例えば、いじめの問題がそうです。人間としての弱い考え方と言えます。

閉鎖的な集団を作り、自分たちを守ろうとするのではなく、自分たちの集団や社会を誰もが気持ちよく、安心して生活できる集団や社会にしていくことが大切です。そして、それができ、しなければならないのは、そのすべての成員です。つまり、仲間はずれや差別を正していくのは、その集団や社会の中の一部の人ではなく、誰もがその責任をもっており、それはすなわち、**「誰かがするだろう」という傍観者でいるのではなく、自分自身も行動すべき一人**なのです。

なお、指導を進める上で、Bの視点の「相互理解、寛容」の「違いは豊かさ」の考え方も大事にしましょう。その人らしさが一人ひとり違うからこそ、集団は豊かなものとなっていくのです。**相手と意見が合わないことと、差別や偏った見方をすることとは違う**のです。

ポイント2 インクルーシブの考え方

同じ集団内につらい思いをしている人がいたら、みんなでその解決に向けて考え、みんなが気持ちよく生活できるようにすることは、インクルーシブの考え方です。

逆に、いじめの問題を、被害者の問題としたり、「自分がいじめられたらどうしよう」「自分には関係のないことだ」と傍観したりしてしまうのは、同じ集団や社会の一員としての責任を放棄しているのと同じことです。「自分には関係ない」「自分がしなくても誰かがするだろう」という考えの陰で、苦しんでいるメンバーがいるのです。

集団や社会の問題を、みんなで力を合わせて解決していくことで、その集団や社会が、みんなにとってもっと生活しやすいものとなること、それをするのはその集団や社会の一員であること、そしてそれは自分自身でもあることを自覚できるようにしましょう。

学年	「学習指導要領」の内容	発達の段階ごとのキーワードとポイント
小・低学年	自分の好き嫌いにとらわれないで接すること。	**「仲間はずれがないと，みんな楽しい」** 自分の好き嫌いにとらわれて接すると，仲間はずれや一人ぼっちになる人が出ます。そうなると，その人もいやな気持ちになりますが，自分も，周りの人たちもいやな気持ちになります。 逆に，仲間はずれや一人ぼっちの人がいなくなると，その人はもちろん，みんなが楽しく，よい気持ちになるのです。したがって，自分の好き嫌いにとらわれないで接することはとても大事なことです。
小・中学年	誰に対しても分け隔てをせず，公正，公平な態度で接すること。	（低学年の内容）＋**「みんな，仲間」** ギャングエイジと呼ばれる中学年は，自分たちの好みで気の合う仲間をつくり，排他的になってしまうことがあります。「分け隔てをしない」ということには，自分たちだけでなく，他の友達もみんな，同じ一つの集団の中にいるのだという自覚が大切です。 その上で，誰かが仲間はずれにされたり，つらい思いをしたりしていたら，それは，自分たち集団の問題であり，同じ集団にいる自分たちが取り組み，解決していく問題であるという自覚を深めていきましょう。
小・高学年	誰に対しても差別をすることや偏見をもつことなく，公正，公平な態度で接し，正義の実現に努めること。	（低，中学年の内容）＋**「仲間の問題は，自分たちの問題」** 高学年になると，いわゆる「社会律」と言われる段階の子どもたちが多くなります。周りからの視線が気になり，友達からどのように見られているかで判断したり，同調圧力を強く感じたりする時期です。このため，集団の問題に気付いていても，多数派に同調したり，他人事と傍観したりしてしまいがちです。 この考え方が偏見や差別を生み出していること，このことがいじめの問題につながっていくことなどを自覚し，「自分たち」の集団や社会の中で起こっている問題として考え，よりよい集団や社会正義の実現に向けて，自らが積極的に関わっていこうとする意欲や態度を育てていきましょう。
中学校	正義と公正さを重んじ，誰に対しても公平に接し，差別や偏見のない社会の実現に努めること。	（小学校の内容）＋**「閉じた正義と開かれた正義」** 自分たちの仲間だけを優遇し，自分たち以外の者や集団に対して閉鎖的，排他的になったり，自分と異なる感じ方や考え方，少数の立場にいる者や自分よりも弱い存在に優越感を抱き，差別心や偏見をもったりしてしまうのは，自分たちの集団を閉鎖的・排他的にして，自分たちを守ろうとする弱い考え方です。「閉じた正義」とでも言えるでしょう。 一方，よりよい集団や社会の実現に向けて，公平な手続きのもと，自分が積極的に行動を起こすことは「開かれた正義」です。集団や社会の問題は，その成員が解決していかなければなりません。正義の実現は，差別や偏見，いじめの直接的な当事者だけでなく，その集団や社会の成員すべてにかかっています。 積極的な行動とは，直接的な行動だけでなく，まさに成員同士が力を合わせ，様々なアプローチで関わっていく「開かれた正義」なのです。

小・低学年

教材／中心発問例	指導上のポイント
およげないりすさん りすさんといっしょにしまへ行くみんなは，どんなことを思っていたでしょう。	ひとりぼっちのりすさんが，にこにこのりすさんになったことから，ひとりぼっちの友達がいるとみんなが楽しくないのに対して，声を掛け，みんなで遊ぶとみんながよい気持ちになること，そして，**仲間はずれや一人ぼっちの人がいなくなると，その人はもちろん，みんなが楽しく，よい気持ちになる**ことを押さえます。 低学年では，３人より４人になったから楽しいと考える子どももいます。そのことも楽しいけれど，みんながにこにこしているから楽しいという考えへと広げ，深めていきましょう。

出典：作・小野瀬稔『小学校　道徳の指導資料とその利用3』文部省

中心発問の氷山モデル

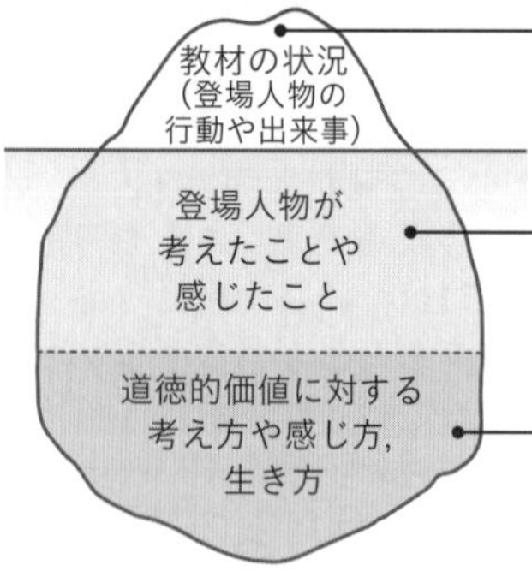

状況理解レベル
- みんなは，にこにこのりすさんと一緒に島へ行った。

心情理解レベル
- りすさんがいるほうが楽しい。
- ４人のほうが楽しい。
- 一人ぼっちの人がいなくなってよかった。

道徳的価値レベル
- 仲間はずれをすると，みんなが楽しくない。
- 一人ぼっちの人がいるとみんなが楽しくない。
- みんなで声を掛け，仲間はずれの人がいなくなったら，みんなが楽しいんだ。

小・中学年

教材／中心発問例	指導上のポイント
同じなかまだから とも子は，どのような思いをこめて，「同じ二組のなかまじゃないの」と言ったのでしょう。	みんな同じ集団の中にいる仲間同士なのですから，仲間はずれをして悲しませることがあっては，仲間とは言えません。 でも，「仲間」を狭く捉えがちな学年です。相手の気持ちを理解できるようになる中学年ですから，一人ひとりの友達の気持ちを考え，**その友達もまた，自分たちの仲間である**という考えへと広げ，よい仲間集団をつくろうとする意欲を高めましょう。

出典：作・和田芙美子『小学校　道徳の指導資料とその利用6』文部省

中心発問の氷山モデル

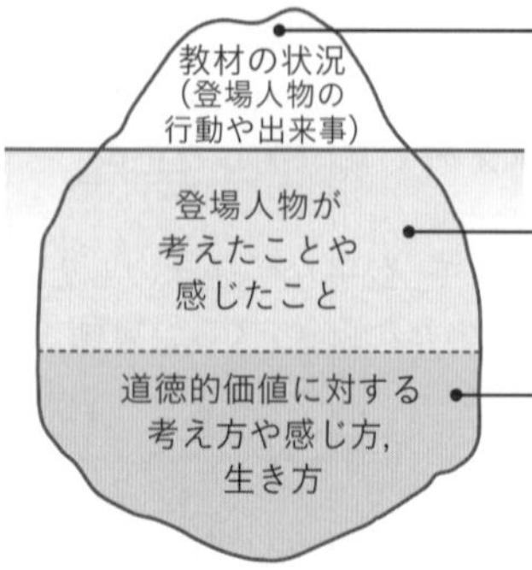

状況理解レベル
- とも子は，「同じ二組のなかまじゃないの」と言った。

心情理解レベル
- 同じ二組の仲間なのに，自分たちの勝手な理由で仲間はずれにしてはいけない。仲間はずれにされることは，とてもつらいことだ。
- よし子さんが悲しい思いをしているように，光夫さんも悲しい思いをしているはず。同じ仲間だから，みんなで力を合わせて何とかしよう。

道徳的価値レベル
- 同じ仲間の中で，悲しい思いをしている人がいたときは，同じ仲間同士，声をかけて正していくことが大事。
- みんな仲間なんだから，みんなで力を合わせて頑張ることで，仲間はずれのない，素敵な集団になる。みんなで頑張ろう。

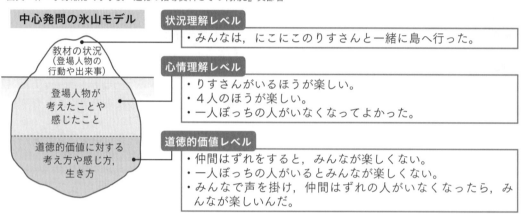

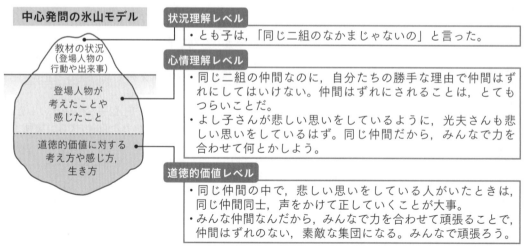

小・高学年

教材／中心発問例	指導上のポイント
これって不公平？ それぞれについて，何が問題なのでしょう。その問題をなくすためには，どのような考え方が大切でしょう。	「女の子だから，車椅子だから，が間違い」で留まるのではなく，それがなぜ間違いかをさらに問い，**同じ社会や集団で生活する仲間に対して，一方的に決めつけたり思い込んだりして，仲間を悲しい思いにさせることが問題である**というところまで深めましょう。そして，平等と公平の違いについて考えましょう。平等とは，一律に同じように扱うことです。でも，これでは公平にはなりません。一方，**公平とは，みんなが楽しく幸せであるのと同じように，その人にとっても楽しく幸せなのかどうかを「対等」の立場で考え，みんなで行動すること**です。

出典：作・編集委員会『小学道徳 生きる力5』日本文教出版

中心発問の氷山モデル

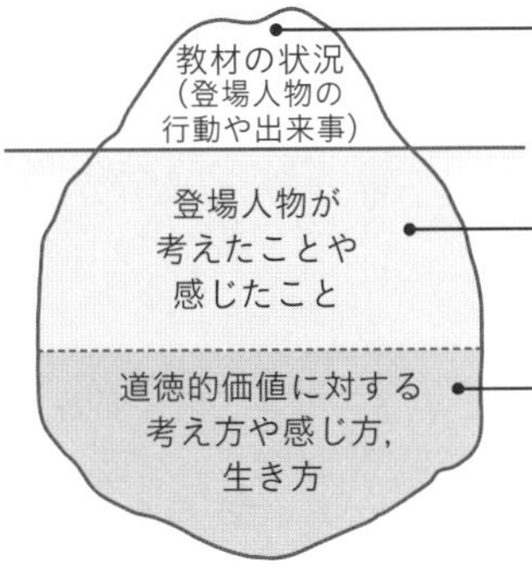
教材の状況
(登場人物の
行動や出来事)
登場人物が
考えたことや
感じたこと
道徳的価値に対する
考え方や感じ方,
生き方

状況理解レベル
- 女の子だから，サッカーの仲間に入れない。
- 車椅子だから，ボールを強く投げてはかわいそう。

心情理解レベル
- 「女の子だから」と決めつけられるのはいやだ。
- 「車椅子に乗っているから」と思い込むのはよくない。野球の得意な人もいるし，人それぞれだ。

道徳的価値レベル
- 同じ集団や社会の中で，決めつけや思い込みで接すると，つらい思いをする人がいる。みんなが一人ひとりの立場で何がその人にとって大切なのかを考え，行動することが，不公平や差別をなくすことにつながる。

中学校

教材／中心発問例	指導上のポイント
卒業文集最後の二行 三十年余が過ぎた今も，T子さんへのことを思い出すたびに忍び泣く「私」の思いとは，どのようなものなのでしょう。	いじめの問題は，今の学校教育において大きな課題です。**いじめの卑劣さ，集団の中で同調してしまう弱さを見つめ，学級集団としてなくす努力をしていくことの大切さ**を自覚できるようにしましょう。 中学校ですから，「弱さ」がポイントです。「弱さ」の正体や，それを乗り越える考え方について，みんなで話し合いましょう。

出典：作・一戸冬彦『心に残るとっておきの話　第二集』潮文社

中心発問の氷山モデル

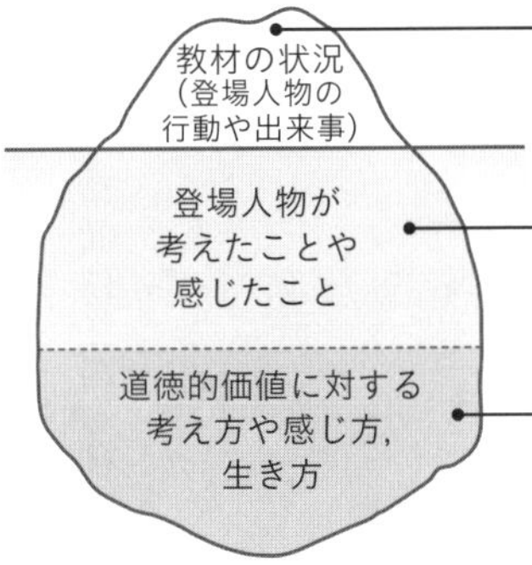
教材の状況
(登場人物の
行動や出来事)
登場人物が
考えたことや
感じたこと
道徳的価値に対する
考え方や感じ方,
生き方

状況理解レベル
- 今も，T子さんへの仕打ちを思い出すたびに忍び泣く「私」。

心情理解レベル
- 彼女にした仕打ちは，謝っても許してもらえるものではない。人間として最も情けないことだ。
- いじめをしていた自分を許せない。T子さんのつらさは，はかりしれないものだっただろう。
- 周りに同調し正しく判断できなかった自分が情けない。

道徳的価値レベル
- いじめは，集団に同調し，軽い気持ちで相手を痛めつける，人間として許されない行為である。
- 被害者，加害者ともに強い心の痛みであり，加害者は生涯，後悔と懺悔の気持ちに苦しむものである。
- 仲間を増やし，学級集団としてなくしていきたい。

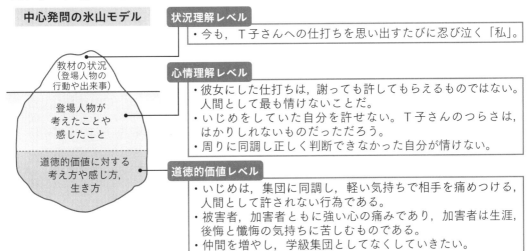

Ⓒ 小 勤労、公共の精神
中 勤労

働くことや勤労の大切さや意義について考える内容です。働くといっても、職業に就いて働く、学級や学校の中の役割を担って働く、ボランティア活動として働くなど、様々な場面があります。これらに共通することについて考えましょう。

ポイント❶ 三方よし

「働く」「勤労」を考えるときのポイントは、**「自分」「相手」「社会」の「三方よし」**です。「三方よし」の考え方は、昔、滋賀の近江商人が大切にしていた「売り手」「買い手」「世間」によしという商売の理念からきています。

まず、働くことは、「自分」のために大切です。お金を儲け、日々の生活を自立させることができます。仕事をやり遂げたという喜びややりがい、充実感があります。それは、みんなや社会から必要とされ、自分が役に立っているという喜びややりがい、充実感にもなります。そして、仕事を通して成長し、もっと頑張ろうと意欲を高めます。つまり、自己実現を図ることができるのです。

次に「相手」のために大切です。自分が働いたことによって、**相手をよい気持ちに**します。楽にします。助けます。幸せにします。

そして働くことは、「社会」への貢献につながるのです。社会は、その中にいる成員によって構成されています。一人ひとりが自分の役割を果たすことによって、社会は成り立っています。ボランティアも含め、**働くことは、社会の中でそれぞれが重要な役割を担い、共助の精神があふれる、みんなが安心で幸せに住める社会の実現に**つながります。

ポイント❷ 喜びと使命

働くことからは、様々な喜びを得ることができます。それらの**喜びの違い**に注目することも大切なポイントです。

まず、報酬を得るという喜びがあります。ただし、働く喜びは報酬を得ることだけではありません。具体的に成果を出し、それによって、苦しい中でも頑張った自分や、周りから認められた自分に対する喜びがあります。それらは、**個人としての喜び**です。

その一方で、喜ぶ人の顔を思い浮かべたり、自分が働いたことでみんなが楽しく、幸せに生活することができてよかったと思ったりする喜びがあります。これは、**集団や社会の向上や発展に対する喜び**であり、**職業に対する誇り**につながるものです。

主体的な社会参画を果たすことによって社会的な自己実現を図り、一人ひとりの社会的・職業的自立を目指す上で、喜びの違いについて考えることは、意義深いことです。

学年	「学習指導要領」の内容	発達の段階ごとのキーワードとポイント
小・低学年	**働くことのよさを知り，みんなのために働くこと。**	**「働くことの喜び」** 子どもたちが働くことと言えば，学級の当番や係の活動，家庭での自分の仕事などがあります。それらの仕事を進める中で，みんなの役に立つことの喜びややりがい，自分の成長などを感じられるようにすることが大切です。 ただし，低学年ですから，集団という意識ではなく，**集団の中にいる「人々」の役に立ったという視点から，働くことの喜びを感じる**ことができるようにしましょう。喜んでくれた，助かると言ってくれた，自分も頑張ったといった喜びです。
小・中学年	**働くことの大切さを知り，進んでみんなのために働くこと。**	（低学年の内容）＋**「みんなの役に」** いわゆるギャングエイジを迎える中学年の段階になると，「自分たちの学級」などと，集団についての意識が高まり，集団で活動する意欲や機会がどんどんと増えていきます。 そこで，働くことは自分の喜びや利益だけでなく，自分たちの学級の生活や自分の家族の生活がさらに楽しくするなど，**働くことは集団の役に立つ**ことを自覚できるようにしましょう。まだ中学年ですから，社会ではなく，身近な集団です。
小・高学年	**働くことや社会に奉仕することの充実感を味わうとともに，その意義を理解し，公共のために役に立つことをすること。**	（低，中学年の内容）＋**「社会の役に」** 児童会や地域の子ども組織の中心となる高学年では，集団の範囲をさらに広げ，**働くことが社会の役に立っている**ことを自覚できるようにしましょう。 「感謝」の内容のポイントが，高学年では「つながり」に対する感謝であるように，働くことにおいても，**社会のつながりの中で一人ひとりが一員として存在し，社会を支える役に立っている**ことを自覚できるようにしましょう。
中学校	（勤労） **勤労の尊さや意義を理解し，将来の生き方について考えを深め，勤労を通じて社会に貢献すること。** ※「公共の精神」に関わるポイントはp.93をご覧ください。	（小学校の内容）＋**「自分が社会の力にという喜びと誇り」** 働くことは，個人の幸福の追求とともに，社会への貢献という大きな役割があり，そのことが，働くことの喜びや誇りにつながることを自覚できるようにしましょう。 まず，個人にとっては，収入や自分の夢の実現や成長などがあります。さらに，多くの人の役に立ったり，笑顔をつくったりしたというやりがいや充実感をもつことができます。 一方，社会にとっては，その成員それぞれが自分の役割や仕事を果たすことで共同体が成り立ち，さらに発展することができます。この社会の発展に自分が積極的に貢献したのです。このことが，働くことの誇りとなるのです。 つまり，**個人の喜びと誰かの役に立つこと，社会に貢献することが，それぞれ単独で存在するのではなく，一体となってその人の誇りとなっている**のです。 これが，「社会的自己実現」であり，そのような充実した生き方を追求し実現していきたいという意欲を高めることが，将来の生き方についての考えを深めることになるのです。

小・低学年

教材／中心発問例	指導上のポイント
森のゆうびんやさん しごとをおえて家に帰り，森のこりすさんからの手紙を読みながら，くまさんはどんなことを思ったのでしょう。	低学年です。みんなのために仕事をしたことで，**みんなの役に立ち，みんなが喜び，自分もうれしくなった気持ちに共感することで，働くことのよさを自覚**できるようにしましょう。 授業の最初に，「働くと，どんなよいことがあるでしょう」と問うことで，子どもたちは，めあてをもって学習を進めることができます。

出典：『わたしたちの道徳　小学校1・2年』文部科学省

中心発問の氷山モデル

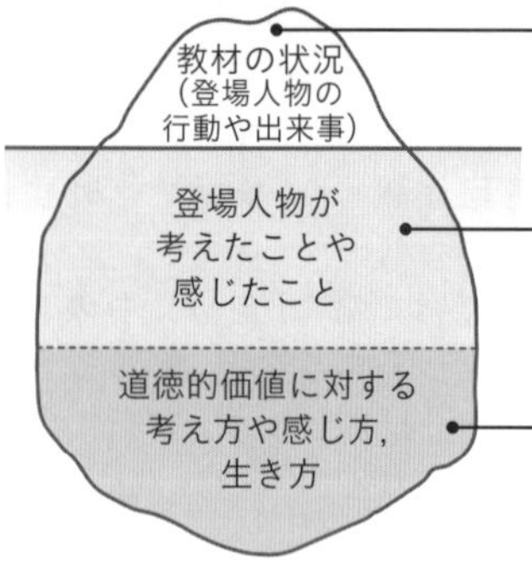

教材の状況
（登場人物の
行動や出来事）
登場人物が
考えたことや
感じたこと
道徳的価値に対する
考え方や感じ方，
生き方

状況理解レベル
- くまさんは，仕事を終えて家に帰り，森のこりすさんからの手紙を読んだ。

心情理解レベル
- みんなが喜んでくれてよかった。頑張ったかいがあった。
- みんなの役に立てて，自分もうれしいな。

道徳的価値レベル
- 働くことは，みんなの役に立ち，みんなが喜んでくれる。
- みんなの役に立ったことで，自分もうれしくなる。

小・中学年

教材／中心発問例	指導上のポイント
ネコの手ボランティア ３か月たっても４人がボランティアを続けようと思ったのは，どんな考えからでしょう。	働くことの大切さは，「自分」「相手」「社会」の３つの視点がポイントです。中学年では，特に，**みんなの役に立つことの喜びと大切さ**について，しっかり押さえるようにしましょう。 ４人が続けようと思ったのは，おばあさんやおじいさんなど，避難所の人たちのためにという目的と，そのことでおばあさんやおじいさんたちが笑顔になり，自分たちもうれしくなったからです。

出典：作・綾野まさる『続・ぼくらの阪神大震災　はじまりの虹』小学館

中心発問の氷山モデル

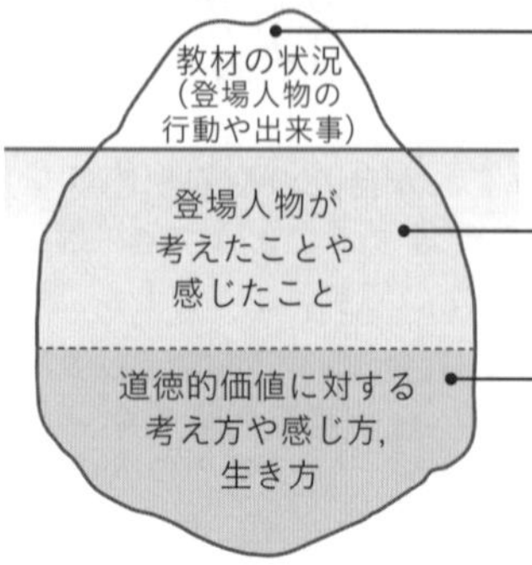

教材の状況
（登場人物の
行動や出来事）
登場人物が
考えたことや
感じたこと
道徳的価値に対する
考え方や感じ方，
生き方

状況理解レベル
- ３か月経っても，４人はボランティアを続けた。

心情理解レベル
- 避難所のお年寄りはまだまだ大変だから，少しでも自分たちのできることをして役に立とう。
- お年寄りの人たちが喜ぶ顔を見ると，うれしい。
- 自分たちにもできるボランティアがあって，それを頑張ったら，笑顔というご褒美をいっぱいもらえる。

道徳的価値レベル
- 働くことは，社会のみんなの役に立つ。みんなが喜んでくれることは，「自分たちも，もっと頑張ろう」という思いにしてくれる。
- 働いてみんなの役に立つことは，自分にとっても，とてもうれしいことだ。
- ボランティアは，みんなの役に立つ活動。自分たちにできるボランティアもある。自分も進んでやってみよう。

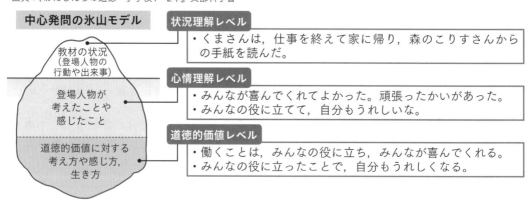

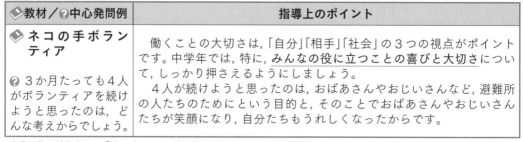

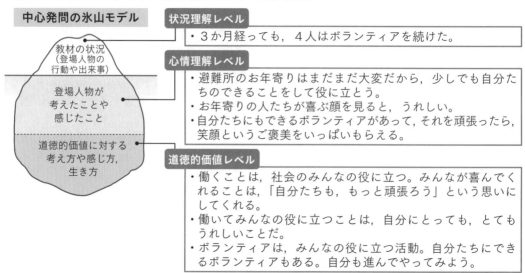

小・高学年

教材／中心発問例	指導上のポイント
牛乳配り 朝のすんだ空気をむねいっぱいにすいこみ，力強くペダルをふみ出す明は，どのようなことを考えていたのでしょう。	働くことのよさは，「自分」「相手」「社会」の三方がポイントです。また，高学年ですから，**「つながり」**を大切にしましょう。 「ぼく」は，**働くことで，顔を見たこともないおばあさんとつながり**，また，一人暮らしのお年寄りのいる社会の中で，**人と人とのつながりを結ぶことにも貢献し，充実感をもつことができた**のです。 授業の最初に「働くことのよさとは，どのようなことでしょう」とめあてをもたせ，**働くことが社会を支え，一人ひとりの幸せや自分自身のやりがい，喜びにつながる**ことを自覚できるようにするのも効果的です。

出典：作・富山保『小学校　道徳の指導資料とその利用3』文部省

中心発問の氷山モデル

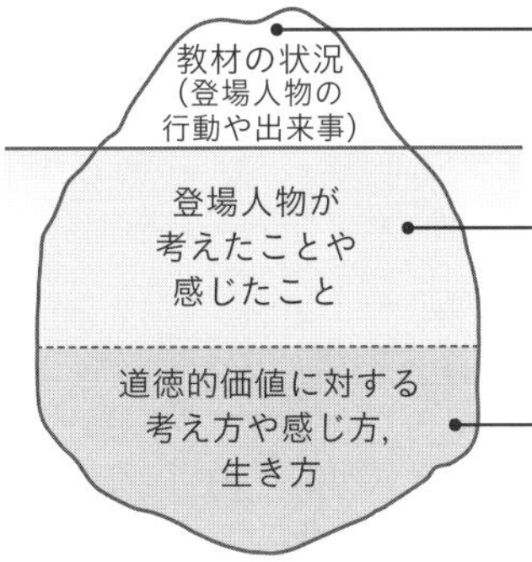
教材の状況
（登場人物の
行動や出来事）
登場人物が
考えたことや
感じたこと
道徳的価値に対する
考え方や感じ方，
生き方

状況理解レベル

・朝の澄んだ空気を胸いっぱいに吸い込み，明は力強くペダルを踏み出した。

心情理解レベル

・おばあさんの役に立ててよかった。おばあさんは，毎朝，僕が来ることを楽しみに待ってくれていた。
・一人暮らしのお年寄りが住みよい町にしていくために役に立つことができたようだ。

道徳的価値レベル

・働くことは，一人ひとりがつながり合いながら幸せに生きていく社会の実現や，自分自身のやりがいや喜びにつながる。

中学校

教材／中心発問例	指導上のポイント
あるレジ打ちの女性 彼女にとって，働くことはどのような意味や意義があるのでしょう。	職業に貴賎はありません。すべての仕事が，社会や人々にとって大切なものです。その中で自分も，**自分のよさや個性を発揮しながら仕事を通して貢献することで，社会は発展し，人々も自分も幸せになる**のです。自分はだめだと自信をなくしていた主人公の女性に共感した上で，中心発問につなげましょう。 授業の最初に「私たちはなぜ働くのでしょう」と問いを投げ掛け，その解決を図る展開もよいでしょう。

出典：作・木下晴弘『涙の数だけ大きくなれる！』フォレスト出版

中心発問の氷山モデル

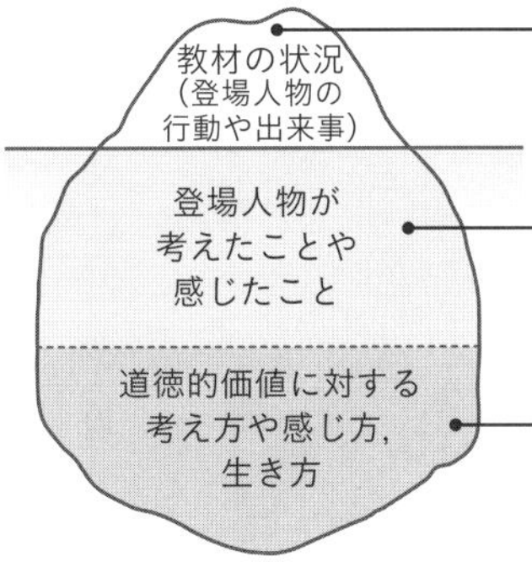
教材の状況
（登場人物の
行動や出来事）
登場人物が
考えたことや
感じたこと
道徳的価値に対する
考え方や感じ方，
生き方

状況理解レベル

・彼女にとって，レジ打ちの仕事は素晴らしいものとなった。

心情理解レベル

・仕事に自分の得意なことが生かせてよかった。
・お客さんとのコミュニケーションを通じて，社会の役に立っていることが実感できる。
・働くことは素晴らしく，自分の生きがいになるんだ。

道徳的価値レベル

・働くことは，大変なこともあるけれど，やりがいや生きがいを感じることができる。そのためには，自分のよさや個性を発揮することや努力も必要。
・働くことは，社会の役に立ち，そのことが，自分にとって存在感や生きる喜びとなる。

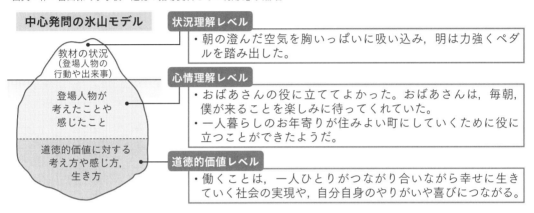

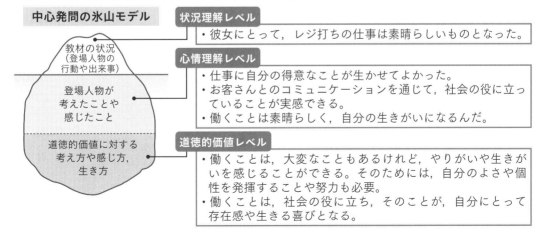

C 中 社会参画、公共の精神

「社会参画、公共の精神」は、集団や社会の一員として、**よりよい集団や社会を実現する主人公は、その成員である自分たち自身であることを理解し**、その実現のために積極的に関わっていこうとする意欲や態度を育てる内容項目です。小学校では、**集団や社会のために役立つことをしよう**という段階でしたが、中学校では、その担い手が自分たち自身であることへと広がり、**社会を自分たちがつくる**という段階へと深まっています。

なお、「公徳心」との違いとして、「社会参画」「社会連帯」「公共の精神」は、その社会の一人として、よりよい社会を自分たちの力で実現しようとすることです。

ポイント1 自分も、集団や社会のれっきとしたメンバー

この内容項目は、Cの視点「主として集団や社会との関わりに関すること」の最も基本的な内容であり、同時に、目指す内容項目でもあると考えます。

集団や社会の中で、私たちは、ややもすれば、誰かがしてくれるだろうなどと他人任せにしがちです。その一方で、ボランティア活動に積極的に参加するなど、よりよい社会を協力して築いていこうとする意欲ももち合わせています。

何より、人間関係が希薄化し、社会が私事化に向かっている状況にあることは間違いなく、そのような社会の中で、集団や社会の関わりについて考えることは、非常に大切なことです。

そして、そのときの基本的な考え方は、「自分も、自分のいる集団や社会のれっきとしたメンバーであること」です。私たちは、自分が置かれている集団や社会を、所与のものとして捉えがちです。確かに、生まれて間もない赤ん坊であれば、そうでしょう。しかし、**集団や社会は、私たち人間がつくり上げたものであり、つくり上げていくものなのです。**したがって、**私たち一人ひとりは、そのメンバーとして、その集団や社会の維持だけでなく、発展に向けて主人公になることが大切なのです。**政治参加も含め、どのように社会に参画し、互いに助け合い、励まし合って連帯していくかについて、しっかりと考え合う場が、とても重要です。

ポイント2 「参観」「参加」「参画」の違い

この内容項目の中心となるのが「参画」です。これに似た言葉として、「参観」「参加」があります。

「参観」は、外から見ている状況です。「参加」は、集団や社会の中に入っているものの、受け身であり、誰かがしてくれると考えている状況です。これに対して、**「参画」は、その集団やその社会の様々な計画づくりに積極的に関わり、よりよいものへと発展させていこうとする役割や責任を果たしていくこと**です。

自分の所属する集団や社会は自分たちの力で発展させていくのだという自覚を深めていくことになりますが、そのためには、**学級活動や生徒会での自発的・自治的な活動の経験**がとても重要です。日頃から育て、その意義について考えさせましょう。

学年	「学習指導要領」の内容	発達の段階ごとのキーワードとポイント
中学校	**社会参画の意識と社会連帯の自覚を高め，公共の精神をもってよりよい社会の実現に努めること。**	（小学校の内容）＋**「集団や社会の主人公」** 集団や社会は，その成員によって，よりよいものへとつくられていきます。自分自身も，その成員の一人であるということです。 誰かがしてくれるだろうと他人任せにしている自分を振り返り，自分たち一人ひとりが，自分が属する集団や社会において，それを維持，発展させていく主人公であることを自覚できるようにしましょう。

中学校

教材／中心発問例	指導上のポイント
加山さんの願い 雨の中で傘を持ったまま，加山さんはどのようなことを考えたのでしょう。	ボランティアは，集団や社会にいる人々が，対等に助け合ったり，支え合ったりする関係から成り立っています。加山さんが陥った，独りよがりになってしまう考え方に足りなかったことをみんなで考え合いましょう。「してあげる」というパターナリズム的な関わり方と，「互いに助け合う」という対等の関わり方を比較しながら，社会はみんなの参画によって，よりよいものへと充実・発展させていくことができることを自覚できるようにしましょう。

出典：作・藤永芳純『中学校　読み物資料とその利用―主として集団や社会とのかかわりに関すること―』文部省

中心発問の氷山モデル

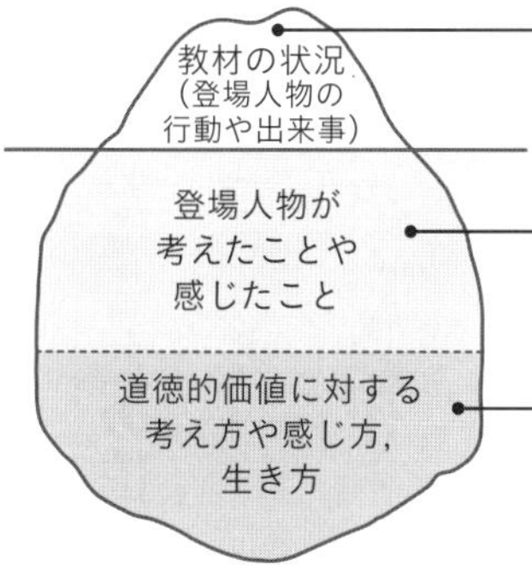
教材の状況
（登場人物の
行動や出来事）
登場人物が
考えたことや
感じたこと
道徳的価値に対する
考え方や感じ方，
生き方

状況理解レベル

・雨の中で傘を持ったまま，加山さんは考えた。

心情理解レベル

・自分は，「世話をしてあげる」「よいことをしている」という気持ちでいた。
・中井さんにとっては，「してもらっている」という申し訳ない気持ちや，「自分は何もできない人間になってしまった」という気持ちにさせてしまっていたかもしれない。これでは，上下関係だ。

道徳的価値レベル

・ボランティアは，お互い様の関係の中にあるもので，「してあげる」ではなく，することで相手から学ぶこともある双方向のものである。
・よりよい社会をつくるために，一人ひとりが自分にできることを，対等の関係で助け合い，支え合っていくのが，ボランティアである。したがって，誰もが気軽にできるものであり，気軽に踏み出していくことが大切なものでもある。

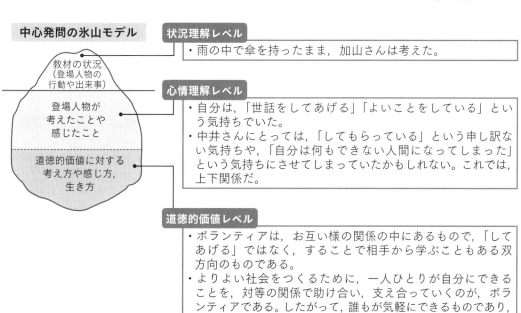

C 小／中 家族愛、家庭生活の充実

「家庭」は、子どもたちが初めて出会う集団であり、みんなで生活をする共同体です。社会の多様化と共に、家庭や家族の在り方は多種多様なものとなっていますが、家庭は心安まる場であり、生涯にわたり、私たち一人ひとりの人生や生活のベースとなる集団でもあります。ただし、昨今は、児童虐待やＤＶをはじめとし、家庭が心安まる場になっていないことも少なくありません。

だからこそ、それぞれの家庭環境への配慮の上、**子どもたちが大きくなり、それぞれの心安まる自分の家庭や家族関係を主体的につくっていけるように、この内容項目を大切にしたい**と考えます。

ポイント1 家族を敬愛する

この内容項目は、低学年から中学校まですべての学年段階に「父母、祖父母を敬愛し」が入っています。「敬愛」とは、尊敬と親愛の意味があり、相手を尊敬し、親しみをもつことです。

そこで、父母や祖父母がいるから今の自分があることや、子どもの幸せを願い、見返りを求めない無償の愛で、守り、育ててくれたことなどに対して尊敬と親しみの気持ちをもてるようにするのです。

ただ、子どもたちは、家族には依存性が高く、してもらって当たり前という意識があります。**決して当たり前ではないことやその苦労を知ること**などで、敬愛の念を高め、**家族の一員として家族のために自分も行動していこうとする意欲**を高めましょう。

ポイント2 家族の一員であることの位置

私たちは、子どもとして家族という集団に参加し、その一員となります。そして、**成長と共に、庇護を受ける受け身の側から、家庭生活を築いていく主体の側へと、一員であることの位置を変えていく**のです。

このことを、発達の段階に合わせて考えていくことで、家族愛や家庭生活の充実についての自覚を深めていきましょう。

具体的には、低学年は、子どものことを愛情をもって世話してくれている家族の思いから考えさせます。

中学年は、自分が家族の一人であるという自覚を深めます。

さらに高学年では、家族のそれぞれの立場からその思いや願いを考え、家族の幸せを求めて役に立とうとするなど、家族から受けたことばかりではなく、支え合う家族の一員という自覚を深めます。

そして中学校では、いよいよ自分も家族の一員として家庭生活を築く主体としての役割を担っていることの自覚を深めていきます。

なお、今、大切にされている「インクルーシブ」の考え方は、「家族」がまさに相当するのではないでしょうか。**家族は家族のために、当たり前のことを当たり前にして支え合う**、それは**「してあげる」という「上から目線の関係」ではない**のです。

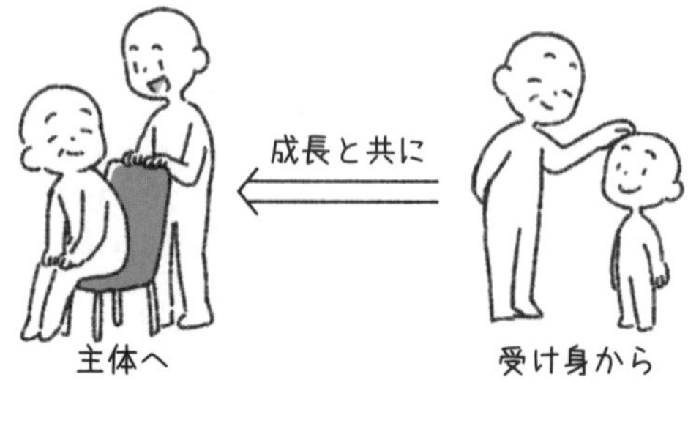

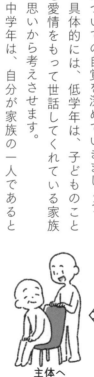

学年	「学習指導要領」の内容	発達の段階ごとのキーワードとポイント
小・低学年	**父母，祖父母を敬愛し，進んで家の手伝いなどをして，家族の役に立つこと。**	**「家族の役に立つ喜び」** 自分に対する家族の愛情を，ぬくもりやうれしさ，喜びから自覚できるようにしましょう。特に，多くが他律の段階にいる子どもたちです。大好きな家族が自分を大事にしてくれていることや，家族のおかげで自分の毎日の生活があること，父母，祖父母は，たくさんのことを知っていて，また，家族のために働いていることなどに注目させ，自覚を深めます。 そして，その感謝や憧れなどから，自分にできることをお手伝いとして行い，大好きな家族のために少しでも役に立とうとする思いや，**してもらった喜びだけでなく，自分が家族の役に立った喜び**から，家族を敬愛する思いを高めましょう。
小・中学年	**父母，祖父母を敬愛し，家族みんなで協力し合って楽しい家庭をつくること。**	（低学年の内容）＋**「家族の一人として」** 家族の庇護のもとから次第に家族の外へと生活や関心を広げる子どもたちです。これまでは，あまりに近かったために気付けなかった家族の自分に対する思いに気付き，家族のために自分にできることをしようとする態度を育てていきたいと考えます。 「つくる」とありますが，中学校のように家庭生活を「築く」というものではなく，**家族の一人として家族のために自分にできることをすることで，家族みんなが楽しい，うれしい雰囲気をつくっていくことができる**といったことを自覚できるようにしましょう。
小・高学年	**父母，祖父母を敬愛し，家族の幸せを求めて，進んで役に立つことをすること。**	（低，中学年の内容）＋**「家族それぞれの立場から思いを考えて」** 高学年では，家族の幸せを求めて進んで行動することがポイントです。「家族の幸せを求める」とは，家族それぞれに思いや願いがあることに気付き，それを考えて行動することです。低学年や中学年のように，子どもである自分に対する家族の思いや願いだけではなく，家族自身の思っていることや願っていることです。 したがって，例えば，「父母は，仕事と家庭の両立のために，苦労をしながらも頑張っていて，仕事がうまくいくこと，家族が笑顔でいることが，喜びなのだ。だから，私は……」などと，**家族それぞれの立場に立って家族の思いや願いを考え，自分にできることを行動しようとする思い**を深めましょう。 それは，**家族の一員として，受け身ではなく，家族のことを考え，行動しようとする能動的な考え方への広がり**です。
中学校	**父母，祖父母を敬愛し，家族の一員としての自覚をもって充実した家庭生活を築くこと。**	（小学校の内容）＋**「家庭生活を築く主体として」** 小学校では，あくまでも，家族の中でお世話になっている自分でした。その中で，家族の気持ちや立場に立って考え，家族の一員としての自分にできることを広げてきました。 中学校は，「家庭生活を築く」とあるように，いよいよ**家族の一員として主体的に家庭生活を築いていく段階**です。それには，家族全体のことや家族それぞれの思いや願いを考え，自分も家族の一員として家族を支え，積極的に家庭という生活の場を築いていこうとする意欲や態度を育てることが求められます。**祖父母から見れば，バトンタッチの時期**なのです。

小・低学年

教材／中心発問例	指導上のポイント
おかあさんのつくったぼうし アンデルスは，どうしておかあさんがつくったぼうしをたいせつにしたのでしょう。	低学年の子どもたちは，家族からしてもらっていることを当たり前のように考えています。そこで，お母さんに作ってもらった帽子をアンデルスが大切にした理由を考えることで，**家族が自分のためにしてくれていることへの感謝の気持ち**を自覚できるようにしましょう。兄の考えと比較しながら，アンデルスが大切にした理由を話し合います。 また，「家族の役に立つ喜び」も，「家族のために頑張っていることをアンデルスに教えてあげましょう」などと押さえましょう。

出典：スウェーデンのむかしばなし　訳・吉田甲子太郎『きつねとぶどう』ポプラ社

中心発問の氷山モデル

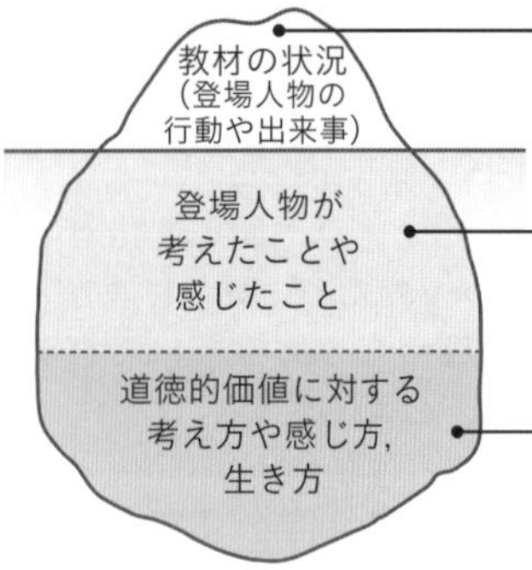
教材の状況
（登場人物の
行動や出来事）
登場人物が
考えたことや
感じたこと
道徳的価値に対する
考え方や感じ方，
生き方

状況理解レベル

・アンデルスは，お母さんが作った帽子を大切にした。

心情理解レベル

・大好きなお母さんが僕のために作ってくれた帽子。
・お母さんの優しい気持ちがいっぱい入っている，世界で一つだけの帽子。
・人にあげると，お母さんが悲しんでしまう。

道徳的価値レベル

・おうちの人は，自分たちのことを，優しい心でいっぱい大切にしてくれる。だから，自分も，大事にしてくれることにありがとうの気持ちをもつことが大切だ。
・大好きなおうちの人のために，自分も，喜んでもらえることをしよう。

小・中学年

教材／中心発問例	指導上のポイント
ブラッドレーのせいきゅう書 お母さんからのせいきゅう書を何度も読み返し，なみだでいっぱいになったブラッドレーは，どんなことを考えたのでしょう。	「お母さんは働いてお金を持っているから」「子どもは働いていないのでお金を取れない」といった意見が出るときがあります。「ブラッドレーは涙でいっぱいになったこと」を丁寧に範読し，**お母さんに対するブラッドレーの感謝や申し訳なさに気付く**ことができるようにした上で，お母さんの思いを考えさせましょう。 「どうしてお母さんは，0円で働くことができるのでしょう」と補助発問して，家族のために働く喜びや子どもが成長する喜びがあることに気付き，**家族はその喜びでつながっていることや，だからこそみんなで力を合わせることの大切さ**を自覚できるようにしましょう。

出典：作・グリュンベルク，訳・上村哲弥「子供と金銭教育」（『子供研究講座第九巻』）先進社

中心発問の氷山モデル

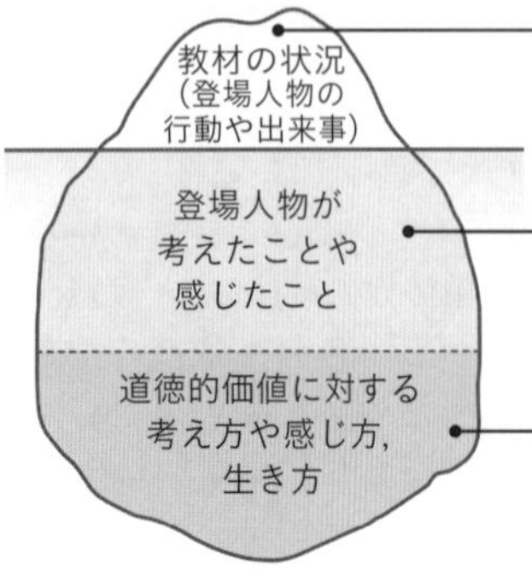
教材の状況
（登場人物の
行動や出来事）
登場人物が
考えたことや
感じたこと
道徳的価値に対する
考え方や感じ方，
生き方

状況理解レベル

・お母さんからの請求書を何度も読み返し，涙でいっぱいになったブラッドレー。

心情理解レベル

・お母さん，ごめんなさい。お母さんは，僕や家族のために一生懸命働いてくれていたんだ。
・僕も，お母さんや家族のためにできることを頑張るよ。

道徳的価値レベル

・家族は，みんなで力を合わせ，子どもの成長やみんなの笑顔を楽しみにして働いている。
・自分も，家族の一人としてできることをしよう。

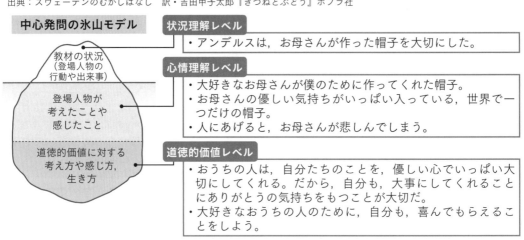

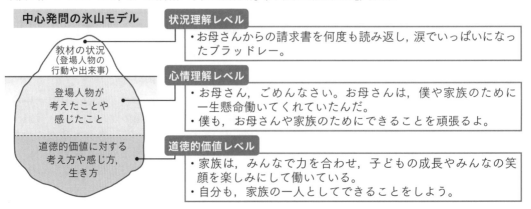

小・高学年

教材／中心発問例	指導上のポイント
はじめてのアンカー 「お父さん，待ってー」と父を追いかけるまきは，どんなことを考えていたのでしょう。	家族はお互いに支え合って生きています。「家族の一員である」ということは，支えてもらうばかりではなく，自分もまた，家族を支える一人であるということです。 中学年までは，子どもとして家族から守られ，支えられていることに感謝し，少しでも家族の役に立とうとすることを考えてきました。高学年では，この「家族の一員」の考え方を広げます。すなわち，**家族である父母や祖父母もまたそれぞれに思いや願いがあり，それに対して，「家族の一員」として，自分には何ができるのか**を考えていくのです。まきの胸がチクリと痛んだ理由を押さえ，中心発問につなぎましょう。

出典：作・上條さなえ『小学校　読み物資料とその利用―主として集団や社会とのかかわりに関すること―』文部省

中心発問の氷山モデル

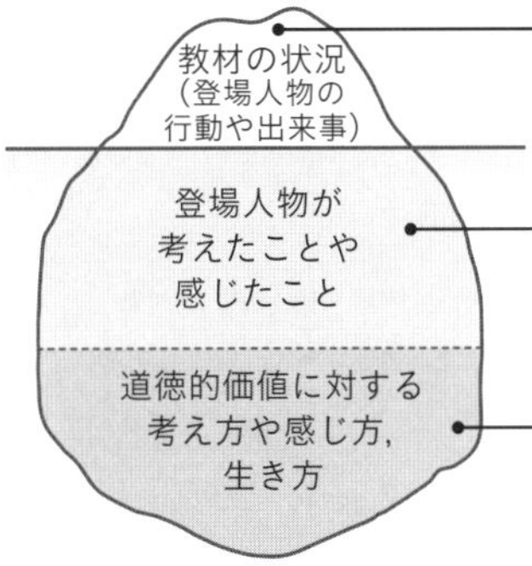
教材の状況
（登場人物の
行動や出来事）
登場人物が
考えたことや
感じたこと
道徳的価値に対する
考え方や感じ方，
生き方

状況理解レベル
- 「お父さん，待ってー」と父を追いかけるまき。

心情理解レベル
- 私は，自分のことばかり考えていた。
- お父さんにも，思いや願い，喜びがある。お父さんが笑顔でいられるよう，家族の一人として私にできることをしよう。自分は，子どもとして甘えていた。

道徳的価値レベル
- 家族それぞれに思いや願いがあり，それをかなえ，幸せな生活を送ることができるよう，家族みんなで力を合わせ，支えていくことが大切。自分も家族の一員として，家族のみんなの幸せを考えよう。

中学校

教材／中心発問例	指導上のポイント
一冊のノート 祖母と並んで草取りをしながら，「僕」は何を考えていたのでしょう。	中学校のねらいのポイントは，**「家庭生活を築く主体として」**です。ただし，まだ中学生ですから，父母の代わりにはなれません。でも，**祖父母とのバトンタッチの年代**になってきたのです。 家族は，遠い昔から，支え支えられの関係で連綿と続いている集団です。そして自分もまた，そのつながりの中にいるのです。小さい頃，全面的に支えてくれていた祖父母ですが，やがては自分が支えていくことになるのです。そして，家族が維持されていくのです。

出典：作・北鹿渡文照『中学校　読み物資料とその利用―主として集団や社会とのかかわりに関すること―』文部省

中心発問の氷山モデル

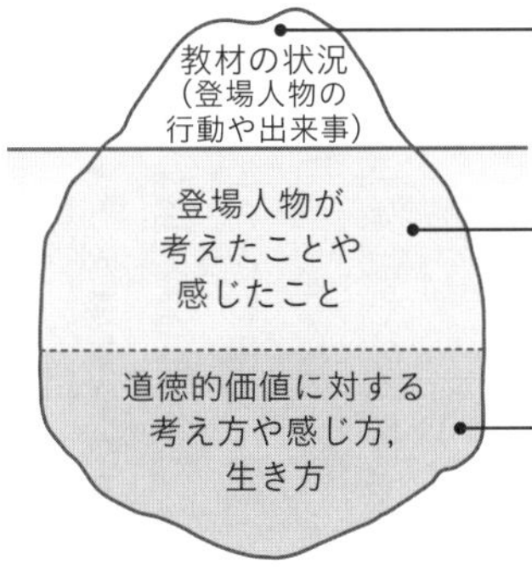
教材の状況
（登場人物の
行動や出来事）
登場人物が
考えたことや
感じたこと
道徳的価値に対する
考え方や感じ方，
生き方

状況理解レベル
- 「僕」は祖母と並んで草取りをした。

心情理解レベル
- おばあちゃん，ありがとうね。
- 心配しなくてもいいよ。僕もいるからね。
- 今度は，僕たちの番だね。

道徳的価値レベル
- 家族は，支え，支えられる関係にある。
- 最初は支えられていたものが，いつかは支える側となり，そしてまた支えられる側となる。
- こうして家族は，ずっとバトンをつなぎ，力を合わせて成り立っているんだ。

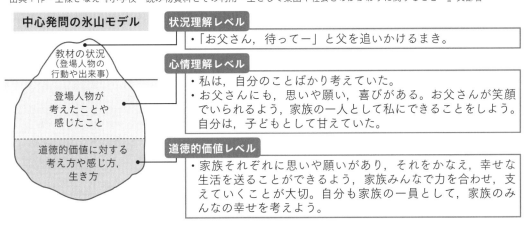

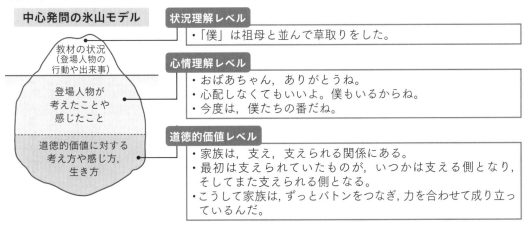

C 小／中 よりよい学校生活、集団生活の充実

子どもたちにとって、家族の次に出会う集団が、学級や学校です。ただし、家族はあまりに近過ぎることや小さな集団であることから、子どもたちがすぐにイメージできる集団と言えば、学級や学校でしょう。

我が国と欧米などの学級や学校との違いは、欧米の学級や学校は勉強を学ぶためという「機能体」の要素の強い集団であるのに対して、**我が国の学級や学校は機能体としての要素とともに、同じ学級や学校という集団の絆で結ばれ、みんなで生活を共にし、成長するという「共同体」の要素ももった集団**であると言われています。そのため、子どもたちにとっては、集団や社会と個の関係や集団生活の充実について考えるには、学級や学校が最も分かりやすい集団であると考えられます。

ポイント1 集団の一員として積極的に

発達の段階に合わせながら、自分は、学級や学校などの集団の一員であることや、自分もまた、その学級や学校などの集団をよりよいものにしていく存在であること、その力が結集して、自分たちのよりよい集団や社会の誇りが築かれ、さらにはその成員であることの誇りが生まれてくることを自覚できるようにしましょう。

特に、集団の中で、大勢いる成員の一人として受け身になっていては、集団に埋没した個になってしまいます。集団には様々な役割が必要であり、自分もまた、必ず何らかの役割をもって集団に参加しています。**様々な役割をもった一人ひとりが尊重されながら、主体的な参加と協力があるとき、よりよい集団がつくられる**のです。そして個は、自分の役割と責任を果たして自己有用感を高め、自己実現を図ることができるのです。様々な集団や社会との出会いの中で、それを自分の集団や社会として意識し、自分はその一員である自覚をもって積極的に関わっていこうとする態度を育てていきましょう。

ポイント2 校風をつくるのは自分たち

学級や学校に親しみ、一人ひとりが役割と責任を果たしていく中で、自分たちの学級、自分たちの学校という意識が育ちます。そして、学級や学校が子どもたちにとって準拠集団となっていく中で、その学級らしさや学校らしさが生まれてきます。それが学級や学校としての誇りとなり、また、その学級や学校に所属していることへの誇りとなります。

ちなみに、学校で言えば、「校風」と呼ばれるものです。校風は、先輩が築いてきた伝統的なものであると捉えられがちですが、**自分たちもまた、未来に向けて、校風をつくっていく主人公**なのです。

つまり、集団に対して、受け身ではなく主体となって参加し、活躍することによって、新たな校風が生まれてくるのです。

学校の人々や先輩たちに敬愛の念をもつとともに、自分たちもまた、素晴らしい学校をつくっていく主人公であることの自覚がもてるようにしましょう。

学年	「学習指導要領」の内容	発達の段階ごとのキーワードとポイント
小・低学年	先生を敬愛し，学校の人々に親しんで，学級や学校の生活を楽しくすること。	**「学校は楽しい」** 低学年は，学級や学校に対しては，まだ，自分と担任の先生との一対一という関係が優勢で，集団という意識は十分ではありません。 そこで，まずは担任の先生に尊敬と親しみの気持ちをもつことと，学校には担任の先生だけでなく，教職員や友達，上級生など，様々な人々がいることやその人たちと接することの楽しさや喜びに気付き，憧れや親しみをもって自分たちの学校という意識を高めることができるようにすることが大切です。
小・中学年	先生や学校の人々を敬愛し，みんなで協力し合って楽しい学級や学校をつくること。	（低学年の内容）＋**「自分たちの学級」** 低学年との違いは，敬愛の対象が学校の人々にも及んでいることと，学級や学校生活を「楽しくする」ことが，「つくる」となっていることです。 活動範囲の広がりとともに，学級の話合い活動や係活動などで学級生活の充実をみんなで進めてきた経験を基に，学校のみんなが学校をよりよくしようと支えていることや，自分たちも，学級をよりよくしようと頑張っていることの自覚が図れるように進めましょう。そして特に，「自分たちの学級」という意識やそのよさに注目できるようにしましょう。
小・高学年	先生や学校の人々を敬愛し，みんなで協力し合ってよりよい学級や学校をつくるとともに，様々な集団の中での自分の役割を自覚して集団生活の充実に努めること。	（低，中学年の内容）＋**「自分たちの集団や学校らしさ」** 高学年の子どもたちは，学校や地域の集団においては，集団を支える機会が増え，自分たちの学校や集団という意識がますます高まります。また，高めることが大切です。 そして，自分の置かれている立場や役割を意識しながら，自分たちの学校や集団をよりよく発展させることは，成員一人ひとりの力を合わせ，チームとして取り組んでいくことによって達成できることなどを自覚し，活躍できるようにしていくことが求められます。 高学年として学校や集団をリードした経験を基に，自覚を深めていきましょう。
中学校	教師や学校の人々を敬愛し，学級や学校の一員としての自覚をもち，協力し合ってよりよい校風をつくるとともに，様々な集団の意義や集団の中での自分の役割と責任を自覚して集団生活の充実に努めること。	（小学校の内容）＋**「校風や集団の誇りをつくる」** 中学生ともなれば，様々な集団に属しています。その集団には色々な形，目的や意義があります。その一員であることに愛着をもち，その集団をさらによりよい集団にしていこうとする役割と責任は自分にもあることを意識できるようにしましょう。 集団の中の役割には，目立つものもあれば陰となるものもあります。それらの役割に軽重を付けることは，役割しか見ていない狭い捉えです。一つ一つの役割があるからこそ，集団としての共通の目的や目標に向かい，様々な役割をもった成員が力を合わせることができます。そして，それぞれの責任を果たして協働するとき，成員間には信頼関係が築かれ，集団としての大きな成果が得られます。それはやがて，その集団や成員の誇りとなるのです。 集団と個の両方を捉える視点が大切です。

小・低学年

教材／中心発問例	指導上のポイント
たのしいがっこう みんながにこにこしているのは，どうしてでしょう。	初めての小学校，初めての道徳科の授業に臨む子どもたちです。**学校は楽しいところで，みんなで遊んだり，勉強したりする楽しさがいっぱいある**ことについて，実感や期待ができるような展開にしましょう。 絵を見て気付くことをどんどん出させます。その中から，みんながにこにこしている理由を考えさせます。子どもたちの意見の中から，特に，先生や友達，上級生のお兄さんやお姉さん，楽しい勉強や遊びなど，**人とのつながりや学校生活の充実に結びつく理由**が出たらさりげなく立ち止まり，自覚を深めさせましょう。

出典：作・編集委員会『小学道徳 生きる力1』日本文教出版

中心発問の氷山モデル

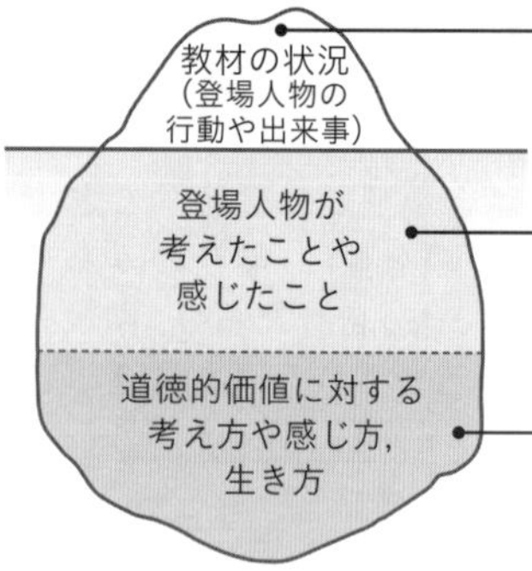
教材の状況
(登場人物の
行動や出来事)
登場人物が
考えたことや
感じたこと
道徳的価値に対する
考え方や感じ方,
生き方

状況理解レベル
- 学校のみんながにこにこしている。

心情理解レベル
- 勉強したり，遊んだりするのが楽しいし，楽しみ。
- 友達がいっぱい増えてうれしい。
- 先生やお兄さん，お姉さんが待ってくれていて，優しくしてくれる。

道徳的価値レベル
- 学校には，先生や友達，お兄さんやお姉さんがいっぱいいて，楽しい生活が待っている。
- 学校には色々な楽しいことがある。勉強や遊びを，自分も一生懸命頑張っていこう。

小・中学年

教材／中心発問例	指導上のポイント
学級しょうかい 「すばらしい学級」の放送を見ながら，みんなはどんなことを思っていたでしょう。	**自分たちの学級は，自分たちの力を合わせて頑張れば色々なことができることを自覚できる**ようにしましょう。そして，**自分たちの学級の自慢できるところをいっぱい増やしていこうとする意欲**を高めましょう。 授業の最初に「自分たちの学級を素晴らしい学級にするには，どんな考え方が大切でしょう」といった問いを投げ掛けるのもよいでしょう。

出典：作・編集委員会『小学道徳 生きる力3』日本文教出版

中心発問の氷山モデル

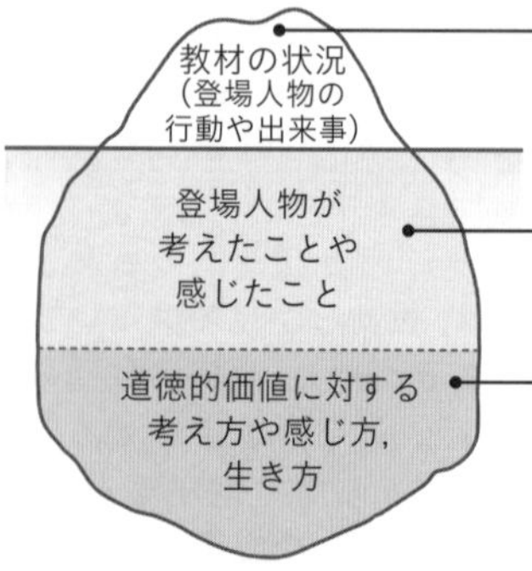
教材の状況
(登場人物の
行動や出来事)
登場人物が
考えたことや
感じたこと
道徳的価値に対する
考え方や感じ方,
生き方

状況理解レベル
- みんなで，「すばらしい学級」の放送を見た。

心情理解レベル
- みんなで頑張ってよかった。心を一つにしたから跳べたんだ。世界で一番素晴らしい学級になったかな。
- これからもみんなで力を合わせて，色々なことに挑戦していきたいな。

道徳的価値レベル
- 自分たちの学級は，心を一つにし，みんなで力を合わせたら難しいこともできるようになる。
- 自分たちの学級を素晴らしい学級にするには，学級の一人ひとりが力を合わせて頑張ることが大切だ。
- 自分たちの学級も，自慢できることをいっぱいつくっていきたいな。

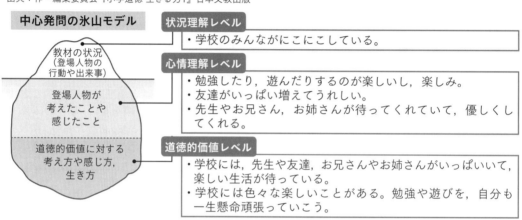

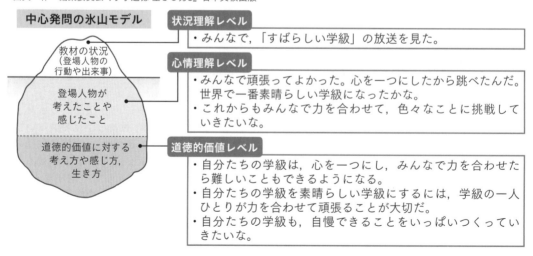

小・高学年

教材／中心発問例	指導上のポイント
森の絵 文男の「だれかがやらないと，げきにならないじゃないか」という言葉に，えり子はどんなことを考えたのでしょう。	**文男の言葉を聞く前と聞いた後の，えり子の心の中を対比**させ，その違いからねらいに迫りましょう。 「みんなで一つのことを成し遂げるとき，どのような考え方が大切なのでしょう」といった問いを投げ掛け，追求していくのもよいでしょう。 「勝手なことをしない」という意見に対しては，「なぜ勝手なことをしないことが大切なのか」などの問い返し発問も大切です。

出典：作・塚野征『小学校　読み物資料とその利用―主として集団や社会とのかかわりに関すること―』文部省

中心発問の氷山モデル

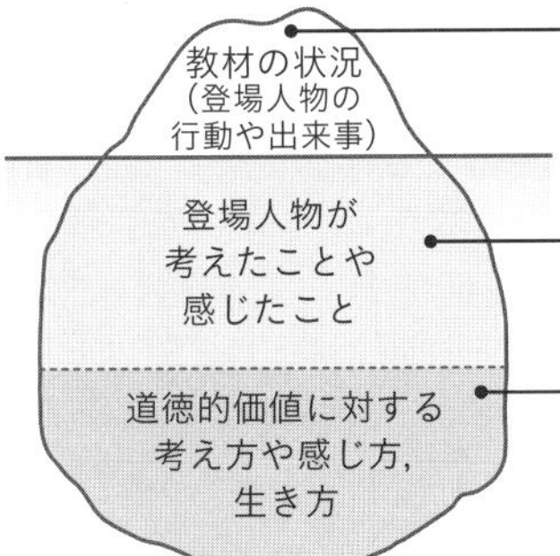

状況理解レベル
- 文男の言葉が，えり子の心の中をかけめぐった。

心情理解レベル
- 自分は，目立つ役や係ばかりを考えていた。劇をするには，目立たないけれど大事な役や係があって，それを誰かがしないと劇はできない。
- 自分のことばかりを考えていた。みんなで，この学級にしかできない劇をつくっていくんだ。

道徳的価値レベル
- みんなで物事を行うには，それぞれが役割をもち，力を合わせることが大事。その役割には，よいも悪いもなく，すべてが大切なもの。
- 一人ひとりが主役であり，役割を自覚して力を合わせたら，自分たちらしい集団ができあがる。

中学校

教材／中心発問例	指導上のポイント
明かりの下の燭台 鈴木さんは，どんな思いでマネージャーをやり通したのでしょう。	中学校です。**それぞれが役割を担うことで，集団や自分自身の誇りをつくっていくことになる**ことを考え合いましょう。「ぐちを言わないことによって，人に知られなくとも，自分をおとしめず，ほこり高い一人の女性として，鈴木恵美子はここに存在している」という言葉の意味を考えさせたいですね。

出典：作・大松博文『なせば成る！　続・おれについてこい』講談社

中心発問の氷山モデル

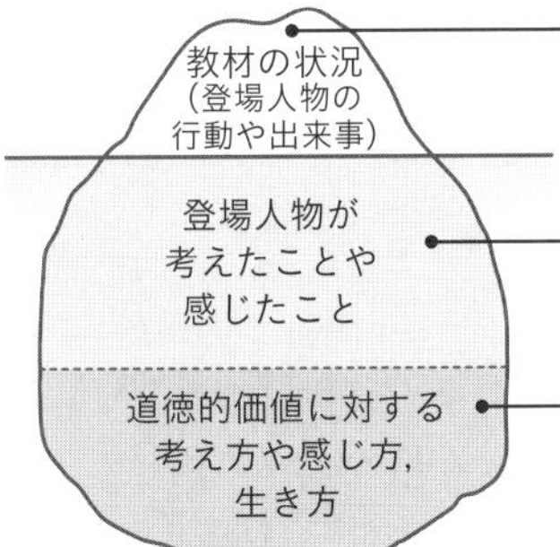

状況理解レベル
- 鈴木さんは，マネージャーを引き受け，やり通した。

心情理解レベル
- チームの一員として，チームの勝利を一番に頑張る。
- 選手を支える役割の者がいないとチームは成り立たない。
- ぐちを絶対に言わない。自分がこの役割をやり通すことが，自分にとってチームに貢献できることだ。

道徳的価値レベル
- 集団には，目立つ役割と陰で支える役割の両方がある。どちらが優れているのかという問題ではなく，どちらもが集団の成功に重要で，集団の誇りをつくっていくことに貢献することになる。
- 自分の役割を受け入れ，それに徹することが，集団の一員として貢献した証しとなり，本人にとっては大きな成長や誇りを得ることができる。

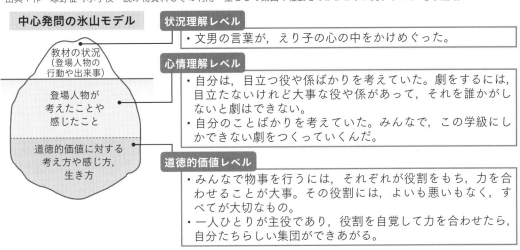

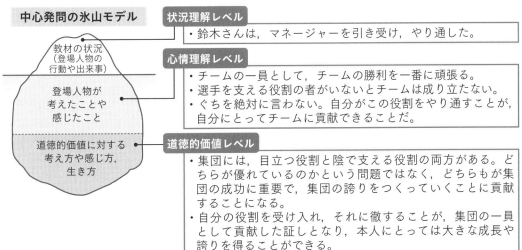

C 小 伝統と文化の尊重、国や郷土を愛する態度
中 郷土の伝統と文化の尊重、郷土を愛する態度

郷土とは、自分が生まれ育ったところです。郷土は、その人の生き方や人生に大きな影響を与えるとともに、精神的な支えとなるものです。**郷土に親しみや愛着をもつとともに、自分もまた、郷土の発展に尽くしていこうとする態度**を育てましょう。さらに、その態度を、郷土から国へと広げることで、国を愛し、さらによりよくしていこうとする態度を育てることにつながります。

ポイント1 郷土を愛する心には、人が関わっている

私たちが自分の郷土に対して親しみや愛する心を抱くとき、郷土の風景が頭をよぎります。だからといって、郷土の山や川、建物があるから親しみや愛する心を抱くかと言えば、必ずそこには、お世話になった人や支えてくださった人がいます。共に汗を流し、笑い合ったり、悲しみに浸ったり、苦しいことを一緒に乗り越えたりした友達や先輩、後輩がいます。その思い出が、自分の郷土に対する親しみや愛する心へとつながっているのではないでしょうか。

授業においても、**郷土の「もの」や「こと」だけに留まるのではなく、そういった、自分自身を取り巻く人々、自分自身と関わった人々とのつながり**をしっかりと押さえながら進めていきましょう。このことが、集団や社会の中の自分という意識を育て、さらには、その一員として自分たちもまたその発展に尽くすことや、自分たちがつくっていくことの意識へとつながるのです。

ポイント2 親しみや愛着から、形成者へ

郷土を大切にすることとは、親しみや愛着をもつだけでなく、郷土や国の一員であることの意識、さらには、**郷土や国をよりよいものへと発展させていく主体や形成者であることの意識**へと深めることができるようにしましょう。特に、発達の段階を考慮しながら、低学年から積み重ねていくことが大切です。

「ふるさと」は、そこを離れて見たときにその値打ちが分かると言われています。離れたとき、初めて、ふるさとが自分の心の中にある支えとなっていることが分かるからでしょう。そう考えたとき、小、中学生にとっては、当然、郷土を離れて見ることには難しさがあります。

そこで、**家庭→学校→郷土→国といった広がりで考えさせる**のはどうでしょうか。これらの共通点は、先人たちが築いてきてくれた集団や社会であること、自分はその集団や社会の一員であることと、それらをよりよい集団や社会にしていく役割や責任は当然自分にもあること、そして、その集団や社会のよさは自分たちの力によってつくられていくという意識の大切さです。

なお、当然、**伝統と文化、国や郷土を愛する態度は、自分たちが一番優れていると捉えたり、排他的で偏狭な考えになってしまったりしないことが大切**です。様々な伝統や文化、国や郷土があるからこそ、私たちは互いに学び合い、豊かに過ごせることを忘れてはなりません。

学年	「学習指導要領」の内容	発達の段階ごとのキーワードとポイント
小・低学年	**我が国や郷土の文化と生活に親しみ，愛着をもつこと。**	**「私たちの自慢」** 低学年の子どもたちにとって，郷土やふるさとといった意識はまだなく，私たちの町や住んでいるところ，家の近くの場所や建物といったものでしょう。そこから，自慢できるところを探すことで，親しみや愛着をもつことができるようにします。 そのとき，その町や場所，建物などをきれいにしたり，大切にしたりしてくれている人々の様子や努力に気付かせましょう。 さらに，昔遊びや季節行事などの我が国の文化や自然についても取り上げ，それらに対して「面白いな」「楽しいな」「みんなが大好きなんだ，自慢したいな」などの自覚がもてるようにしましょう。
小・中学年	**我が国や郷土の伝統と文化を大切にし，国や郷土を愛する心をもつこと。**	（低学年の内容）＋**「自分たちの地域」** 活動的になる学年です。地域の行事やお祭りなどに出掛ける機会が増え，自分から行きたいと思って参加することも多くなるでしょう。親しみや愛着から一歩進め，地域や我が国の伝統や文化を大切にしてきた人々の思いを考えたり，進んで活動に参加しようとする思いを高めたりしていきましょう。
小・高学年	**我が国や郷土の伝統と文化を大切にし，先人の努力を知り，国や郷土を愛する心をもつこと。**	（低，中学年の内容）＋**「伝統や文化にある先人の思い」** 高学年になると，我が国の国土や産業，歴史などの学習が進みます。自分たちの地域や郷土に限らず，広く我が国に受け継がれている伝統や文化について直接，あるいは教科等の学習を通じて触れる機会もあります。そこで，それらを育んできた先人などの思いや生き方について考え，伝統や文化を尊重するとともに，自分たちも，受け継ぎ発展させていく存在であることの自覚を深めるようにしましょう。 特に，先人などの強い思いを支えているものは，先人の努力によって受け継がれた自分たちの地域や郷土，我が国への愛着や絆，発展への願いであったり，次代につないでいきたいという情熱や郷土の一員としての使命感であったりするのでしょう。
中学校	（郷土の伝統と文化の尊重，郷土を愛する態度） **郷土の伝統と文化を大切にし，社会に尽くした先人や高齢者に尊敬の念を深め，地域社会の一員としての自覚をもって郷土を愛し，進んで郷土の発展に努めること。** ※「我が国」に関わるポイントはp.107をご覧ください。	（小学校の内容）＋**「地域社会の形成者」** 小学校の段階にはない「地域社会の一員としての自覚」や「発展に努める」という文言の追加は，中学生にはすでに地域社会の担い手・形成者としての期待があるということでしょう。 自分が住む郷土や地域を見渡したとき，当たり前に思っているものの中に，多くの先人や地域の人たちのたゆまぬ努力や思いによって築かれ，受け継がれてきたものがいかに多いか驚くことがあります。 このことに自覚し，敬うとともに，単にものや場所で留まるのではなく，そこに隠れていて普段は気付かない先人や地域の人たちの思いを改めて考え，次は自分たちの番としてバトンが回ってきていることを自覚し，自分たちも引き継いでいこうとする意欲を高めていくことが大切です。

小・低学年

教材／中心発問例	指導上のポイント
ぎおんまつり 「ぼく」は，ほこの上でかねをたたきながら，どんなことを思っているでしょう。	授業の導入では，「みんなの町には，どんなお祭りや行事がありますか。お祭りや行事に参加したら，どんな気持ちでしょう」と，自分たちの経験に結び付けて考えさせ，教材につなぎましょう。 **みんなでお祭りや行事を大事にしていることや，その一人として参加していることの楽しさや自慢**などを振り返らせ，交流しながら自覚を深めていきましょう。

出典：作・植田清宏『小学校　文化や伝統を大切にする心を育てる』文部省

中心発問の氷山モデル

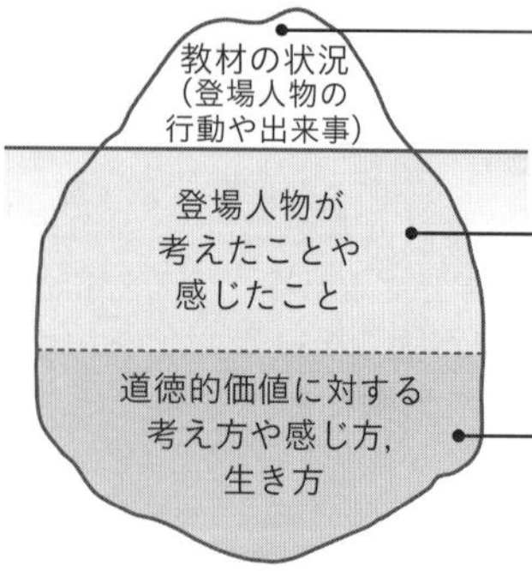

教材の状況
（登場人物の
行動や出来事）
登場人物が
考えたことや
感じたこと
道徳的価値に対する
考え方や感じ方，
生き方

状況理解レベル

・祇園祭の鉾の上でかねをたたいている「ぼく」。

心情理解レベル

・頑張ってよかったな。来年もしたい。
・お父さんと同じようにかねをたたけてうれしい。
・みんなに見てもらえてうれしいな。町のみんながお祭りを大切にしているし，楽しみにしている。

道徳的価値レベル

・それぞれの町には，地域の人たちが大切にしてきたお祭りや行事があって，みんなが楽しみにしている。
・他の町の人に自慢したいな。
・お祭りや行事に参加することで，その町の人になったような気分になる。

小・中学年

教材／中心発問例	指導上のポイント
ふろしき ふろしきの使い方を知った「わたし」は，どんなことを思ったでしょう。	子どもたちは，普段の生活の中で風呂敷を使ったことや見たことがほとんどないと思われます。実物を用意し，**体験的な活動として実際に包んでみることで，その便利さや楽しさを実感**し，風呂敷に対する考えを広げたり深めたりすることができるでしょう。 授業の最初に「日本に古くから伝わる道具にはどのようなものがあるでしょうか」と問うことで，風呂敷に留まることなく，日本の文化や伝統のものに関心を広げることができるでしょう。

出典：作・村岡節子『小学校　文化や伝統を大切にする心を育てる』文部省

中心発問の氷山モデル

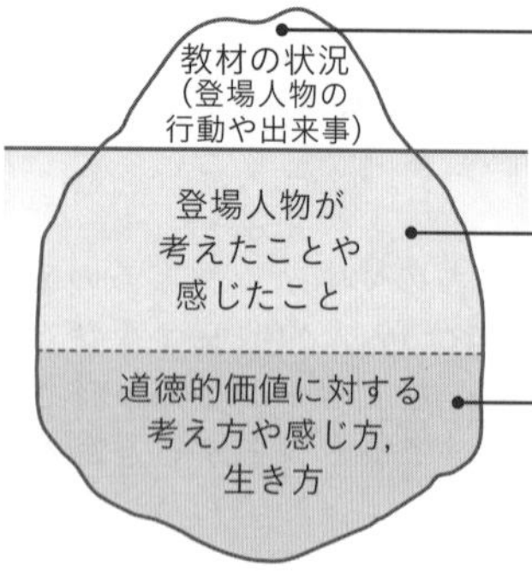

教材の状況
（登場人物の
行動や出来事）
登場人物が
考えたことや
感じたこと
道徳的価値に対する
考え方や感じ方，
生き方

状況理解レベル

・「わたし」は，ふろしきの使い方を知った。

心情理解レベル

・面白いな。昔の人はすごいな。便利なものを使っていたんだな。今度，私も使ってみよう。
・他にも，日本で古くから使われている道具には何があるだろう。

道徳的価値レベル

・日本には，古くから使われてきて便利なものがたくさんある。昔の人たちは，それを大事にし，若い人たちに伝えてきた。もっと見つけてみたい。
・外国にも，その国で古くから使われてきた道具があるだろう。知りたいな。

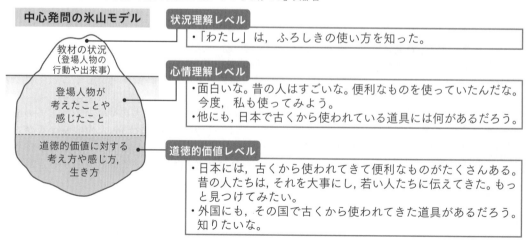

小・高学年

教材／中心発問例	指導上のポイント
天下の名城をよみがえらせる ―姫路城― 祖父の話を聞き終え，もう一度，姫路城をじっと見つめるひろみは，どんなことを考えていたのでしょう。	ふるさとの宝は，地域や郷土のみんなの思いがいっぱい込められたものです。そして，後生に残していくために，大変な苦労をしながら引き継がれています。 これらのことを，ひろみを通じて考えましょう。そして，自分たちの地域や郷土にはどのようなものがあるのかを考え，自分たちもまたその継承者でありたいという思いを深めていきましょう。

出典：作・編集委員会『小学道徳 生きる力6』日本文教出版

中心発問の氷山モデル

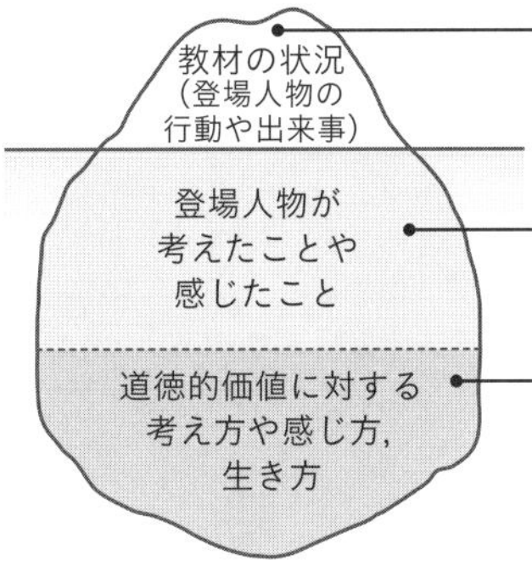
教材の状況
（登場人物の
行動や出来事）
登場人物が
考えたことや
感じたこと
道徳的価値に対する
考え方や感じ方，
生き方

状況理解レベル

・ひろみは，祖父の話の後，再度，姫路城をじっと見つめた。

心情理解レベル

・たくさんの人たちが，姫路城の修理に関わったんだ。姫路城は，みんなの宝物だし，誇りだ。
・みんな，姫路城を，未来に残そうとしていたんだ。私も，姫路城を大切にするために，自分にできることをしよう。

道徳的価値レベル

・地域や郷土には，先人の思いが込められた伝統や文化財がたくさんある。それらには次の世代に残していきたいという強い思いや願いが込められている。
・自分たちも，それを引き継いでいく一人だ。

中学校

教材／中心発問例	指導上のポイント
和樹の夏祭り 「俺らの祭り」という剛の一言が引っ掛かった和樹は，どんなことを考えていたでしょう。	小学生から成長した中学生は，いよいよ地域や郷土の先人の思いや願いを引き継ぎ，発展させていく年代に入ります。地域に対する和樹の向き合い方と剛の向き合い方とを比較し，ねらいに迫りましょう。 また，「みんなで力を合わせて地域を発展させていくために大切なことは何か」を考え合い，先人や高齢者への尊敬や感謝の心，地域への誇りの大切さについても押さえましょう。

出典：『中学校 心の元気II』広島県教育委員会

中心発問の氷山モデル

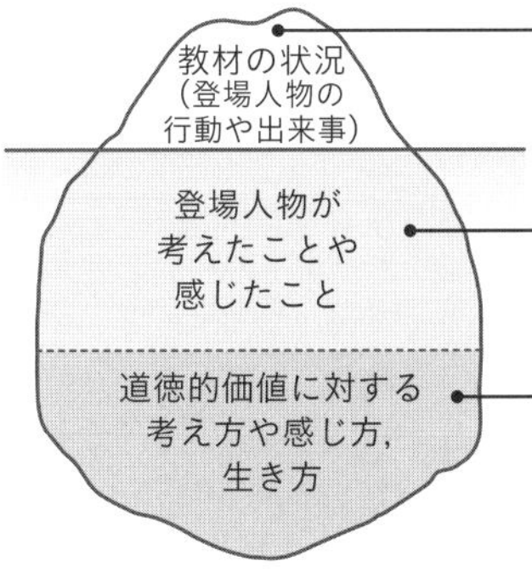
教材の状況
（登場人物の
行動や出来事）
登場人物が
考えたことや
感じたこと
道徳的価値に対する
考え方や感じ方，
生き方

状況理解レベル

・和樹は，「俺らの祭り」という剛の一言が引っ掛かった。

心情理解レベル

・自分は，地域のことを人任せにばかりしていた。
・自分たちで作り上げてこそ，地域の祭りの楽しさがある。
・自分たちの地域なんだから，自分たちが動いて何とかしなければ，人任せでは誰もしない。

道徳的価値レベル

・地域や郷土を，よいものへと充実，発展させていく当事者は，自分たちである。
・これまで，先人や地域の人は地域や郷土のために尽くしてきてくれた。人任せにして「してもらう」と考えるのではなく，自分たちでつくっていく，変えていくという気概をもって，みんなで協力し，自分たちの地域を発展させていこう。

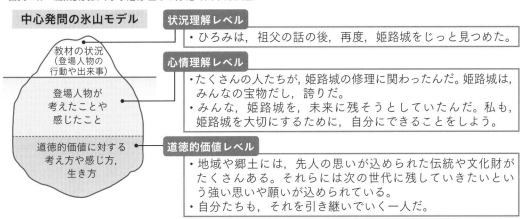

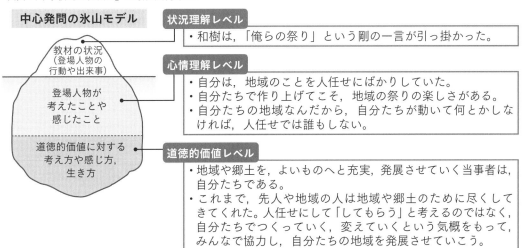

C 中 我が国の伝統と文化の尊重、国を愛する態度

地域社会や郷土を、国という視点で捉えたとき、この内容項目である「我が国の伝統と文化の尊重、国を愛する態度」へと広がっていきます。小学校では、地域社会や郷土と国とを一つの内容項目として捉えていますが、中学校では分けて扱っています。

ポイント1 それぞれの国や地域の文化の認め合い

中学校の「学習指導要領解説」にも、「内容項目に規定している『国』や『国家』とは、政府や内閣などの統治機構を意味するものではなく、歴史的に形成されてきた国民、国土、伝統、文化などからなる、歴史的・文化的な共同体としての国を意味しているものである」とあります。そして、「国を愛することは、偏狭で排他的な自国賛美ではなく、国際社会と向き合うことが求められている我が国の一員としての自覚と責任をもって、国際貢献に努めようとする態度につながっている」とあります。

世界中には、様々な国や地域があり、それぞれに固有の伝統や文化があります。それらは、その国や地域の先人をはじめとする多くの人々によって大切にされ、引き継がれてきました。今ある伝統や文化は、これまでの人々の熱い思いや努力によって脈々と受け継がれて存在するものであり、そこにそれぞれの伝統や文化の重さや値打ちがあります。当然、**それぞれの伝統や文化の重さや値打ちは、比べるものではなく、尊重し合うもの**です。

グローバル化が進み、人と人との交流が活発になることは、それぞれの国や地域の伝統や文化の違いがなくなることではありません。それぞれの国や地域の伝統や文化を認め合い、交流する中で、それぞれの国や地域の伝統や文化のよさや自分の国のものとの違いに気付き、さらに発展させていくことが大切です。そのためには、**自国の伝統や文化、そのよさについてしっかりと自覚した上で、相互理解の姿勢で接していくことの大切さ**についても考えられるようにしましょう。このことは、日本で学ぶ他国の子どもたちにとっても同じことです。

ポイント2 身近にある伝統と文化

我が国の長い歴史を通じて、我が国の風俗や慣習、芸術などが培われ、引き継がれてきました。普段、生活をしている中では、これらの伝統や文化は当たり前のこととして気に留めることはあまりありません。しかし、これらの**伝統や文化は、先人のたゆまぬ努力や情熱によって発展してきたもの**です。このことを、まず自覚できるようにしましょう。さらに、**それらを次代に引き継いでいくということは、これまで培われた伝統や文化を踏まえながら、さらに発展させていくこと**です。私たち一人ひとりは、その主体者でもあることの自覚が大切です。

当たり前に思って見過ごしている我が国の風俗や慣習、芸術などに、ふと立ち止まり、それらのよさや、それらを支えてきた人々の思いや願いについて考えてみましょう。

学年	「学習指導要領」の内容	発達の段階ごとのキーワードとポイント
中学校	**優れた伝統の継承と新しい文化の創造に貢献するとともに，日本人としての自覚をもって国を愛し，国家及び社会の形成者として，その発展に努めること。**	（小学校の内容）＋**「我が国の形成者」** 我が国の伝統や文化への親しみや愛着を深め，その素晴らしさやよさを知ることや，それらを支えてきた人々の思いや願いに思いをはせること，他の国や地域の伝統や文化のよさにも注目することが，伝統の継承と新しい文化の創造，国を愛する態度につながります。 **我が国の文化や社会を，よりよいものに形づくっていく担い手は自分たちであり，そのためには日本のことをしっかりと学ぶことも大切である**といった自覚がもてるようにしましょう。

中学校

教材／中心発問例	指導上のポイント
さよなら，ホストファミリー ソニアとの会話を通して，日本人としての意識が深まっていった知子は，どんなことを考えていたでしょう。	国際社会の中で，日本人はなかなか自分の国のことを伝えていくのが不得意であるということをよく聞きます。その原因の一つとして，日本人自身が日本のことを知らな過ぎるということがないでしょうか。**国際社会の中でお互いが理解し合い，連帯していくためには，自国の理解と他国の理解の両方が欠かせないのです。**また，**「日本人として，我が国をどのように発展させていきたいと考えているのか」**も問われるところです。 これらのことを，知子の経験を通じて，みんなで考えていきましょう。

出典：作・坂口幸恵『中学校　読み物資料とその利用―主として集団や社会とのかかわりに関すること―』文部省

中心発問の氷山モデル

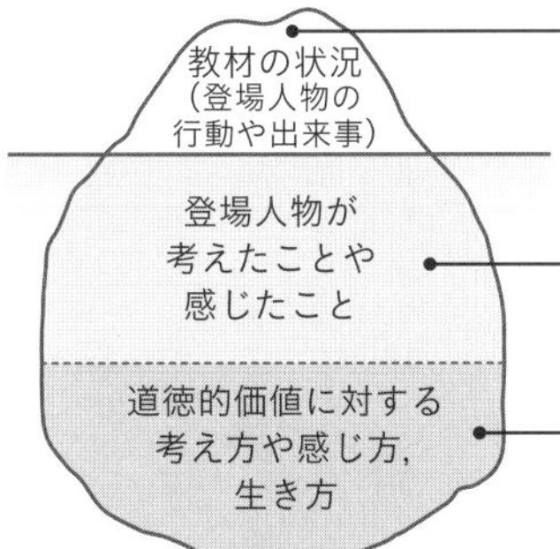
教材の状況
（登場人物の
行動や出来事）
登場人物が
考えたことや
感じたこと
道徳的価値に対する
考え方や感じ方，
生き方

状況理解レベル

- 知子は，ソニアとの会話を通して，日本人としての意識が深まっていった。

心情理解レベル

- 自分は，自分の国のことをあまり知らなかった。
- それぞれの国に，その国のよさやその国らしさがある。それを理解し合うためには，自分が日本のよさや日本らしさを知っておくことが大事。
- 自分は，日本人として，日本のことについて考えたこともなかった。でも，外国に出たら私は日本人として他国の人たちと付き合っていくのだから，日本のことを知ることと，どのような国にしていきたいかという思いをもつことはとても大事。

道徳的価値レベル

- 我が国をよくしていくのも，発展させていくのも私たちである。日本のよさや日本らしさを知り，それを伝え，発展させていくことには，私たち日本人にその責任と役割がある。
- その責任と役割を果たすことで，国と国，人と人同士が，お互いを認め合い，さらに理解し合える。

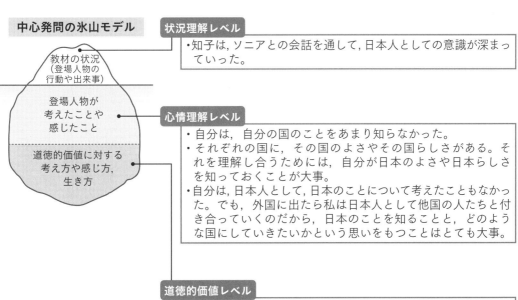

C 小 国際理解、国際親善 中 国際理解、国際貢献

Cの視点「主として集団や社会との関わりに関すること」の内容の中で、最も大きな集団や社会についての考え方です。グローバル化が進展する中、他国の人たちと接する機会はどんどんと増えています。何より、インターネットの普及は、世界との距離を一気に縮めました。国際理解や国際親善は、今日の重要な課題です。

ポイント1 地球家族

Cの視点では、子どもたちが経験する集団や社会を、家族→学級・学校→地域→国→世界という広がりで捉えています。このように考えると、「家族」は、これらのベースとなるものとして考えることができます。それが、「地球家族」です。

世界には、多くの国や地域があり、それぞれの国や地域には独自の伝統と文化があります。他の国や地域を、自分たちとは違う集団として捉えたとき、「自分たちさえよければ」と、集団の間に距離が生じます。しかし、現実は、インターネットの普及をはじめ、地球温暖化や感染症の広がりなど、特定の国や地域だけの問題で留まらず、一気に世界全体に広がる問題がどんどんと現れてきています。

様々な課題を他人事に捉えるのではなく、同じ地球に住む「地球家族」の一員として、お互いに思いやりの心をもち、文化の違いや利害を超えて力を合わせ、支え合い、助け合っていくという考え方への広がりや深まりを大切にしましょう。

ただし、たとえ家族と言っても、お互いのことや置かれている状況を知らなければ支え合いも助け合いもできません。案外、知らないことによって生じるズレや問題は大きいものです。世界の多様性の尊重や共生のために、国際理解は最も基本となるものです。

また、小学校が「国際親善」で、中学校は「国際貢献」となっています。**小学生は親しみや友好を深め、中学生になれば、世界の平和と人類の発展のために自分にできることで貢献しようとするところまで高めていく**ためです。

ポイント2 人間としての在り方や生き方を基本に

一方、国と国の関係は、家族のようにはいかないことが多くあります。利害が絡んでくるからです。そして、利害が絡むと、いわゆる「自国第一主義」に陥りがちです。

しかし、先述のように、世界で勃発している多くの問題は、一つの国や地域だけで解決するほど単純なものではありません。**お互いが大所高所に立ち、理解し合い、助け合っていく**ことがこれからの時代には欠かせません。そのときに基本となるのは、思いやりや相互理解、寛容、社会正義の心といった、人間としての在り方や生き方になるのではないでしょうか。マザー・テレサの心は、困っている人がいたら放っておけないという、誰もがもつ思いやりの心です。**国や地域によってものの見方や考え方、生活習慣などが違っても、同じ人間として尊重し合い、協力し合う態度**が大切です。このことが、地球上の誰一人として取り残さず、個人がもつ豊かな可能性を実現できる社会づくり（SDGs）にもつながるのです。

学年	「学習指導要領」の内容	発達の段階ごとのキーワードとポイント
小・低学年	**他国の人々や文化に親しむこと。**	**「他国と接する楽しさや親しみ」** 低学年の子どもたちにとって，自国と他国の文化の違いを明確に区別することは難しいでしょう。そこで，他国の人々と交流したり文化に触れたりしたことを思い出したり話し合ったりすることを通して，他国と接する楽しさや親しみを感じることができるようにすることが，国際理解のスタートになるものと考えます。
小・中学年	**他国の人々や文化に親しみ，関心をもつこと。**	（低学年の内容）＋**「文化の違い」** 中学年になると，外国語活動などで，自分たちの身の回りにある他国の文化や特徴に気付き，自分たちからも積極的に接していこうとする意欲も高まってきます。そこで，他国の人々や文化に，さらに親しみをもつことができるようにしながら，自分たちの国の文化と他国の文化との共通点や相違点，それぞれのよさを感じることができるようにしましょう。 そして，自分たちがそうであるように，他国の人々もそれぞれの文化を大事にして生活していることや，自分たちの国と他国にはつながりや関わりがたくさんあることなどに気付くことができるようにしましょう。
小・高学年	**他国の人々や文化について理解し，日本人としての自覚をもって国際親善に努めること。**	（低，中学年の内容）＋**「国際親善は自分から」** 高学年になると，社会科や外国語科，総合的な学習の時間などでの学習経験も増え，他国への関心や理解が一層高まります。また，他国の人々と接する機会も増えることから，自分たちの文化との違いも認識できるようになります。 そこで，国際理解を深め，国際親善に努めようとする態度を育てていきましょう。他国の人々もまた，それぞれの国の伝統と文化に愛着や誇りをもって生きていることや，自分たちも日本人として我が国の伝統と文化を理解し，誇りをもって接することが大切であることを自覚できるようにしましょう。 そして，自分たちにできることを考え，進んで他国の人々と接していくことが，ものの感じ方や考え方，生活習慣，文化の違う他国の人々との国際親善につながることなどに気付くことができるようにしましょう。
中学校	**世界の中の日本人としての自覚をもち，他国を尊重し，国際的視野に立って，世界の平和と人類の発展に寄与すること。**	（小学校の内容）＋**「同じ人間として自分にできること」** 中学生にもなると，世界の話題や国際問題についての知識も増え，関心も高くなってきます。また，音楽やダンス，スポーツなどの分野で，他国の人々や文化についての理解も深まり，同時に，日本人としての意識をもって関わるようにもなってきます。 そこで，世界の平和と人類の発展に寄与した先人たちの生き方なども参考に，国と国という一対一の関係だけでなく，地球家族や同じ人間同士という高い視野から，国際貢献を支えているのは，国際的な視野に立つことや同じ人間として尊重し合う態度，思いやりや相互理解，寛容，社会正義などの心であることや，自分も世界の平和や人類の発展に大いに貢献できる可能性があることを自覚できるようにしましょう。

小・低学年

教材／中心発問例	指導上のポイント
学校へいくとき ソニアさんとかおを見あわせてわらった「ぼく」は，どんなきもちでしょう。	言葉が違っていても，お互いに友達になりたいという思いがあれば親しくなれることや，親しくなって心が通じ合うことはとてもうれしく楽しいことを押さえましょう。そして，他国の友達だけでなく，身近なところから，他国の食べ物や映画，スポーツなど，子どもたちの知っていることを出させ，親しもうとする意欲を高めていくことができるようにしましょう。

出典：作・編集委員会『小学道徳 生きる力1』日本文教出版

中心発問の氷山モデル

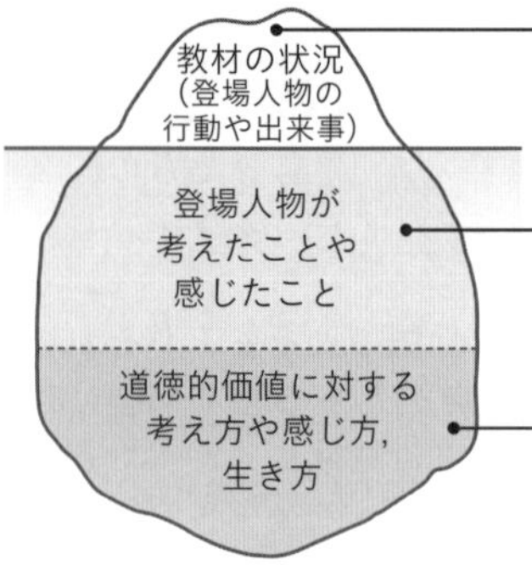

状況理解レベル
- 「ぼく」は，ソニアさんと顔を見合わせて笑った。

心情理解レベル
- 気持ちが通じてよかった。
- ソニアさんが，覚えたばかりの日本語で「おはよう」と言ってくれてうれしい。

道徳的価値レベル
- 他国の友達と親しくなるのは，とてもうれしいことだ。
- 他国の人も友達になることを願っている。だから，自分から声を掛け，親しくなろうとすることが大事。
- 言葉が違っても，いっぱい友達になれる。

小・中学年

教材／中心発問例	指導上のポイント
同じ小学校でも 同じ小学校でも，日本とハワイとでちがうところと同じところ，つながっているところを知った「ぼく」は，どんなことを考えたでしょう。	日本と他国には，文化の違いとそれぞれによさがあること，また，たくさんのつながりや関わりがあること，それぞれに自分たちの文化を大切にしていることを自覚し，親しみや関心をもつことができるようにしましょう。 授業の終末では，身近なところで日本と他国の違いについて出し合い，「もっと調べてみよう」といった意欲を高めていくことができるようにしましょう。

出典：作・編集委員会『小学道徳 生きる力3』日本文教出版

中心発問の氷山モデル

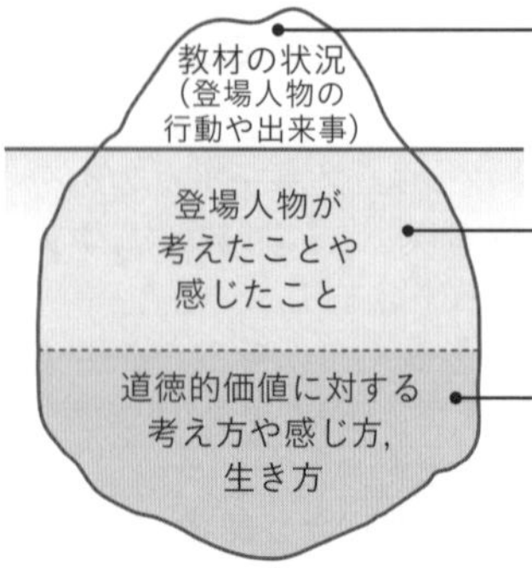

状況理解レベル
- 「ぼく」は，日本とハワイの小学校について知った。

心情理解レベル
- 面白いなあ。行ってみたいな。
- 学校に行くのが楽しいところは，同じところかな。
- どうして日本のものが，ハワイにもあるのだろう。
- どちらにもよいところがあるんだ。
- もっと他にも，違うところや同じところ，つながっているところを知りたい。

道徳的価値レベル
- 自分たちの国と他国とでは，同じところ，違うところ，つながっているところがあり，それぞれ自分たちの文化を大切に生活している。
- 日本からも多くの人が他国に行っているし，その逆もある。自分も，他国に行ってみたいな。

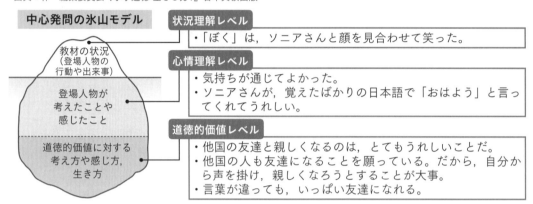

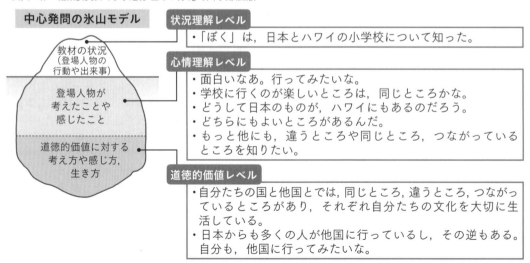

小・高学年

教材／中心発問例	指導上のポイント
エルトゥールル号—日本とトルコのつながり— 日本とトルコのつながりのもとにあるものは何でしょう。	遠く離れたトルコと日本の間には，エルトゥールル号の遭難を契機とした国際親善のつながりがあります。 **両国のつながりを支えているものとして，思いやりの心やお互い様という心などがある**ことを考え，国際親善を進めていく上で大切な心について話し合いましょう。 授業の最初に，「国際親善を進める上で大切なことはどんなことでしょう」と問い，授業を通じてみんなで明らかにしていくとよいでしょう。

出典：作・編集委員会『小学道徳 生きる力6』日本文教出版

中心発問の氷山モデル

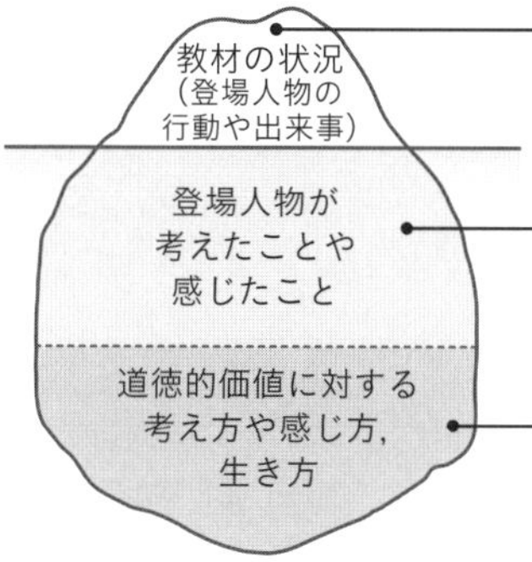
教材の状況
（登場人物の
行動や出来事）
登場人物が
考えたことや
感じたこと
道徳的価値に対する
考え方や感じ方，
生き方

状況理解レベル

・日本とトルコは，エルトゥールル号の遭難を契機に，つながりがある。

心情理解レベル

・お互いに命を助けてもらったという感謝の心。
・困っているのだから助けるという当たり前の心。
・目の前に困っている人がいたら，放っておけないという思いやりの心。

道徳的価値レベル

・私たちは国の違いを乗り越え，助け合って生きていくことができる。
・思いやりの心や，困ったときはお互い様という考え方が，国際親善では大切。

中学校

教材／中心発問例	指導上のポイント
海と空—樫野の人々— 二つの救助をつなぐ，約100年の時を経ても色あせることのないものとは，どのようなものでしょう。	教材名の「海」は樫野の人々によるエルトゥールル号の**トルコ人乗組員の救助**，「空」はトルコ航空によるイラン・イラク戦争のときの**日本人の救助**です。この**二つが水平線で一つにつながっている**というのです。 これらのつながりは，家族なら当前のことです。しかし，国際的な話となると，こうして取り上げられるほど稀有となるのです。樫野の人々にとっては，時代性からトルコの人たちのことは驚きだったでしょう。戦争中も，自国の人々が最優先です。でも，このつながりは残ったのです。ここに，国際貢献に大切なものがあるのではないでしょうか。

出典：『中学校道徳　読み物資料集』文部科学省

中心発問の氷山モデル

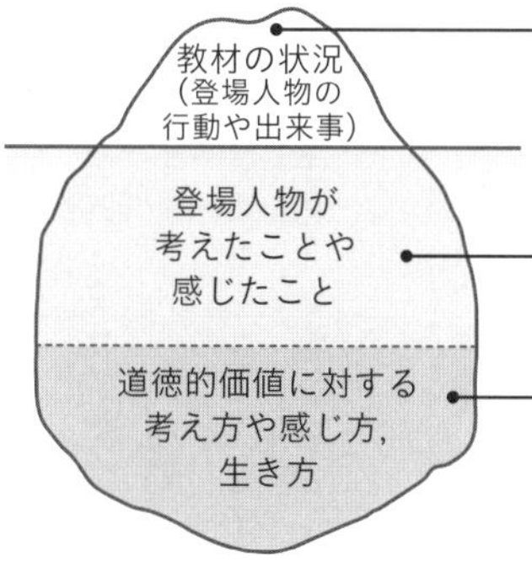
教材の状況
（登場人物の
行動や出来事）
登場人物が
考えたことや
感じたこと
道徳的価値に対する
考え方や感じ方，
生き方

状況理解レベル

・エルトゥールル号の救助やイラン・イラク戦争での救助は，約100年の時を経ても色あせないものでつながっている。

心情理解レベル

・同じ人間としての人類愛の心。
・自分の家族のように思う心。国の違いや民族の違い，考え方の違いをものともしない，人を愛する心。

道徳的価値レベル

・国際親善を進めていく上で大切なのは，同じ人間としての絶対的な生命尊重レベルの人類愛。
・「地球家族」という見方や考え方によって，国境や民族，意見の違いを越えて連帯，貢献できる。

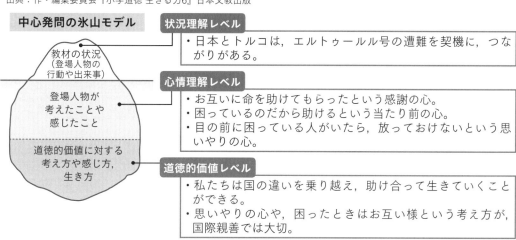

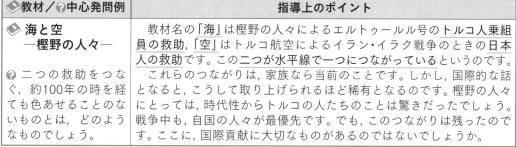

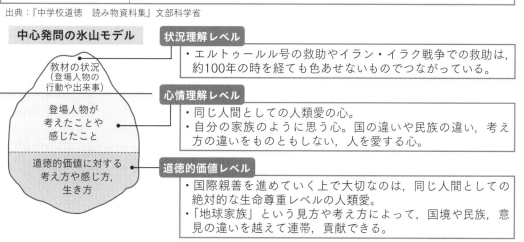

D 小／中 生命の尊さ

生命の大切さは、いくら強調しても強調し過ぎることはありません。**生命の大切さをできるだけ多くの視点から捉える**ことができるようにしましょう。

ポイント 1 生命の大切さを多様な視点から

生命の大切さの視点には、どのようなものがあるでしょうか。

- 有限性……生命には限りがあり、必ず終わりがある。
- 偶然性……今ここに生きていることの不思議さや偶然性。また、授かった命である。
- 縦の連続性……生命は、遠い昔からずっと受け継がれてきたもの。
- 横の連続性……生命は、多くの人たちによって支えられている。また、私たちは多くの動植物の生命をいただいて生きている。
- 不可逆性……生命は、一度なくしたら元には戻らない。
- 固有性……生命は、それぞれの人にそれぞれある。
- 平等性……すべての生命は対等で、平等である。私たちの人間の生命と同じように、動植物にも生命があり、生きている。

この他にも、いくら科学が進んでも生命は人工的に作り出すことはできないことや、生きているからこそ色々なことができることなど、たくさんの視点があります。**その学年のその子どもたちなりの言葉で表現させ、それをみんなで分かり合う**ことが大切です。

さらに、そもそも生命そのものの捉え方も多様です。私たち人間には、**生物的・身体的生命だけでなく、社会的・文化的生命**もあります。みんなから認められ期待されながら生きていることや、人間としての尊厳や生きがい、その人らしさ、誇りをもって生きていることなどです。**いじめは、社会的・文化的生命をも奪うもの**です。

ポイント 2 小さいけれど、とてつもなく大きく、重いもの

小さな赤ちゃんや動植物にも、私たちと同じ生命があります。しかも、その生命は、それ自体が、強く、たくましく生きようとしています。さらに、その生命を、周りの人や仲間、自然が、強く、たくましく支えています。

つまり、**生命は、小さいけれど、とてつもなく大きく、重いもので、人間の力でコントロールすることなど到底できないもの**なのです。このことが、「生命ってすごいな」「小さな生命だけど懸命に生きようとしているんだ」「人間の思い通りになど決してできるものではないんだ」などの思いを高め、生命を軽んずることなく、生命あるものを慈しみ、畏れ、敬い、尊ぶことにつながります。これが、「生命に対する畏敬の念」と呼ばれるものです。

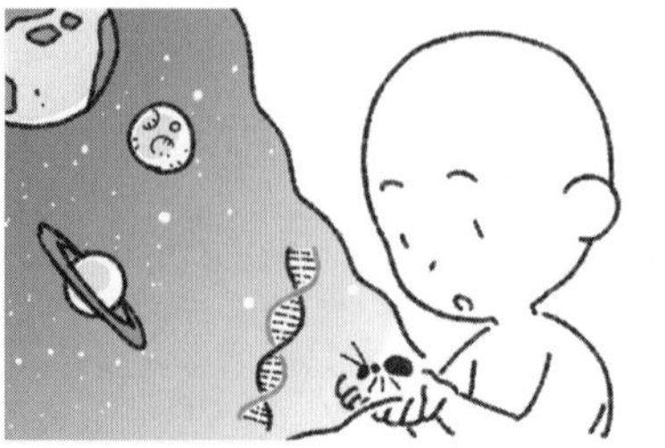

なお、教科化に当たって、高学年の内容に、生命が多くの生命の「つながり」の中にあることが明記されました。この「つながり」もまた、ここでいう「とてつもなく大きく、重いもの」の一つであり、中学校での社会的・文化的生命にも発展します。

学年	「学習指導要領」の内容	発達の段階ごとのキーワードとポイント
小・低学年	**生きることのすばらしさを知り，生命を大切にすること。**	**「生きているから」** 低学年では，「いのち」「生きている」といったことに対して，実感をもって自覚できるようにすることがポイントです。 例えば，元気よく遊んだり勉強したりできることや，ご飯をおいしく食べられること，体には温もりがあることなどは，**生きているからこそ，できることや感じられること**です。このことに気付き，「いのち」の大切さや「生きていること」の素晴らしさを自覚できるようにしましょう。
小・中学年	**生命の尊さを知り，生命あるものを大切にすること。**	（低学年の内容）＋**「一つしかない命，支えられている命」** 中学年は，生命の大切さについて考え始める段階です。特に，生命の有限性や連続性は，子どもたちにとって分かりやすいものです。**死について理解できるようになる段階**とも言われていますから，**一つしかない命**，**多くの人に支えられている命**，祖父母，父母，自分と**受け継がれてきた命**といった視点で，生命の大切さについて考えさせましょう。 また，自分たちだけでなく，すべての生命あるものについて広げて考えられるようにすることも大切です。
小・高学年	**生命が多くの生命のつながりの中にあるかけがえのないものであることを理解し，生命を尊重すること。**	（低，中学年の内容）＋**「つながりの中にある重さ」** 教科化に当たって「つながりの中にある」という文言が追加されています。このことは，**たった一つの生命であっても，それは決して小さな存在ではなく，多くの人々や生命あるものとの支え合いやつながりの中で存在する，とてつもなく大きくて重くて，かけがえのないものである**ということです。 このことを自覚することが，生命に対する畏敬の念となり，人間の力をはるかに超えた，生命の重さや尊さを自覚することになるのです。そして，自分が精一杯生きることが，その生命を大切にすることになるのです。これらのことを自覚できるようにしましょう。
中学校	**生命の尊さについて，その連続性や有限性なども含めて理解し，かけがえのない生命を尊重すること。**	（小学校の内容）＋**「広く，深いつながり」** 中学校では，小学校段階で考えてきた「つながり」が，さらにもっと広く，深くなります。それが，**社会的・文化的生命**です。それは，**自分の役割や居場所をもって生きることや，人間としての尊厳や誇りをもって生きること**です。生物的・身体的生命に限ることなく，人と人や社会とのつながりの中で生きていることや生かされている社会的・文化的生命を自覚することで，さらに生命の重さや畏敬の念の深い自覚となります。 人と人や社会とのつながりの中で生きていることや生かされていることに感謝の念をもつとともに，これらの生命を軽く見るのではなく，進んで自他の生命を尊重しようとする態度を育てていきましょう。 なお，このように生命についての考え方や捉え方を広げ，深めながら，現代的な課題である**「生命倫理」の問題についても考える機会を設ける**ことも大切なことです。

小・低学年

教材／中心発問例	指導上のポイント
ハムスターの赤ちゃん 赤ちゃんをくわえているおかあさんを見て，「わたし」はどんなことをおもったのでしょう。	生まれたばかりの赤ちゃんや，大切にされている赤ちゃん，大きくなっていく赤ちゃんなどを，自分とも重ねながら考えていけるようにしましょう。 特に，生活科などでの経験も想起させ，温もりや楽しさ，気持ちよさなども感じながら，**「命」があるからこそ感じられること**を自覚できるようにしましょう。

出典：作・和井内良樹『小学校　読み物資料とその利用―主として自然や崇高なものとのかかわりに関すること―』文部省

中心発問の氷山モデル

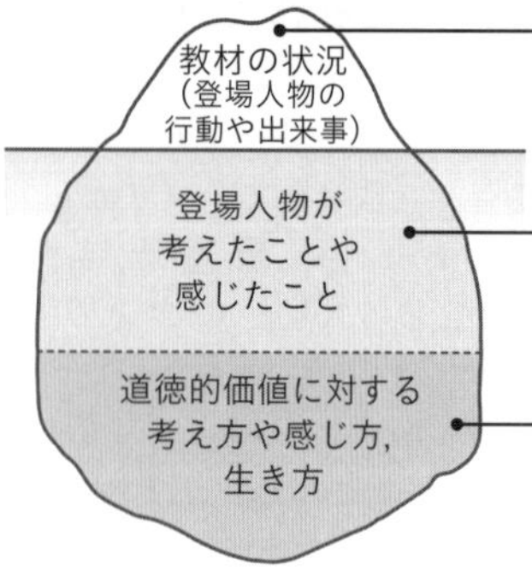
教材の状況
(登場人物の
行動や出来事)
登場人物が
考えたことや
感じたこと
道徳的価値に対する
考え方や感じ方，
生き方

状況理解レベル

・すくすく育っている赤ちゃんハムスターをくわえているお母さんを見ている「わたし」。

心情理解レベル

・ハムスターの赤ちゃんはかわいいな。お母さんが，一生懸命育てている。自分たちと一緒だ。
・すくすく育ってきてうれしいな。しっかりお乳を飲んだから大きくなってきたんだ。自分たちもそうだ。

道徳的価値レベル

・赤ちゃんがすくすく育つことは，みんながうれしいことだ。
・赤ちゃんは，みんなに大事にされ，お世話になりながら大きくなっている。
・生きていることや命があることは，とても素敵だ。

小・中学年

教材／中心発問例	指導上のポイント
ヒキガエルとロバ 遠く去っていくロバのすがたを見ながら，アドルフたちはどのようなことを考えていたのでしょう。	命の重みと，それを尊重する大切さを自覚できるようにしましょう。アドルフたちは，ヒキガエルの命を，おもちゃのように軽く考え，もてあそんでいたのです。その情けなさを感じたアドルフたちに共感しながら，**小さくても生きていて，そこには，たった一つの命がある**ことを自覚し，**命を粗末に扱うことの悲しさや間違い**をみんなで考え合いましょう。ヒキガエルの気持ちを自分に置き換えて考えるのもよいことです。

出典：作・徳満哲夫『読み物資料とその利用―主として自然や崇高なものとのかかわりに関すること―』文部省

中心発問の氷山モデル

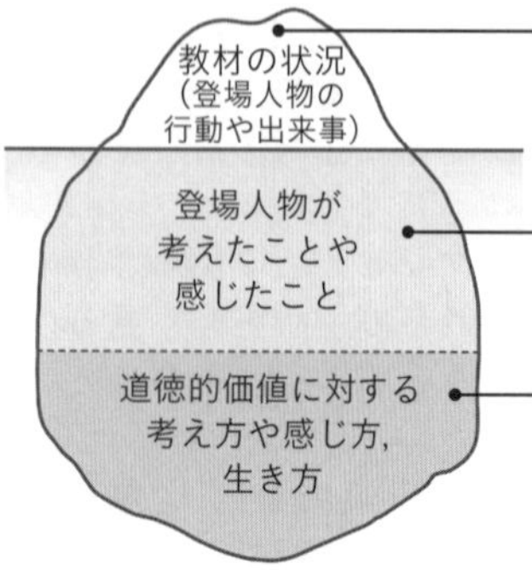
教材の状況
(登場人物の
行動や出来事)
登場人物が
考えたことや
感じたこと
道徳的価値に対する
考え方や感じ方，
生き方

状況理解レベル

・アドルフたちは，遠く去っていくロバの姿を見ながら考えていた。

心情理解レベル

・もし自分がヒキガエルだったら恐ろしかっただろう。
・自分たちは，何という情けないことをしたのだろう。
・ヒキガエルも生きている。家族もいるだろう。命を面白がったり粗末にしたりするなんて，してはいけない。

道徳的価値レベル

・小さくても自分たちと同じように生きている。家族もある。命に大きい小さいはない。
・命をもてあそんだり，粗末に扱ったりすることは，あってはならないことだ。それほど，命は重くて大切だ。

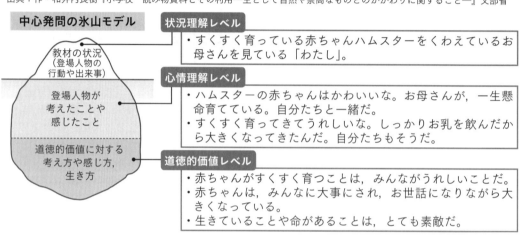

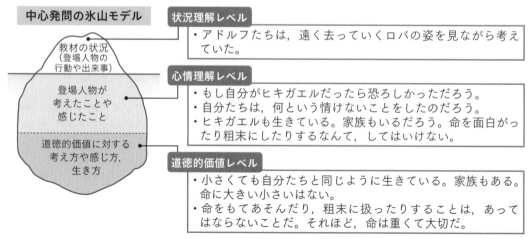

小・高学年

教材／中心発問例	指導上のポイント
その思いを受けついで しわくちゃののしぶくろを見て，「ぼく」はどのようなことを思ったのでしょう。	祖父の死の悲しさと，孫の「ぼく」を懸命に可愛がってくれた祖父への感謝から，生命がなくなることの悲しみ，生命のつながりやそのありがたさを自覚できるようにしましょう。特に，祖父という大きな支えの中で大きくなってきた「ぼく」からは**生命のつながり**を，だんだんと元気がなくなっていく祖父の様子からは**生命の有限性やはかなさ**を，そして**その生命がなくなっても私たちの心の中にはずっと生き続けていくこと**などを多面的・多角的に考え合いましょう。

出典：『私たちの道徳　小学校5・6年』文部科学省

中心発問の氷山モデル

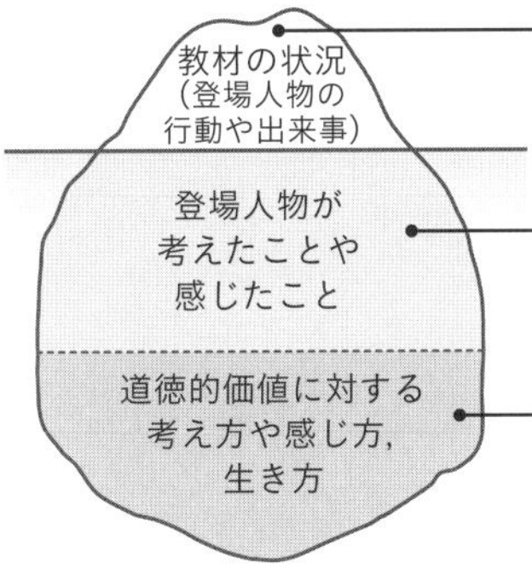
教材の状況
(登場人物の
行動や出来事)
登場人物が
考えたことや
感じたこと
道徳的価値に対する
考え方や感じ方，
生き方

状況理解レベル
- 「ぼく」は，しわくちゃののしぶくろを見た。

心情理解レベル
- じいちゃんは，ずっと僕のことを気にかけてくれていたんだ。ありがとう。
- 僕は，じいちゃんや色々な人に大切にされていたんだ。
- じいちゃんが亡くなって，とても悲しいけれど，絶対に忘れないよ。

道徳的価値レベル
- 私たちは，多くの人たちに支えられて生きている。
- 命はやがてなくなっていく。このことはとても悲しいが，決して私たちの心からは消えることなく，支えとなって生き続けてくれる。命は，こうしてつながっている。

中学校

教材／中心発問例	指導上のポイント
語りかける目 少女の哀しい，美しい，強い目が表すものは何でしょう。	母親は亡くなりました。しかし，**母親の命は確実に，少女の心の中に強く生きています**。そして，**少女もまた，たくましく，自分の命を母親と共に生きようとしている**のです。命は，生物的・身体的に生きているだけのものではありません。多くの愛情の中に生きています。多くの命によって生かされています。たくましく生きるという生き方があります。心の中で優しく生き続ける命もあります。命ほど，多面的・多角的に捉えられるものはありません。

出典：『防災教育副読本「明日に生きる」中学生用』兵庫県教育委員会

中心発問の氷山モデル

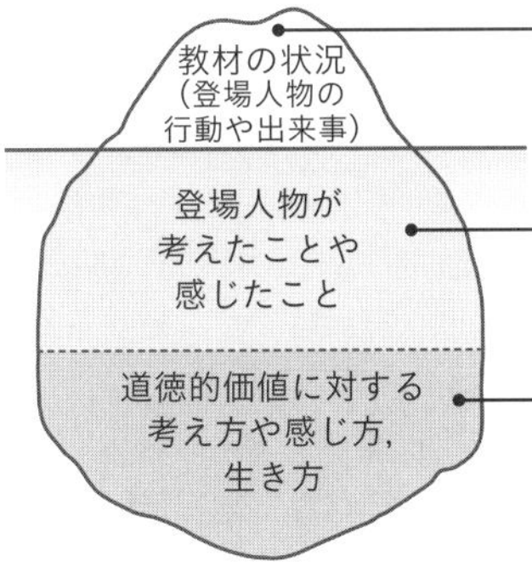
教材の状況
(登場人物の
行動や出来事)
登場人物が
考えたことや
感じたこと
道徳的価値に対する
考え方や感じ方，
生き方

状況理解レベル
- 少女の目は，哀しく，美しく，強く語り掛けてきた。

心情理解レベル
- お母さんの分も生きよう。
- 生かしてくれた命をしっかり生きよう。
- 強く生きたい。

道徳的価値レベル
- 生きていることは当たり前ではない。
- 命は，多くの人々の愛情の中にある。
- 生きていると同時に生かされている。
- 心の中で優しく生き続ける命もある。
- 自分の命の重さを改めて問い直したい。

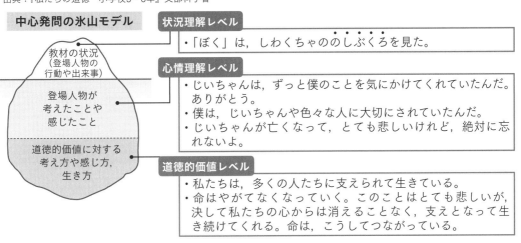

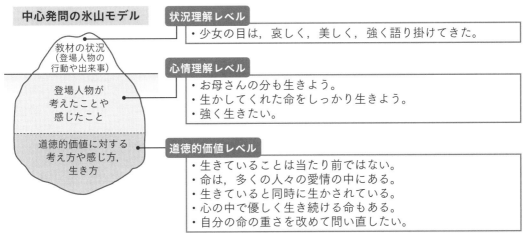

D 小／中 自然愛護

私たちは、動植物や自然環境に対して、当たり前のように軽く捉えたり、人間が支配できるような感覚に陥ったりしがちです。しかし、**人間もまた、地球に住む生物の一員であり、小さな存在**です。持続可能な社会の実現に向け、動植物や自然環境との向き合い方や付き合い方について、多面的・多角的な思考ができるようにするとともに、進んで守っていこうとする態度を養っていきたいと考えます。

ポイント1 ちっぽけだけれど、とてつもなく大きなもの

このポイントは、Dの視点の特徴です。特に、「ちっぽけだけれど」という視点からは、動植物に対して親しみをもつ、優しく接する、共に生きている愛おしさを感じるといったことが考えられます。一方、「とてつもなく大きなもの」という視点からは、自然や動植物のもつ不思議さ、生命の力、人間も自然の中で生かされていること、自然から受ける恩恵、動植物が自然の中でたくましく生きてきた知恵や巧みさ、人間の力を超えた自然の驚異、偉大なる自然の前での人間の無力さ、自然の中で育まれた伝統文化など自然と人間のよい関係など、多様な視点から、自然や動植物との向き合い方や付き合い方が考えられます。

このような、大きく言えば、**相反する「両面」の、そして、それぞれの面での、より「多く」の視点を自覚する**ことができるようにしたいものです。

ポイント2 think globally, act locally

自然愛護の考え方の基本となるものです。地球規模やすべての生物などといった大きな視点から考えることと、それが観念的に終わってしまわないように、一つ一つの行動を考え、具体的に実行することが、自然環境を守り、持続可能な社会をつくっていくことになります。

地球温暖化をはじめ、環境の問題は、今や、世界が直面している大きな問題です。この問題は、私たちの暮らしと密接につながっています。決して他人事ではないのです。**一人ひとりが、自分自身の問題と考え、小さなことからコツコツと取り組んでいくことが、大きな問題の解決につながる**のです。

環境の問題に留まらず、貧困の問題、食糧の問題、異文化の対立の問題もまた、すべてがつながりの中にあり、それらを真剣に考え、解決していくことが、**ＥＳＤ（持続可能な開発のための教育）**です。近年は**ＳＤＧｓ（持続可能な開発目標）**の枠組も示され、学校教育でも意識されています。「学習指導要領」の「第3章　特別の教科　道徳」の「第3　指導計画の作成と内容の取扱い」の中にも、「社会の持続可能な発展などの現代的な課題」に取り組む意欲と態度を育てることが明記されています。

学年	「学習指導要領」の内容	発達の段階ごとのキーワードとポイント
小・低学年	**身近な自然に親しみ，動植物に優しい心で接すること。**	**「動植物と仲よし」** 低学年の子どもたちにとって，動植物は，共に生きる仲間です。動植物の世話をしたり，身近な自然の中で遊んだりすることによって，「不思議だな」「すごいな」「生きているんだな」「かわいいな」といった気持ちが高まり，動植物を自分のことのように考えたり，親しみをもって接しようとしたりする思いが育っていきます。 これまでの経験も振り返りながら，**共に生きている仲間として，動植物や自然を捉える**ことができるようにしましょう。
小・中学年	**自然のすばらしさや不思議さを感じ取り，自然や動植物を大切にすること。**	（低学年の内容）＋**「自然のもつ力」** 自然に親しみ，大切にしてきた経験を振り返りながら，**自然のもつ美しさや素晴らしさ，不思議さを自覚するとともに，「自然も生きているんだ」のように自然のもつ力を自覚**できるようにしましょう。特に，私たちは動植物の気持ちを自分のことのように考えることがあります。また，自然の中では心が安まります。 自然と私たちは仲間であることや昔から共に生きてきたこと，さらには，自然は私たちを大きく包み込んでくれることなどを自覚できるようにしましょう。このことが，自然に対する畏敬の念や環境保全への意識につながります。
小・高学年	**自然の偉大さを知り，自然環境を大切にすること。**	（低，中学年の内容）＋**「自然と共に生きる」** 私たち人間は，自然に囲まれながら，自然と共に生きてきました。具体的には，私たちは自然から大きな力をもらって生きています。さらに，私たちは，自然を守り，育ててきました。 このように私たちは，自然がもつとてつもない力に助けられるとともに謙虚に生きてきました。まずは，このような自然と人間との関わりの様々な側面を自覚することが大切です。 その上で，**自然環境を大切にするために，その課題や自分たちにできることを考え，積極的に関わっていくことの大切さ**を自覚できるようにしましょう。
中学校	**自然の崇高さを知り，自然環境を大切にすることの意義を理解し，進んで自然の愛護に努めること。**	（小学校の内容）＋**「自然に生かされている人間」** 「自然を大切にすること」「自然を愛護すること」は，中学生であれば当然知っています。ただし，その自覚を，人間と自然とのつながり，さらには，自分と自然とのつながりで考えられるようにすることが大切です。 そのためには，まず，自然のもつ美しさや神秘さ，さらには，悠久の流れや恐ろしさといった，私たち人間の力をはるかに超えた自然の崇高さに対して畏れ敬い，謙虚であることが求められます。何より，**私たち人間は，この大自然の中では，とてもちっぽけで無力な存在であり，自然によって生かされ，育まれてきた存在である**という自覚をもって，自然と向き合うことが大切です。 このような大きな視点で捉えながら，**人間が自然と共生していくために，自分たちができることを考え，実行していくことが，未来へとバトンを渡していくことになる**ことを自覚できるようにしましょう。

小・低学年

教材／中心発問例	指導上のポイント
虫が大すき —アンリ・ファーブル— ファーブルは，どんな思いで虫をかんさつしていたのでしょう。	子どもたちの中には，虫などの小さな生き物が大好きな子どももいるでしょう。**その子どもが生き物を好きな理由を発表させ，みんなでその考えを分かり合う**こともよいでしょう。そうすることで，他の子どもたちも含めて一人ひとりが自分の経験を思い出し，自分にとっての生き物との向き合い方を低学年なりに考えることができます。 **小さな生き物を自分たちの仲間として親しみをもって接していこうとする意欲**を高めたいですね。

出典：『わたしたちの道徳　小学校1・2年』文部科学省

中心発問の氷山モデル

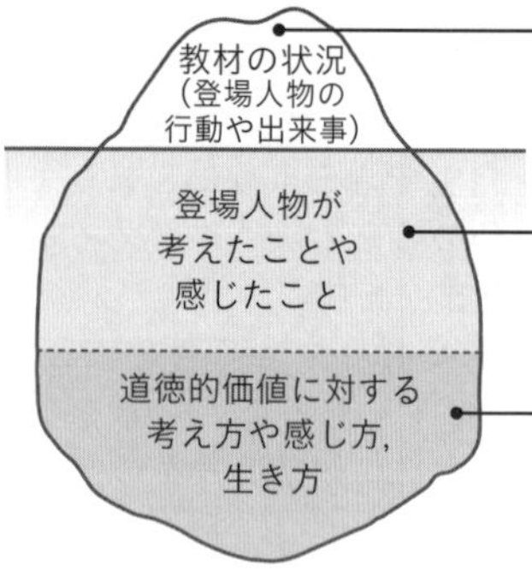

教材の状況
(登場人物の
行動や出来事)
登場人物が
考えたことや
感じたこと
道徳的価値に対する
考え方や感じ方，
生き方

状況理解レベル
- ファーブルは虫を観察し，『昆虫記』を書いた。

心情理解レベル
- 虫が大好き。可愛いな。
- 虫と仲間。だから，虫のことをいっぱい知りたい。
- 小さな虫の体の中に，不思議なことがいっぱいある。それを観察しているのはとても楽しい。

道徳的価値レベル
- 小さな生き物の体の中に，不思議なことがいっぱいある。生き物について知ることはとても楽しい。
- 生き物は私たちの仲間だ。もっと仲よくなりたいな。

小・中学年

教材／中心発問例	指導上のポイント
ごめんね，サルビアさん 元気を取りもどしたサルビアを見ながら，「わたし」はどんなことを考えたのでしょう。	**サルビアの花の気持ちを考えた「わたし」が，次第にサルビアが意思をもって生きている友達のように思えてくることに共感**させましょう。このことが，自然のもつ力や自然に対する畏敬の念を意識する第一歩となります。自然の「不思議さ」に立ち止まり，自分たちの経験とも比べながら，不思議さの中身をそれぞれの子どもの言葉で語らせ，自然を大切にしようとする態度を育てていきましょう。

出典：作・編集委員会『小学道徳 生きる力3』日本文教出版

中心発問の氷山モデル

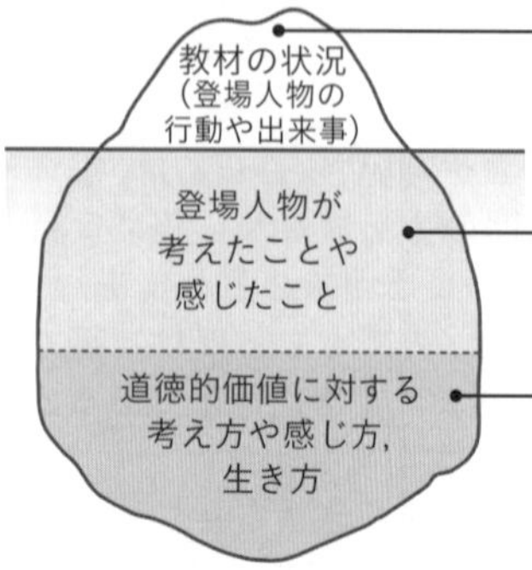

教材の状況
(登場人物の
行動や出来事)
登場人物が
考えたことや
感じたこと
道徳的価値に対する
考え方や感じ方，
生き方

状況理解レベル
- 元気を取り戻したサルビアを見ながら，「わたし」は考えた。

心情理解レベル
- サルビアさん，ごめんね。元気になってくれてよかった。これからはちゃんと世話をするよ。
- サルビアさんも生きているんだ。水がなくて苦しかっただろうな。自分だったらとてもつらいよね。
- 毎日声を掛けていると，お話ができそうに思う。不思議だな。

道徳的価値レベル
- 動物や植物の世話をしていると，友達のように思えてくる。不思議だな。私たちと同じ仲間だ。
- 動物や植物も私たちと同じように命をもって生きている。自然のもつ力ってすごいな。大切にしたいな。

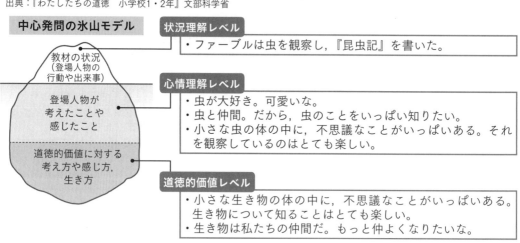

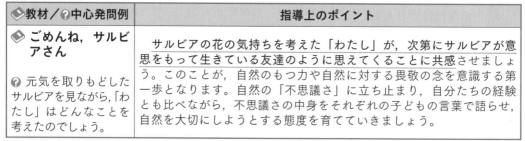

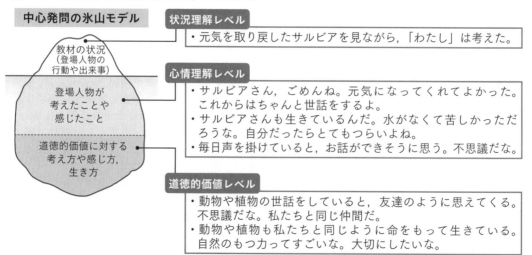

小・高学年

教材／中心発問例	指導上のポイント
ひとふみ十年 チングルマの年輪を数えておどろいた勇は，どんなことを考えたのでしょう。	私たちは自然と触れ合うことに喜びや楽しさを感じているにもかかわらず，自然のことをあまり知らないし，知ろうとしていないところがあります。勇を通して，ねらいに迫りましょう。特に，自然に対する向き合い方を広げ，深めていく授業です。自然への畏敬の念や自然との共生，環境破壊，私たちにできることなど，多くの視点がありますから，板書を効果的に使って整理しながら進めていきましょう。

出典：作・吉藤一郎『小学校　道徳の指導資料とその利用６』文部省

中心発問の氷山モデル

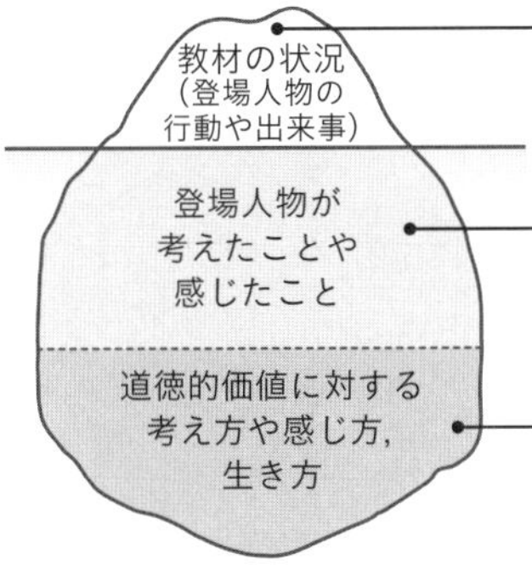

状況理解レベル
- 勇は，細いチングルマの年輪を数えて驚いた。

心情理解レベル
- 自然ってすごいな。こんなに小さくても，少しずつ成長しているんだ。
- 自然を壊してしまったら，すぐに戻すことはできないんだ。
- 私たち人間は，こんなに貴重な自然を，知らないうちに壊してしまっているのでは。

道徳的価値レベル
- 自然は，人間の力をはるかに超えた大きな力をもっている。その自然と私たちは共に生きていくことが必要なのに，私たち人間は自然を壊してしまうことがある。
- 自分にできることから，自然環境を大切にしていこう。

中学校

教材／中心発問例	指導上のポイント
よみがえれ，えりもの森 えりもの人たちは，どんな思いで，海や山と向き合ったのでしょう。	自然のもつ，とてつもない大きな力と，私たち人間が自然に生かされていることを自覚し，自然との共生について考えます。 気の遠くなる年月の経過が，自然の偉大さを物語っています。人間のエゴについても考えながら，自然の尊さとの付き合い方について考えていきましょう。

出典：作・本木洋子『よみがえれ，えりもの森』新日本出版社

中心発問の氷山モデル

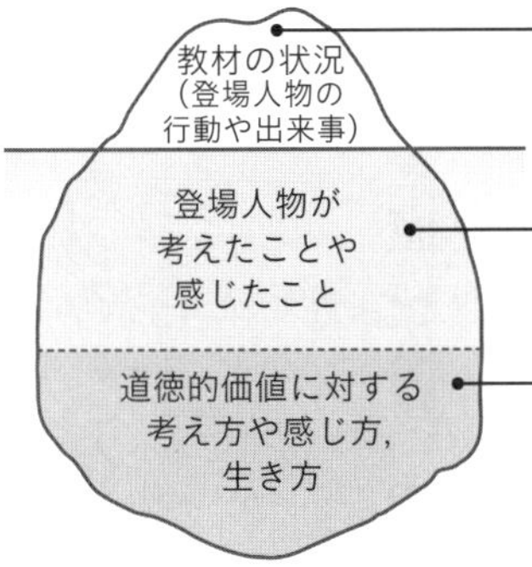

状況理解レベル
- えりもの人たちは，木を植え，流氷を待ちながら，海や山と向き合った。

心情理解レベル
- 自分たち人間の力は，自然の前では小さなものだ。
- 私たちは，自然に生かされている。
- 自然と共に生きていくことが大切だ。自然の力を借り，自分たちにできることをコツコツと続けることが大事だ。未来に，豊かな自然を残したい。

道徳的価値レベル
- 人間は，自然とのつながりの中で恩恵を受けながら生かされている。それを無視して人間だけで生きようとすると，自然の脅威にさらされ大きなしっぺ返しが来る。
- 自然のありがたさに感謝し，おごらず自然を守ろう。

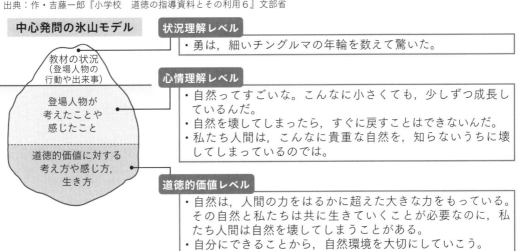

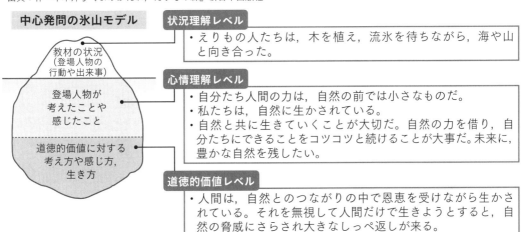

D 小／中 感動、畏敬の念

「感動、畏敬の念」は、元々は小学校にのみ設定されていたものです。教科化に当たって、小学校と中学校とのつながりを大切にする視点から、中学校においてもいわゆる「自然愛護」から分離して設定されました。逆に、「よりよく生きる喜び」は、中学校にのみ設定されていたもので、今回、小学校高学年に新たに設けられました。

美しいもの、清らかなもの、気高いものに接したときに、心の底からすごいなと感動し、心を豊かにすることを扱う内容項目です。

ポイント1 美しさでも、発達の段階を考えよう

発達の段階によって、「美しさ」にも違いがあります。**低学年で扱うのは、具体的に見ることのできる「美しさ」**です。**中学年では、人の心の美しさや生き方の美しさ**です。学年が上がるにつれて、想像する力や感じる力が豊かになりますから、直接見ることのできない「美しさ」へと発展するのです。さらに、**高学年では、人間の力を超えたものに対する畏敬の念**となります。例えば、人間のもつ心の純粋さや、真理を求め挑戦する姿、芸術に秘められたパワー、大自然の壮大さなどに、思わず息をのみ「参った」と感動すると同時に、憧れを感じる、そのような畏敬の念です。

そして**中学校においては、畏敬の念をもつことが**、人間として生きることの素晴らしさの自覚や独善的になりやすい人間の心の反省を促し、**あらゆるものへの感謝と尊敬の念を抱き、心豊かに生きていこうとすることへとつながる**ことを考え合いましょう。

つまり、**素直に感動し、すごいなと思うことが、人間として生きる幅を広げ、成長を促し、豊かに生きることにつながる**ことを自覚するのが、この内容項目の目指すところです。

ポイント2 自分の価値観に縛られず素直に広げ、深める

この内容項目の発達の段階を見ると、(低学年) すがすがしさ→(中学年) 気高さ→(高学年) 畏敬の念→(中学校) 自分自身の成長と、発達の段階に沿って、**感動の深まりが増している**ことが分かります。しかも、それぞれの段階の感動の内容も、普段では感じることのないものです。

私たちは、自分の見方や考え方が、独り善がりになることがあります。他者の考えや意見は、それを広げてくれます。この内容項目は、それをさらに広げ、自然の美しさや気高いものなどに触れて素直に感動する心を豊かにしようというものです。つまり、**自分の価値観に縛られることなく、深く感動し、自分の価値観をどんどん広げ、深めようというもの**です。その方向は、自然や芸術作品など、人間の力をはるかに超えたものに対する感動という「畏敬の念」へと向き、人間そのものが独り善がりにならず、自分たち自身を、より広く深く捉えられるようにしようというものです。

実際、周りを見ると、当たり前のものも含め、色々なものに感動できる人は、感性が豊かで謙虚で、自分の人生を豊かに生きているように思われます。

学年	「学習指導要領」の内容	発達の段階ごとのキーワードとポイント
小・低学年	美しいものに触れ，すがすがしい心をもつこと。	**「目の前に広がる美しさやすごさ」** 低学年の子どもたちは，具体の世界に生きています。したがって，子どもたちが一番感動するのは，自然の美しさでしょう。一面に広がるお花畑や赤や黄色に織りなす紅葉などです。 これらに素直に感動することはとても素晴らしいことであること，それは，単に「きれいだな」というだけでなく，爽快さを感じ，気持ちが洗われ，背筋が伸びるような「すがすがしさ」という感動があることをみんなで共感し合うことが，スタートです。 そして，さらに心地よい音楽や芸術作品，これまでの自分の経験などと，感性が揺さぶられるものへと，どんどんと対象を広げながら，感動する心はとても素敵であることを確かめ合いましょう。
小・中学年	美しいものや気高いものに感動する心をもつこと。	（低学年の内容）＋**「心で感じる美しさやすごさ」** 中学年になると，対象は，直接目の前に広がるものだけではなく，人の心をはじめ，心で感じる美しさへと広がります。そして，すがすがしさをさらに発展させ，対象の内に秘められた純粋さや大きさ，気高さへと広げましょう。 特に，「気高さ」ですから，「すごいな」という感動を，今の自分では及ばない，しかし，そうありたいと憧れるといった尊敬の心を含めたものへと深めていきましょう。このあたりから，感動を基に自分を見つめ直すような視点が入ってくるのです。
小・高学年	美しいものや気高いものに感動する心や人間の力を超えたものに対する畏敬の念をもつこと。	（低，中学年の内容）＋**「人間の力を超えたものの美しさやすごさ」** 高学年は，人間の力を超えたものへと，さらに発展します。人間のもつ心の崇高さや偉大さ，真理を求める姿や自分の可能性に無心で挑戦する人間の姿，芸術作品の内に秘められた人間の業を超えるもの，大自然の摂理やそれを包み込む大いなるものなどです。 これらに対して，人間の力を超えていることへの感動や，人間のもつ力のちっぽけさの自覚などを進め，自分や自分たち人間との関係にも注目できるようにしましょう。
中学校	美しいものや気高いものに感動する心をもち，人間の力を超えたものに対する畏敬の念を深めること。	（小学校の内容）＋**「感動は人を成長させる」** 中学生です。感動する心と言っても，その対象や感じ方，考え方には，想像を超える広さや深さがあることを考え合いましょう。そして，人間の力を超えたものに対して畏敬の念をもつことの意義として，なかなか素直に感動できないという，人間のもつ弱さについても触れながら，素直に感動する心は，自分のおごりや独り善がりを避け，私たち人間に謙虚さをもたらし，一回り大きな成長を促し，人生を豊かにしてくれることも自覚させましょう。 つまり，色々なものに感動できる人は，自分を成長させ，人生を豊かに生きることができるのです。

小・低学年

教材／中心発問例	指導上のポイント
七つの星 七つの星が，キラキラとかがやいているのはどうしてでしょう。	低学年でよく使われる「七つの星」です。**優しくすると，その人自身やその人の心が，星のようにキラキラと美しく輝いて見える**ことを取り上げています。 低学年ですから，夜空に瞬くキラキラと光る星や，金や銀，ダイヤモンドの輝きなど，**子どもたちがイメージしやすい美しさや輝きと結び付け，心の美しさについて自覚**できるようにしましょう。

出典：作・トルストイ，訳・猪野省三「ななつぼし」『小学校　道徳の指導資料　第２集（第１学年）』文部省

中心発問の氷山モデル

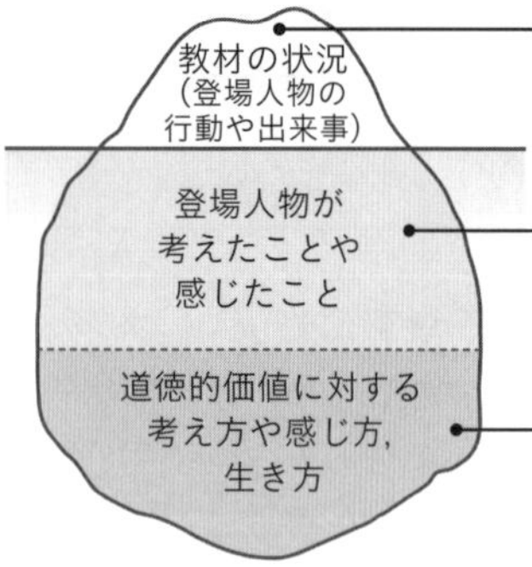
教材の状況
(登場人物の
行動や出来事)
登場人物が
考えたことや
感じたこと
道徳的価値に対する
考え方や感じ方,
生き方

状況理解レベル
- 七つの星が，キラキラと輝いている。

心情理解レベル
- 女の子やお母さんが，みんなに優しくしたからだ。
- 女の子の心が，ダイヤモンドのように美しかった。
- 優しくする人が，いっぱいいたからだ。

道徳的価値レベル
- 優しくすると，私たちの心は，星のようにキラキラと輝く。
- 自分たちの心の中にも，星やダイヤモンドのような，キラキラした心がある。

小・中学年

教材／中心発問例	指導上のポイント
花さき山 だれにたずねても見たことはないと言われ，もう一度行っても見つからなかった花さき山を，あやがあると信じようと思ったのはどうしてでしょう。	人間の心の中にある花さき山のお話です。 花さき山に，あやは心から感動し，あると信じようとしたのです。**自分たちの心の中にも花さき山があると信じ，優しいことをすることで花をいっぱいにしようとする意欲**を高めていきましょう。この美しさは，自己犠牲によるものではなく，心から相手のために自分ができることをしたいという思いから生まれてくる美しさです。「してあげている」などのような利害や損得の伴った行為ではなく，人間愛からにじみ出る優しさの美しさだからこそ，感動に値するのです。 なお，具体の世界に生きる低学年では，教室に花さき山をつくることはとても効果的です。しかし，中学年では，花さき山を教室につくる必要はありません。花さき山は，一人ひとりの心の中にあるのですから。

出典：作・斎藤隆介『斎藤隆介全集　第二巻』岩崎書店

中心発問の氷山モデル

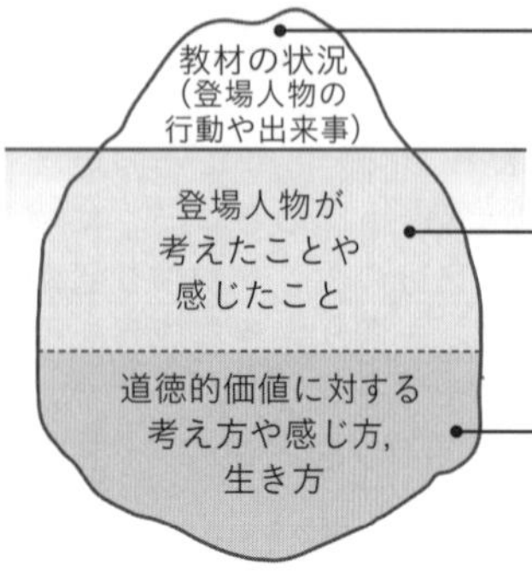
教材の状況
(登場人物の
行動や出来事)
登場人物が
考えたことや
感じたこと
道徳的価値に対する
考え方や感じ方,
生き方

状況理解レベル
- あやは，花さき山はあると信じた。

心情理解レベル
- 自分の心の中に，花さき山はあるんだ。
- みんなの優しい心が，美しい花を咲かせていく。そんな美しい花さき山を，もっと見たいと思った。

道徳的価値レベル
- みんなに，美しい心がある。その美しい心は，みんなを喜ばせ，気持ちよくさせてくれる。
- 自分たちも，美しい心を大切にして，花さき山のように，心の中を美しい花でいっぱいにしてみたい。

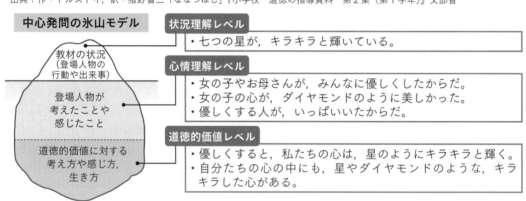

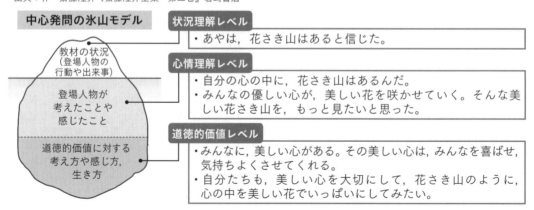

小・高学年

教材／中心発問例	指導上のポイント
青の洞門 父のかたきである了海をうつことさえ忘れ，了海と手を取りむせび泣く実之助の思いとは，どのようなものだったのでしょう。	人間の力を超えたものへの美しさや畏敬の念を，了海や実之助を通して考えます。罪を認め，その罪滅ぼしとして生涯をかけて**洞門づくりに一心不乱に取り組む了海の，人を圧倒する姿や気高さに，心を打たれる実之助の思い**を考え合います。憎しみや悲しみを乗り越え，手を取り合いむせび泣く二人の姿への感動も大切にしましょう。 また，このような気高さや崇高さのある感動は，身近なところではなかなか出会えません。テレビやニュース，本などで出会った経験を出し合い，共感できるようにしましょう。

出典：作・菊池寛「恩讐の彼方に」

中心発問の氷山モデル

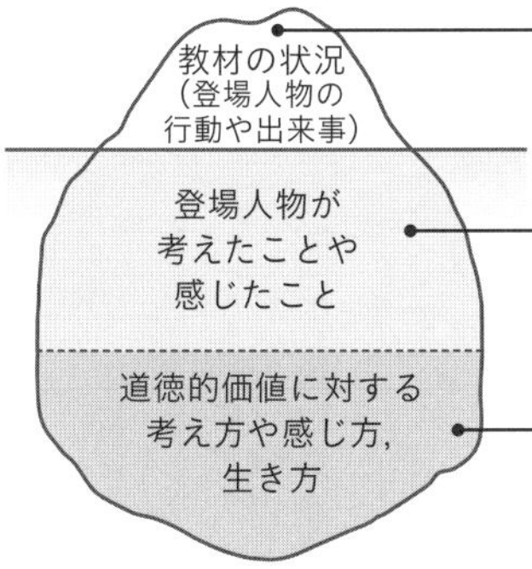

状況理解レベル

・了海と手を取りむせび泣く実之助。

心情理解レベル

・自分の犯した罪から逃げず，村人を思う了海の心の高さに何も言えないし，できない。
・自分の仇討ちさえ小さく思えるほど，了海の人間としての圧倒的な生き方に打ちのめされた。

道徳的価値レベル

・人間には，人間の力を超えた，思わず圧倒されるすごい力がある。この力のすごさに，私たちは大きな感動を覚える。
・人間のもつ力のすごさに，素直に感動できることもまた，素晴らしいことだ。

中学校

教材／中心発問例	指導上のポイント
樹齢七千年の杉 樹齢七千年の杉と対面した筆者は，何を感じ，何を考えたでしょう。	小学校では，感動することの素晴らしさについて考えてきました。中学校では，**感動が，私たち自身の成長をもたらす**ことまで考えたいですね。 「樹齢七千年の杉はすごい」に留まらず，この感動が，筆者自身に何を投げ掛けたのかを話し合うことがポイントです。

出典：作・椋鳩十『命ということ　心ということ』家の光協会

中心発問の氷山モデル

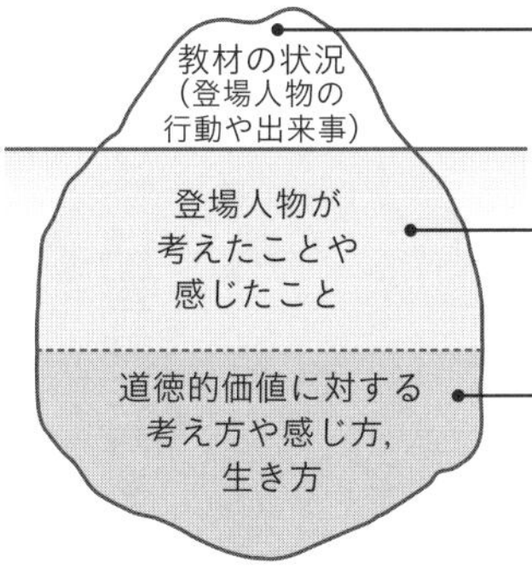

状況理解レベル

・筆者は，樹齢七千年といわれる杉と対面した。

心情理解レベル

・圧倒されるすごさ，素晴らしさ。
・縄文杉が自らの命を力強く生きていることへのとてつもない感動。生き方の美しさ。
・私たちさえも包み込んでくれる力とそれに比べての自分の小ささ。自分の生き方を問われている。

道徳的価値レベル

・自然もまた力強く生きていて，その生命力に私たちは圧倒されるほどの感動を覚える。
・その感動は，私たち自身の生き方を根底から見直させるまでの力強さがあり，私たちに，生きていくエネルギーや意欲，成長をもたらしてくれる。

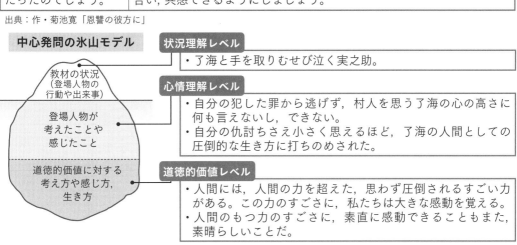

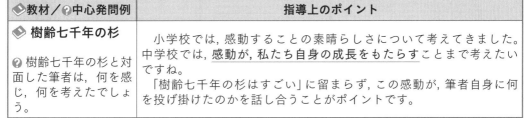

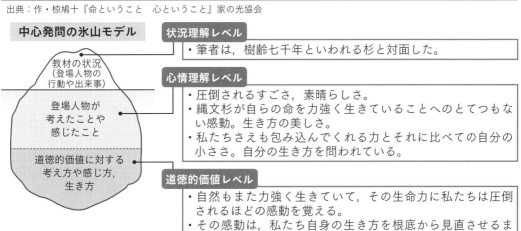

D 小／中 よりよく生きる喜び

この内容項目は、かつては中学校にのみ設けられ、小学校にはなかったものです。教科化に当たり、小学校と中学校とのつながりを大切にする視点から、高学年に新たに設けられました。

私たち人間は、弱さと強さを併せもつ存在です。まず、誰もが、弱い自分をもっています。同時に、「それではいけない」と弱さを乗り越え、よりよく生きていこうとする強さももっています。これが人間です。このことを認めながら、よりよく生きる喜びを感じ、自分もよりよく生きていこうとする態度を養っていきましょう。

ポイント1 弱さと強さを併せもつ

この内容項目は、「弱さに負けず、強く生きていこう」というものではありません。人間らしさを扱っているものです。

私たち人間は、誘惑に負けたり、易きに流されてしまったりする弱さをもっています。しかし、同時に、こんな自分を変えたいという思いや、残念ながら弱さに負けてしまったときも「しまったな……」「このような自分ではだめだ……」などと、後悔や反省をする思いももっています。

したがって、授業においては、まず、**教師も含め、みんなでこの人間の弱さに共感できるようにする**ことが大切です。教師が「弱さに負けていてはだめだ」という指導をしてしまうと、結局、分かり切った他律的な学びになってしまいます。

ポイント2 「強さ」「よりよく生きる喜び」は自分に対するもの

弱さに負けそうになったり、負けてしまったりしたとき、私たちは、「これではだめだ」「自分を変えよう」という思いをもちますが、それは、「また叱られる」「みんなできているのに恥ずかしいな」という思いからだけではなく、自分に対する恥ずかしさや「弱い自分を変えたい」という思いからも、よりよく生きていこうとする思いをもちます。この思いは、**他人や周りがどうこうではなく、自分を鼓舞し、自分の中で悔しさや情けなさをエネルギーに変えようとする「強さ」「気高さ」**です。**「良心」「誇り」**と呼ばれるものでしょう。

さらに、自分の弱さを自覚し、自分に言い聞かせ、頑張って弱さを乗り越えたとき、私たちは自分を誇らしく思い、ほめてやりたいと思ったり、自分なりの満足感とすがすがしさを感じたりします。これもまた、ほめてもらったり認めてもらったりした喜びとは少し違うもので、これが、「よりよく生きる喜び」なのです。

このように、この内容項目は、他者や周りに対する思いではなく、自分に対する「強さ」「よりよく生きる喜び」に気付き、「弱さ」と向き合い、よりよく生きようとする態度を育てるものです。

よって、自分を、俯瞰的、客観的に振り返ることのできる高学年や中学校だからこそ扱える内容項目です。ただし、このベースになるのは、低学年や中学年の「善悪の判断、自律、自由と責任」「正直、誠実」での自分で判断したり正直であったりすることの喜びや自分に対する正直さ、「感動、畏敬の念」の美しさやすがすがしさを感じる心の学習の積み重ねで、それらがあって可能となる学習です。

学年	「学習指導要領」の内容	発達の段階ごとのキーワードとポイント
小・高学年	よりよく生きようとする人間の強さや気高さを理解し，人間として生きる喜びを感じること。	**「自分の中にある弱さとそれを乗り越える強さ」** 高学年では，まず，自分の中には，「弱さ」とそれを乗り越える「強さ」があることを自覚できるようにしましょう。特に，「弱さ」は誰もがもっていることを押さえた上で，同時に，「叱られるから」ではない，弱さを克服しようとする「強さ」「気高さ」があることをみんなで共感しながら自覚できるようにしましょう。
中学校	人間には自らの弱さや醜さを克服する強さや気高く生きようとする心があることを理解し，人間として生きることに喜びを見いだすこと。	（小学校の内容）＋**「弱さを強さに」** 小学校では，「弱さ」「強さ」とそれぞれを大きく捉えていましたが，「弱さ」は，自信のなさや逃げたいという心，ずるさ，見栄，人間の心の醜さといったものです。一方，「強さ」「気高さ」とは，自分の良心や誇り，プライドといったものです。そして，弱さと強さは表裏一体であり，弱さと向き合うことで強く生きていく喜びが生まれるのです。これらのことの自覚を深めましょう。

小・高学年

教材／中心発問例	指導上のポイント
かぜのでんわ 空に届いたのは，みんなのどんな思いでしょう。	つらいことがあったとき，私たちは涙を流し，自信もなくしてしまいます。しかし，その中で，もう一度頑張ろう，前に進もうという強さももっているのです。経験を振り返り，みんなで考え合いましょう。

出典：作・いもとようこ『かぜのでんわ』金の星社

中心発問の氷山モデル

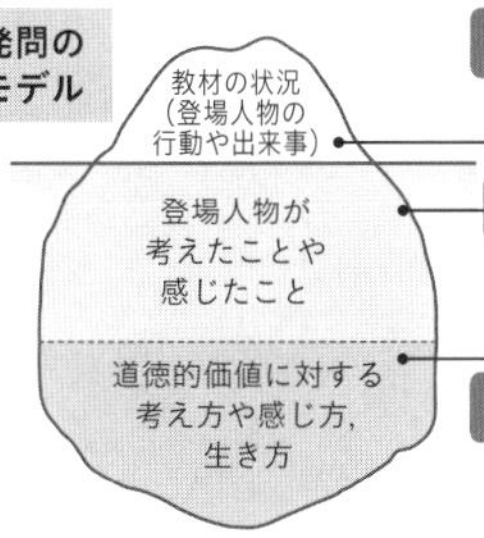

教材の状況（登場人物の行動や出来事）
登場人物が考えたことや感じたこと
道徳的価値に対する考え方や感じ方，生き方

状況理解レベル
- かぜのでんわから，みんなの思いが空に届いた。

心情理解レベル
- つらいけれど，見ていてね。
- 会えないのは寂しいけれど，頑張って生きるよ。

道徳的価値レベル
- 人間は，誰もが弱さをもっているし，それを頑張って乗り越えようとする強さももっているんだ。

中学校

教材／中心発問例	指導上のポイント
足袋の季節 「私」の弱さはどこにあり，どう乗り越えようとしたのでしょう。	私たちの心の中にある弱さを，主人公の「私」を通して考えましょう。そして，本当の強さとは，弱さから逃げることではなく，弱さを強さに，すなわち「弱さとどのように向き合うか」にあることをみんなで考え合いましょう。

出典：作・中江良夫『PHP』（一九六三年二月号）PHP研究所

中心発問の氷山モデル

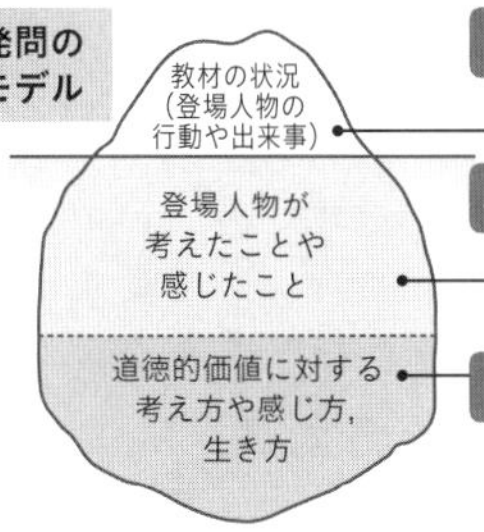

教材の状況（登場人物の行動や出来事）
登場人物が考えたことや感じたこと
道徳的価値に対する考え方や感じ方，生き方

状況理解レベル
- お釣りについて謝れないまま，おばあさんは亡くなってしまった。

心情理解レベル
- “つい”うなづいた。“きっと”励ましてくれたのだと思った。“どうしても”謝りに行けなかった。“謝って済まそう”と思っていた。

道徳的価値レベル
- 私たちには，都合よく考える弱さなど，誰もが弱さをもっている。それを認めながら生きていくことが強さだ。弱さをゼロにするのではなく，向き合うことが大切。

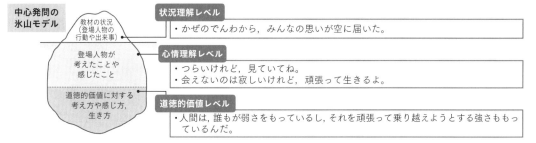

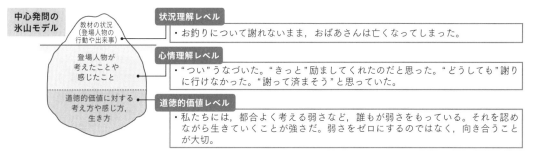

コラム「深い学び」の現場から

① 教師の姿から学び、教師の想定を超える子どもたち

ある中学校2年生の〈A真理の探究〉の授業でのことです。

授業の導入で、担任の教師が、「真理を明らかにすることは、どうして大切なのでしょう」と、授業のめあてを提示しました。

その後、生徒の積極的な発言のやりとりがあった中で、一人の女子生徒が「真理を明らかにすることは大変だが、好きだからできるんだ。そして、苦しい中で真理を探究することは、人を成長させるんだ」と発言し、続いて、このようなことを言いました。

「先生もそうでしょ？ 今日もたくさんの先生方が来られた中で授業をするのはしんどいと思う。でも、これができるのは、先生は、教師という仕事が好きだからだ。そして、この研究授業を乗り切ったら、先生は成長しているはずだ。」

すると、それを聞いていた男子生徒が続けました。

「赤ちゃんも一緒だ。赤ちゃんは好奇心の固まりで、色々なものを口に入れるのが好きだから。そして、どんどん成長している。」

教師の想定を、軽々と超えた授業です。このような授業に出会えるからこそ、特に中学校の授業は面白いのです。

子どもたちは、日々、様々な経験をして心を育てています。その中で、人との関わりは大きく、その関わりの中に、私たち教職員がいることは間違いありません。

② なぜ一つの内容項目か、なぜ学級の問題を扱わないのか

「現実の問題は色々な内容項目が関わるのに、なぜ道徳科は一時間に一つの内容項目しか扱わないのか」「なぜ、学級の中で起こっている問題や、学級の子どもが書いた作文を使って授業をしないのか」と尋ねられることがよくあります。

確かに、子どもたちがこれから先に出会う問題は、複数の内容項目が絡み合うものばかりです。しかし、だからこそ道徳科は、一つの内容項目で進めるのです。その理由は、道徳科の特質にあります。

道徳性は、「日常生活や今後出会うであろう様々な場面や状況において、道徳的行為を主体的に選択し、実践することができる内面的資質」です。つまり、**現実のどのような場面や状況に出会うかは分からない**のです。そのとき、**子どもたちには、自分の道徳性を総動員して深く考え、適切に判断して行動してほしい**わけです。当然、様々な内容項目が関わります。それらを、より深く、より広く考え、判断できるようにするために、**道徳科で内容項目一つ一つについて深く考えられるようにしておく**ことが大切なのです。もし、道徳科で複数の内容項目を安易に扱ったら、浅い学びしかできないでしょう。

一方、**学級の中で起こっている問題は、特定の場面や状況**です。そして何より、具体的な解決策を話し合うことになります。これは、**学級活動として、しっかりと話し合い、解決を図る**ことが大切です。

道徳科で養う道徳性は、これから先、どのような状況や場面においても、自分の頭の中で多面的・多角的に考えを巡らし、主体的に判断できるような内面的資質なのです。

特別収録

どうする？　とくだ先生！　マンガで考える道徳教育

「どうする？　とくだ先生！」について

「どうする？　とくだ先生！　マンガで考える道徳教育」は、日本文教出版のウェブサイトで公開しているマンガ作品です。「道徳教育」について、マンガで分かりやすく解説しています。

監修・畿央大学大学院教授 **島　恒生**
作画・**たら子**
原作・日本文教出版 編集部

登場人物紹介

徳田 一道（とくだ かずみち）
主人公。若手の中学校教師。「道徳」について悩んでいたときにモモとルルに出会う。第7回からは、異動先の学校で道徳教育推進教師になった。

モモ
なぜか、一道に「道徳」について教えてくれる妖精（？）。

ルル
モモと一緒に、「道徳」について教えてくれる妖精（？）。一道にしか見えないはずが……？

ララ
モモとルルの上司。犬の姿をしている。

保理 倫（ほり ひとし）
第6回までの一道の同僚。

愛智 恵（あいち めぐみ）
第7回からの一道の同僚。一道と一緒に道徳教育推進教師を務めている。

知多 正義（ちた まさよし）
第7回からの一道の同僚。ベテラン教師で、生徒指導主任を務めている。

仁科 良子（にしな りょうこ）
第7回からの一道の同僚。一道のクラスの副担任を務めている。

【初出】
第１回 … 平成25年12月12日
第２回 … 平成26年１月20日
第３回 … 平成26年４月10日
第４回 … 平成26年６月23日
第５回 … 平成27年６月12日
第６回 … 平成28年11月18日
第７回 … 平成29年10月20日
第８回 … 平成30年１月19日
第９回 … 平成30年10月12日
第10回 … 平成31年２月８日
第11回 … 令和元年８月９日
第12回 … 令和２年１月31日

https://www.nichibun-g.co.jp/data/education/doutoku-manga/

※本書収録にあたり，一部セリフ等を修正して掲載しています。

どうする？とくだ先生！
マンガで考える道徳教育

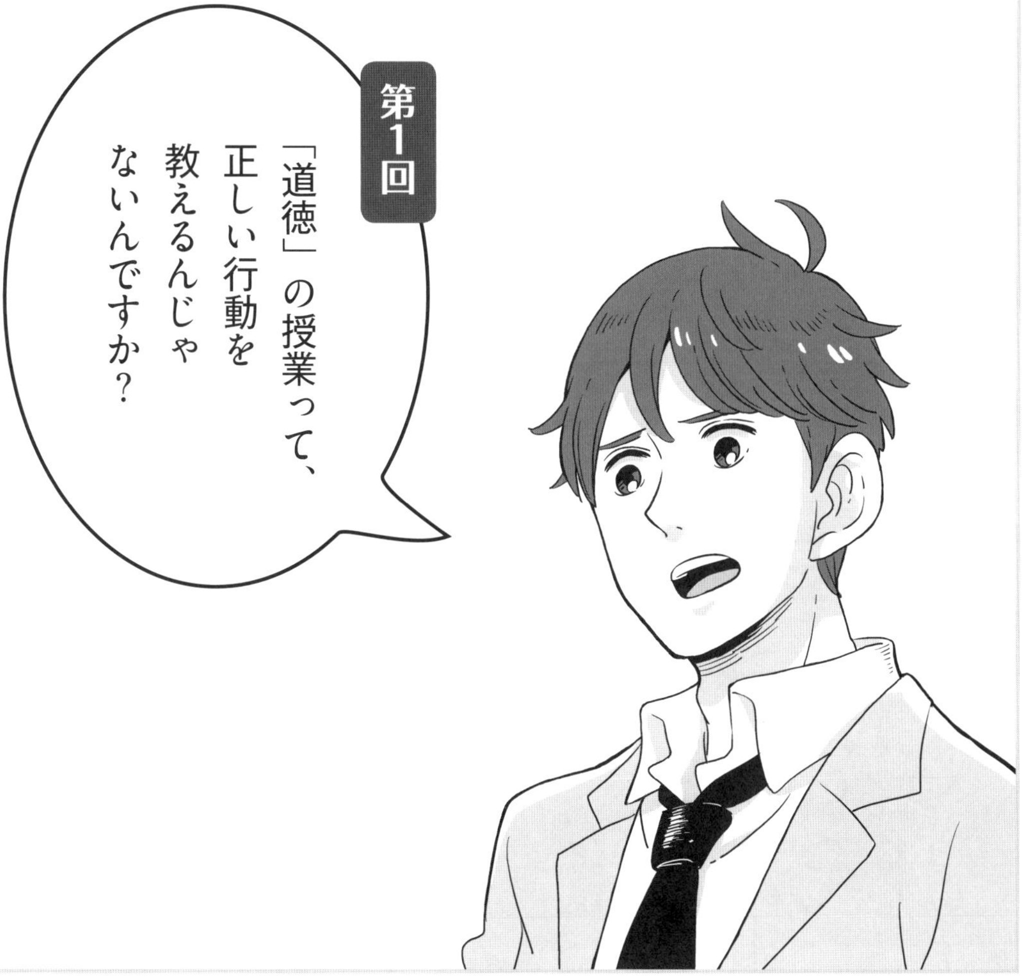
第1回
「道徳」の授業って、正しい行動を教えるんじゃないんですか？

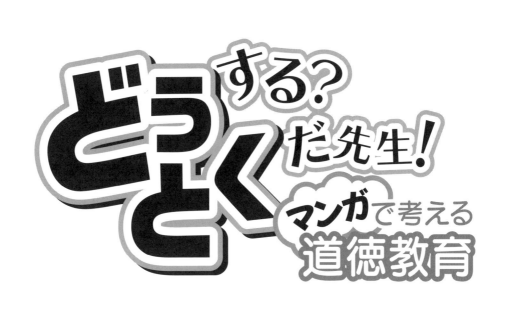

毎度ありー
わい
わい
徳田《とくだ》一道《かずみち》
中学校の若手教師
はぁ
念願の教師にはなれたけど…
ジ
二度付禁止!!
や、やめておこう…
もぐもぐ
まさか僕が「道徳」を教えるなんてなぁ…
道徳
今「道徳」って言った？
あれ…？今確かに声が…
こっちこっち！
「道徳」のことならおまかせよ!!
ぶりっ
えぇ!?
……
しゃ、しゃべってる！動いてる…！だ、誰!?
モモ
なぜか一道に「道徳」について教えてくれる妖精（？）
「道徳」のことで悩んでいるんでしょ？だったら私たちに何でも聞いていいのよ？
…って、もうルルもこっち来て！

ルル
モモと一緒に「道徳」について教えてくれる妖精(?)
え～そんなやつ一人で面倒みられるだろ～
僕の浅漬け!?
めんどくせ…
浅漬けくさっ
今日は飲みすぎたんだきっと…
僕にしか見えてないみたいだし…
おまたせしました～
ぶつぶつ
ちょっと～悩みがあるなら早く言っちゃいなよ～
浅漬け乾くよ～
イラッ
わっわかりましたよ!
「道徳」のことなら何でも聞いていいんですね!?
そう来なくっちゃ!
僕、どうやって「道徳」の授業をすればいいのか、正直わからなくて…
たとえば「規則を守ることは大切だ」なんて生徒は知ってます
わかりきったことをわざわざ教えても意味がないような…
規則を守ろう!!
知ってる…
知ってる…
知ってる…
確かにね～
ちょっとこのにごり梅酒ロックを見て!
すすーっ
案外力持ちだな

カラン…
たとえるなら…
「規則を守る」は氷の見えている部分、
「行動」そのもののことね！
見える
行動
じゃあ見えない部分は何か…って、ちょっと！ルルも説明しなさいよ！
キッ
え～～そうだな…
一道、さっき串カツの「二度付け」をためらったのは何でだ？
えっ…それは…
居酒屋の店主に怒られるから…
周りによく思われたいから…
皆が気持ちよく食事ができるように…
う～ん
そう、それが氷の見えない部分、「心の内面」だ
また食ってる…
この「行動」を支える「心の内面」
すなわち「道徳性」を豊かに育てていくのが…
行動
心の内面＝道徳性
見えない
ビシッ
「道徳」の授業だ!!

そう、だから「道徳」の授業は…
「規則を守ることは大切だ」と正しい行動を一方的に教えるのではなくて、
先生に見つかったらやばいからでしょ
うーん…
私は皆で楽しく過ごせるからだと思うな
そんな考え方もあるんだ
「なぜ大切か」を考え合い、生き方についての考えを深め、「道徳性」を養う時間なの
自分はどう考えていこう…
ま、いろんな考えがあるけど
「店主に怒られる…」ってよりは「皆が気持ちよく食事ができる…」と考えるほうが広くて深いよな～
むしゃむしゃ
しかも大人だって悩むんだもの「道徳」の授業は教師も一緒に考える時間なのよ!
なるほど…僕、できそうな気がしてきました!
やってみます!!
お礼になるかわからないけど、何でも好きな物食べてください!
別にお礼なんて求めてないけど、コラーゲン鍋で!
おっ、いいね～じゃあこっからここまで
どんどん持ってこーい
はっ
寝てた!?
あ…なんだぁやっぱり夢かぁ…
ははは
しん…
お会計は一万二千三百九十円です
ちょっと…「考える」時間をください…

どうとくする？だ先生！ マンガで考える道徳教育

第1回　まとめ

「道徳」の授業では，

行動を一方的に教えるのではなく，

その行動を支える

「道徳性」を養うことが大切です。

「道徳」の授業は，
教師と児童生徒が
一緒に考える時間だよ

どうする？とくだ先生！ マンガで考える道徳教育

徳田一道
う、う～ん
もう昼か…
もぞ
徳田《とくだ》一道《かずみち》
うわぁ
溜まってるな…
ごちゃ…
でもせっかくの休日だし…
後でやろっと
おやすみなさ～い
…て、
で、出た～!!
ひぃやぁ!?
ずざざざざ
何よその言い方!!
それより一道、
食器も服も
あのままで
いいのか?
げっ
ルル
じ…自分でも
わかってますよ…
こんなだらしない
人間が道徳を
教えるなんて
よくないです
よね…
うじ
うじ
そこまで
言って
ないだろ
よく聞いて
一道
モモ
人には弱さと強さが
あるものよ。
教師だって完璧な
わけじゃないわ。
だからね…
仕事＜《より》食欲
そうだ!
私は自分の
弱さを
認めているぞ!!
それは
「弱さを認める」
じゃなくて
開き直りよ!!
ぐぬぬぬぬ
何くそ!!

私だってこのままじゃダメだって思ってるし!!
ワーギャー
ならそのお菓子を放しなさいよ!!
ねぇ俺のこと忘れてない？
で、でも一道も弱さを乗り越えてちゃんと家事をしたことあるでしょ？それはどうして？
えっそうだなぁ…
ぜぇはぁ
「恋人にキレイ好きって思われたい」とか、
いないけど…
「この前は二度寝して後悔したから」とか…
ほら、一道にも「このままじゃダメだ」っていう気持ちがあるのよ
つまり、教師としてあるべき姿はだな…
?
道徳的に完璧であることよりも、自分の弱さを自覚し、
ずるずる…
実は先生も家事をサボることがあって…
私はよく宿題を後回しにしてマンガ読んじゃうんだ～
僕は苦手なことを先にやれば、楽しい時間がもっと充実するって思ってるよ！
なるほど〜
よりよい生き方を生徒と一緒に考え合おうとすることなんだ
弱さを認めて一緒に考え合うか～うんうん！なるほどね！
いいぞ！その調子！ところでコレも一道くんの「弱さ」かな？
ニヤニヤ
マイソングノート
Vol.07
おっ俺のノート!?
何でここに!!
なになに、「オレは尖ったガラスの破片のように…」
うわぁ…
それは「弱さ」じゃなくて「弱み」だ～っ!!やめてくれ～っっ!!

第2回　まとめ

教師としてあるべき姿は，
道徳的に完璧であることよりも，
よりよい生き方を
児童生徒と一緒に考え合おうと
することです。

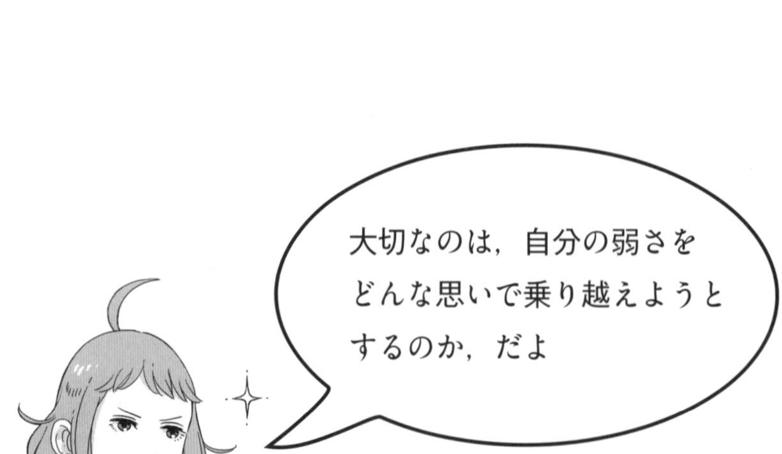
大切なのは，自分の弱さをどんな思いで乗り越えようとするのか，だよ

どうする？ とくだ先生！ マンガで考える道徳教育

第3回
道徳の授業がなくても、道徳って身につくんじゃないんですか？

△△ケアセンター
○○中学校
職場体験学習
うんうん
皆、頑張っているな…
…こういう体験だけでも、思いやりの心って育つんじゃないのかな…
もちろん豊かな心が育まれるわ
でも道徳教育には二つの側面が必要なのよ
!!?
ルル
モモ
徳田《とくだ》一道《かずみち》
同じ体験でも感じることは生徒それぞれ違うからな
なんでココに…ていうかそのサイズ…
たまには大きいのもいいだろ?
いいだろってそういうことじゃ…
そんなことより、ほら あそこを見て
ありがとうね
助かるよ
あっちへ行ってちょうだい!!

な、なんだよぉ
フンッ
!
せっかくしてあげてるのに…
こらこら、鈴木くん
もぉ〜カヨさんっ
フンッ
確かに、同じ体験でも生徒によって育つ心や捉え方は違うよなぁ…
つんつん
でも鈴木くんはいい学びをしたぞ
ルル、どういうこと?
だから道徳の授業が大切なんだ
なのよ♪
一週間後
ガラガラガラ
起立ーっ
お、やってるやってる
ひょこ
一道のお手並み拝見ね
今日は「本当の思いやり」について考えてみよう!
ドキドキ…

さて、雨の中傘を差しながら、主人公はどんなことを考えたのだろう
トン トン
自分の親切は相手にとって負担だったんだ
相手の立場に立ってみると…
私もそんなことが…友達は私のためにしてくれてるんだけど、逆につらくって…
先生、僕も…
実はこの前の職場体験で…
お茶をどうぞ！
新聞です！
肩をもみましょう！
つい、してあげてるって思っちゃうんだよね
できることまで手伝われるといやだもんな～
みんな本当の思いやりって何だと思う？
相手に気遣いをさせないこと…
相手にとって何が大事なのか考えること…

キーン
コーン
カーン
いい授業だったわね 一道
そ、そうかな!!
思いっきり生徒に助けられてたけどな！
ガク…
はっきり言って、そうでございます…
いろんな場で生徒は心を育てているんだね
大丈夫？
ありがとう
助かるよ
田中
それらの体験をもとに、道徳の授業で考え合うことで
一人ひとりの見方や考え方が深まった…
日頃の教科や活動などでの体験と
国語
それを「補い」「深め」「まとめる」道徳の授業の両方が…
大切ってこと!!
ビシッ
あっ先生！
僕、もう一度カヨさんに会いに行ってくるよ！
そ、そうか！
じ〜ん
それとね、カヨさんが「先生に女の霊が二人憑いてるから気をつけなさい」って言ってたよ！
じゃ!!
ササ
……霊？
すすす鈴木くん!! 先生も一緒に行くよ〜っ!!
除霊頼もう！
鈴木くん、カヨさんの話ちゃんと聞いてたのね
霊って私たちのことだろ？ カヨさんには見えてたんだな！
はははは

どうする？どうとくだ先生！
マンガで考える道徳教育

第3回　まとめ

教育活動全体で行う**道徳教育**は**体験**を通して，
要《かなめ》としての**道徳の授業**は**考え合うこと**を通して，
豊かな心を育てます。
この両方が大切です。

※小学校では，この他に「外国語活動」があります。

どうする？ とくだ先生！ マンガで考える道徳教育

第4回

わふっ
フーン フーン♪
ララ
モモ
ルル
おーい 一道!!
えっ…学校に
犬!?
はっはっ はっはっ
二人とも…!? ダメじゃないか ペットを連れて来ちゃ…
ペットじゃない! ララ様は私らの上司… 今日は見学に来たんだよ…
わふっ
上司…? 君たちは上司に乗っているのか?
さておき、ずいぶん余裕のありそうな顔だったわね 一道
先生一人で何してるんだろ…
もう 道徳の授業の進め方がわかったからね!
どやっ
徳田《とくだ》一道《かずみち》
道徳の授業に正解も間違いもない、認めることが大切なんだ!!
……ふーん
…主人公は努力を続けようと思ったんだね
では、努力することが大切なのはなぜだろう
意見はあるかな?

いよいよ中心場面！一道、ララ様にいいところを見せるのよ!!
モモ張り切ってるな
はいっ
努力はウソをつかないからです！
意見が出たぞ！
おっなるほど！
よし、当たった！
でもさ…努力したってどうせ才能がなきゃ成功しないんだから意味ないんじゃない？
たしかに…
だよな～
まったく別の意見が出たわ！
ざわ
ざわ
えっと…そういう考えもあるよな…
生徒の意見は受け止めないと…！
じゃあ努力してもダメじゃん!!
他の生徒も賛同してるな…
ターン
一道は動揺しちゃってるわね…
……ってあれは!?
スチャッ
ヘッドマウント☆ガイド!!?
わっ
※生徒たちには見えていません

にょきっ
心の矢印が僕に…!!
みんな僕の中に「答え」を探ろうとしているのか?
そう、主人公は自分には才能がないかもしれないと思ったし、実際、失敗した
それでもまた努力を続けようと思ったのはなぜだろう?
ぱくぱく
声が勝手に…!!
そうだね…
努力してるね
もしかしたら成功するかもって思ったから?
なるほど
一か八かってことだよ
なるほどね
意見は認めているけど、あえて取り上げてないわ
ごん
かいせつ
逃げたくなかったんじゃないかな?
すっ
どういうこと?
この意見では立ち止まったわ!
諦めてしまうような自分がいやだった
最初からダメだと決めつけていつも逃げている自分を変えたかったとか…
じじじじ…
そうそう!それそれ!
自分と闘ったわけだ!
見て!矢印が…
かいせ

自分と闘う…か。みんなはそういう経験ってある？
ピャー
あるある！
俺、小学校のときレギュラーになれなくて野球を辞めかけたけど、辞めずに六年間努力し続けたことは今の自信になってるよ
くるんっ
僕の方を向いていた「矢印」が
生徒たち自身の方を向き始めている…
キーンコーンカーン…
道徳おもしろかった！
そ、そう？
一道が言うとおり、道徳に「正解」も「間違い」もない！でも、「色んな意見があるね」だけでは深まらないんだ
自分の考えを押しつけてしまわないかと不安で…
教師の「正解」を生徒に当てさせるんじゃなくて、
クイズ大会
ハイ！
ハイ！
生徒自身が自らに問いかけて、授業の「ねらい」に近づくことが大切なのよ
そのために「立ち止まるポイント」が必要なんだ
それにしてもララ様は頼りになるわ！
わふっ
わわふっ
わふっ
(努力を続ければきっと私のようになれる)
キリッ
ララ様のように…？
あんなシワシワにならないように今から努力しないと…!!
私、なるならシェパードみたいなのがいい…
犬の図かん
そうだ、ララ様みたいな便利な帽子、売ってないかな～♪
わふっ～ん
(努力の方向を考え直せー!!)

どうする？どうとくだ先生！マンガで考える道徳教育

第4回　まとめ

かいせつ

道徳の授業に，
「正解」も「間違い」もありません。
しかし，立ち止まりたい意見はあります。

立ち止まって，みんなで
そのよさを考え合うのが
道徳の授業です。

児童生徒が
自分自身に問いかける
ことができるようにね

どうする？とくだ先生！
マンガで考える道徳教育

……え？
徳田《とくだ》一道《かずみち》
しまったぁ〜
道徳のことなら何でも聞いて!!
読み物教材を読ませれば、道徳の授業になるんですよね？徳田先生。
保理《ほり》倫《ひとし》
一道の同僚の教師
ええっとそれはですね〜……
おっと、時間だ！もう行かないと！
ガラッ
あとで教えてくださいね！
も、もちろんだよ…
おい、一道!!
助けが必要かな？
ルル
モモ
やっぱり出たー!!
僕の机…
何よ、見栄張っちゃってさ！
き、今日はお二人なんでしゅね…
ララ様は出張中だよ
ノンシュガー

一道は生徒が授業中にどこを見ているか考えたことある？
ガサガサ～
どこを…？
そ、そんなことないですよ…
アメ発見!!
無理無理、まだ一道は指導案を見るので精一杯だもん
上、下、前、横、のどれかよ？
下を見るって…教師と目を合わせないため…？
目が合うと当てられる～…
って、それはかつての一道の授業だろっ
コソッ
そうじゃなくて
一生懸命読み物教材を見ているのよ
教材を読まないの？
もちろん読むわ
でも、道徳と国語の読み物教材は、それぞれ役割が違うの。どう違うと思う？
う～ん…
そうだなぁ…

国語の読み物教材は読解力を鍛えるためのもの
でも、道徳の読み物教材は道徳的価値について考え合うための「テーブル」なんだ
やさしさだね… なるほどね… でもさ、思いやりは…
だから道徳の授業は、クラスの全員がきちんと教材を読み取れていないと始まらないのよ
ウロ ウロ
なるほど…
ということは…生徒がずっと下を見ている授業は？
教材の読み取りに終始しているか、教材の文中に答えを探しに行っている授業だな
じ〜〜 じ〜〜 じ〜〜 じ〜
確かに、道徳は読解力を育てる時間じゃないよね
道徳の授業で考え合うことは、教材の中には書いていないのよ

書いていないなら、「自分だったらどうか…」って考えるね
のどアメじゃんコレ…
つまり、自分の心の中を問うことになるの
じゃあ、前を見る授業がいいんだ！教材の読み取りができてるってことだもんね！
準備はOK!!
でも生徒が一斉に前を見ているだけじゃ話にならないだろ
じ〜〜〜
ぐううう
生徒がずっと前を見ている授業は、先生が話し過ぎている授業よ
「伝えねば」とばかり考えている授業だな
たとえば…
ぺちゃくちゃ
結局…
つまり…
……
そもそも…
う゛!?
僕の授業だ…
わかればよろしい

ということは
道徳は上を見て
横を見る授業が
いいんだ？
そう！
「自分はどうかな」
と天井を見てから
「友達の意見が
聞きたい」
と横を見て
みんなで考え合う授業よ
言ってみれば
「居酒屋」のような
ものだな
ハラヘッタ…
!!
まーた
自分の好みに
もってく〜
読み物教材を
ただ読むだけ
じゃなく
それぞれの
考え方や生き方を
深め合い、高め合うのが
道徳の授業さ
ははぁ〜ん
なるほど
なるほど…
キーンコーンカーン…
ガラ…
あっ！
保理せんせーっ
保理先生！
先ほどの答えですが
今晩、お暇ですか？
えっ
あ、はい！
？
あと二人くらい
誘って〜…
一道、本当に
わかったの
かしら…
何かイヤな予感…
そう？

いらっしゃいませ〜
酒・ビール
居
徳田先生、答えを教えてくださいよ！
フフフ…これですよ
これ!!
……？
わい
わい
わい
みんなで一つのテーブルに着いて、みんなでわいわい考え合うんです！
は、はぁ…
だからテーブルが…
まさか本当に居酒屋に来ちゃうなんて…ララ様がいなくてよかっ…
ワフ
ララ様!!
おかえりなさい…
ワフ
ワフ
いったい一道に何を教えたのだ？
ちょうどいい…君たち二人には一道の担当を外れてもらう…
ご誤解で…
えええぇぇ〜っっ
酒屋

第5回　まとめ

読み物教材を読むだけでは，道徳の授業にはなりません。
下や前ではなく，
「上を見て横を見る授業」を通して
自分の経験や考え方を振り返り，
お互いの考え方や生き方を交流し，
それを深め合い，高め合えるように
しましょう。

ワフッ

ま，まさに
わいわいがやがやの
「居酒屋の授業」ですよね！

どうする？ とくだ先生！ マンガで考える道徳教育

第6回

ところで徳田先生、今度道徳の授業を参観させてくださいよ！
あ、ああ えー～っと…
…と、いうことでお願いします
せ、先生はどうですか？明日、道徳の授業ですよね
トントン
ええ…構いませんが…
どうも生徒の考えが深まらないんです
実は僕もそうなんですよ
最近モモやルルが来なくなったからかな…二人はどうしたんだろう
とにかく一度見てください

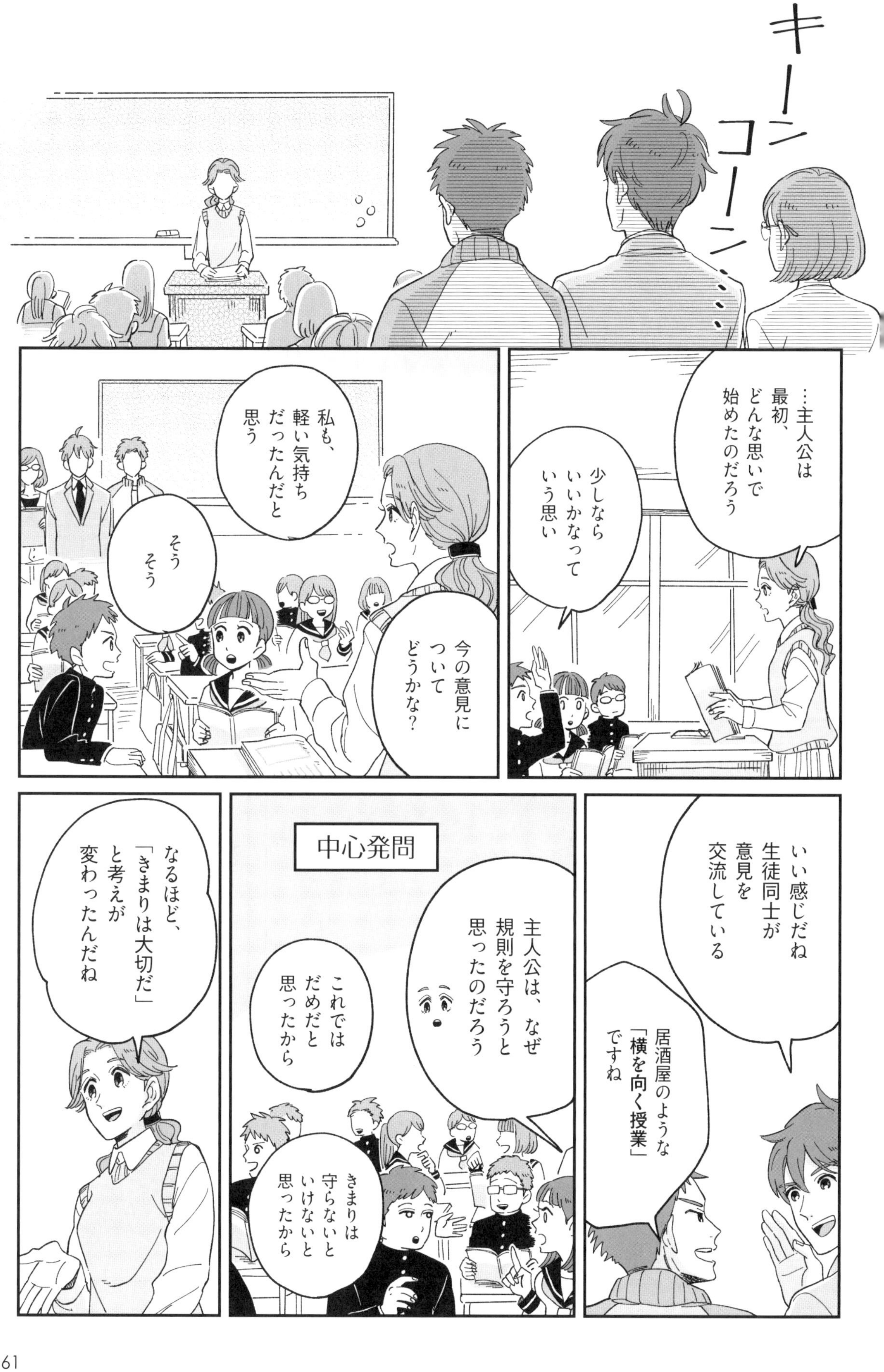
キーン
コーン……
…主人公は最初、どんな思いで始めたのだろう
少しならいいかなっていう思い
今の意見についてどうかな？
私も、軽い気持ちだったんだと思う
そうそう
いい感じだね生徒同士が意見を交流している
居酒屋のような「横を向く授業」ですね
中心発問
主人公は、なぜ規則を守ろうと思ったのだろう
これではだめだと思ったから
きまりは守らないといけないと思ったから
なるほど、「きまりは大切だ」と考えが変わったんだね

確かに考えている しかし… モモとルルが 見たら どう言うかな…
登場人物の 考えの変化を 追っているだけね
心情理解
もわわ〜ん
「きまりは大切」 なんて 生徒は最初から わかっているもの
わかりきったこと
うう、 手厳しい…
キーンコーンカーン…
でも どうすれば…
ちゃんと 考えさせて いるんですが…
ガラガラガラ…
考えさせている… でも何か足りない 気がする…
「心の内面」 …… そうか!
「心の内面」は 「登場人物が考えたことや 感じたこと」だけじゃない! 「道徳的価値に対する 考え方や生き方」まで 問わないといけないんだ
どういうこと ですか?

「心の内面」は実は二層になっているんだ！
キュキュキュ〜
今回の授業で問いたかったのは、「規則とは何か」や「なぜ規則が大切なのか」という「道徳的価値に対する考え方や生き方」だったんだ
行動
（見える）
心の内面
（見えない）
教材の状況
（登場人物の行動や出来事）
登場人物が考えたことや感じたこと
道徳的価値に対する考え方や感じ方，生き方
キュッ
なるほど！でも、それをどうやって生徒と考えれば？
先生、みんなで考えましょう！
中学二年生なら「規則は私たちが作ったもの」というところまで考えてほしいよね…
生徒の実態としては…「規則は私たちを束縛するもの。だいたい、固すぎる」と考えている…
それなら、「規則は固すぎる」という考え方と「規則は固くなければならない」という考え方の違いを問うんだ！

うっ…
すごい！一道たち、ちゃんと考えられたじゃない…
そうじゃな
あっ ララ様…
一道は育ったのう…しかもこれだけではないぞ
一道の授業は、伝えるだけの授業から、生徒と一緒に考え生徒自らが発見する授業に変わってきた
生徒会活動内容
生徒たちには、自立の力が育ち学力も上がってきた

職員室も道徳の授業の話題で活気ある雰囲気になった
「チーム学校」になったんだね…
私たちの役目は終わったのかも…
さようなら一道…
すんすん
ララ様……
一道をよく育てたのう…お前たちを担当から一度外したのも一道の自立を促すためだったのだ
褒美に、欲しいものをあげよう
…じゃぁ居酒屋のクーポン券を…
居酒屋クーポン
？
語り合うのが道徳だね…

第6回 まとめ

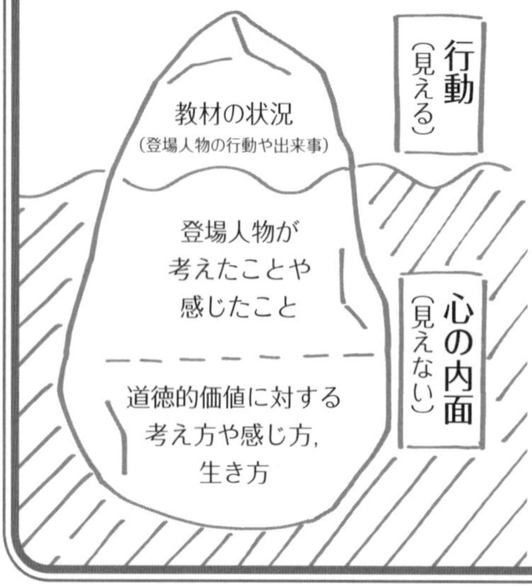
教材の状況
（登場人物の行動や出来事）
行動
（見える）
登場人物が
考えたことや
感じたこと
道徳的価値に対する
考え方や感じ方，
生き方
心の内面
（見えない）

児童生徒の考えが
深まる授業に
するためには，
「道徳的価値に対する
考え方や生き方」まで
考え合うようにしましょう。

どうする？ とくだ先生！
マンガで考える道徳教育

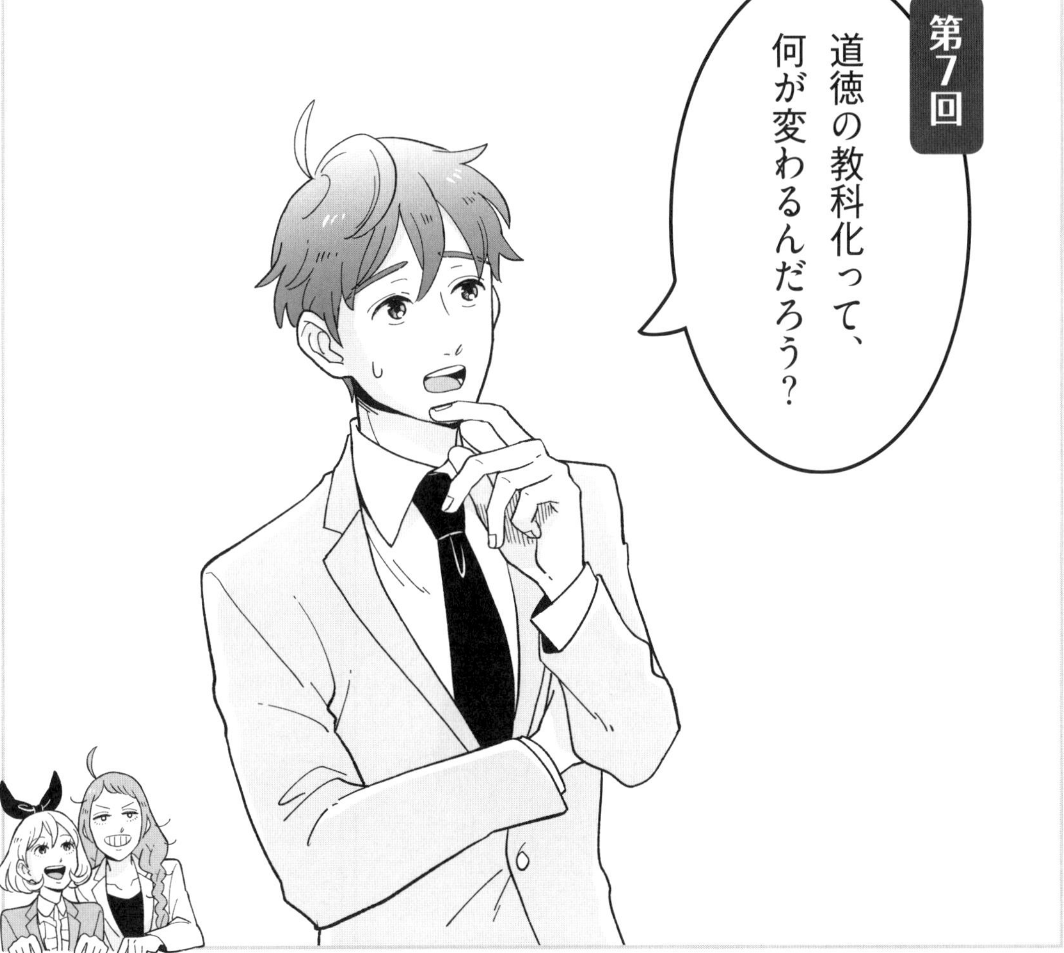
第7回
道徳の教科化って、
何が変わるんだろう？

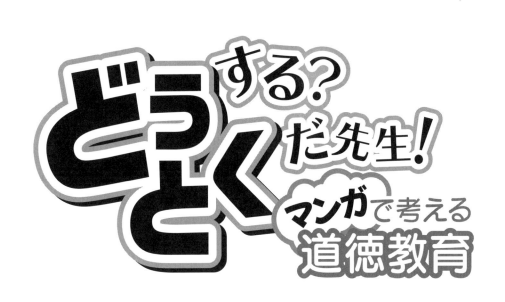

春休み
○○中学校
校長室
おはようございます
おはよう
徳田先生 ようこそ ○○中学校へ！
よろしく お願いします！
徳田《とくだ》 一道《かずみち》
中学校の 若手教師
前任校での ご活躍は 聞いています。 そこでね…
徳田先生、 わが校の 道徳教育 推進教師に なってください！
ガタッ
えっ!?
ここが僕の 机だな…
失礼します
ギシ
どうしよう… 推進教師に 道徳の教科化…
前の学校では あの二人に 助けてもらったけど 今は……
ガラガラ、、、

バッ
こんなときこそ！
モモ
なぜか「道徳」について教えてくれる妖精（？）
私たちの出番ね！
ルル
同じく妖精（？）なぜか一道にしか見えない
……
うわっ
二人とも！僕を追って来てくれたのか！
?
そんなんじゃないし！
うわってなによ
一道が推進教師なんて偉くなったわねぇ～
ま、まあ…
それじゃ教科化についておさらいするわよ！
ここでの気持ちは～
○○の気持ちは～
心情理解のみの授業
思いやりは大事です！
そうだ!!
わかりきったことを言わせる授業
今回の教科化は「いじめの問題等への対応」が発端で、「軽視されがちな道徳の時間」の改善などがその理由なの
そうそう昔の僕だ…
懐かしいな

教科となっても道徳教育の基本的な考え方は変わらないわ
・道徳科を要《かなめ》として学校の教育活動全体で行うこと
・内面的な資質である道徳性を養うこと
この二つね
日常生活
各教科
特別活動
文化祭
国語
総合的な学習の時間
要としての道徳科
学校生活
学校の教育活動全体で行う道徳教育
家庭・地域での生活，活動
※小学校では，この他に「外国語活動」があります。
ここでクイズだ！「道徳性」とは何だったかな？
ビッ
！
えーっと…
「自立した人間として他者と共によりよく生きるための基盤」だよね
道徳性
（内面的な資質）
道徳的な判断力、心情、実践意欲と態度
そう、人間としてどう生きるかを自分で考えながら行動することが大切だね
そして、「学校全体の道徳教育」と「道徳科」では、「道徳性」の育て方が違うんだ
日頃の教科や活動などでは「体験」をとおして
大丈夫？
国語
道徳科ではその体験や教科書の教材などをもとに「考え合うこと」をとおして道徳性を養うの

【道徳教育の目標】 道徳教育は，教育基本法及び学校教育法に定められた教育の根本精神に基づき，自己の生き方*を考え，主体的な判断の下に行動し，自立した人間として他者と共によりよく生きるための基盤となる道徳性を養うことを目標とすること。
「小学校学習指導要領」（平成 29 年告示）第１章　第１の２の (2)。　＊中学校は「人間としての生き方」

「考え合う」授業の実現がポイントだね
教師が一方的に
規則は大切だな!
知ってる……
児童生徒が主体的・対話的に
それは……
規則はなぜ大切なんだろう
でも……
そう、児童生徒が主体的・対話的に考え合う授業だ
教師が一方的に教え込むんじゃなく、児童生徒同士が「上と横を見て」話し合う授業にしていかないとね
そして、授業では、登場人物の心情理解に留まらず
道徳的価値のレベルまで考えられるようにすることが大切だ
行動（見える）
教材の状況
（登場人物の行動や出来事）
登場人物が考えたことや感じたこと
心の内面（見えない）
道徳的価値に対する考え方や感じ方，生き方
ごまかさず、正直でいる
ずるい自分でありたくない
正直な態度は、自分の心の弱さに打ち克つ「誇り」から生まれる
教科化では問題解決的な学習、道徳的行為に関する体験的な学習なども例示されているけれど
例えば、具体的なおじぎの仕方を体験するだけじゃなくて…
どうして大切なんだろう
その行為の意義を考え合うことが必要なんだね!
そう。それぞれの学習のよさを大切にしながら、ときには組み合わせて
失礼しました
児童生徒が多面的・多角的に考え、自分の生き方に生かせるようにするんだ

【道徳科の目標】 第１章総則の第１の２の（２）に示す道徳教育の目標に基づき，よりよく生きるための基盤となる道徳性を養うため，道徳的諸価値についての理解を基に，自己を見つめ，物事を多面的・多角的に考え，自己の生き方*についての考えを深める学習を通して，道徳的な判断力，心情，実践意欲と態度を育てる。
「小学校学習指導要領」（平成29年告示）第３章　第１。　　＊中学校は「物事を広い視野から…」，「人間としての生き方」

評価も必要と聞いたけど…できるかな…
生徒の道徳性そのものの評価や道徳科の成績をつけるように思われがちよね
だから、道徳科の評価は
・他人と比べない個人内評価で、
・学習状況や道徳性に係る成長の様子を
・大くくりに記述式で行うことになったのよ
多面的・多角的な見方へ発展しているか…
自分のこととして考えているか…
大切なのは、一人ひとりの学習の状況や成長を見取り、プラス方向で励ますことなんだ
Aさん
Bさん
ふだん、生徒理解のためにしていることに似ているね
また、評価は授業をさらに改善するためにも大切よ
評価するとき、注意したいのは次の点ね
数値評価はしない
5
3
4
個別の内容項目は評価しない
礼儀は…
自然愛護は…
観点別評価はしない
心情は…
判断力は…
入試に活用しない
高校入試
調査書
ちなみに、学校教育全体での具体的な行動は、これまでどおり「行動の記録」に記載するんだ
道徳科の評価とは別なんだね

まとめると、道徳教育の基本的な考え方は「変わらない」けれど児童生徒が真剣に考え合う授業へと「変えて」いくのよ
一道は道徳教育推進教師になったんだから、
ぐっ
ぐっ
ぐっ
「チーム学校」として、みんなで協力して取り組むんだぞ！
何してるんですか？
ドキッ
あ
あ、いえ、なんでも
徳田先生ですよね？
どうせ私たちのこと見えないって……！
オス！
私、愛智 恵です。よろしくです！
あ、あ、よろしくお願いします！
愛智《あいち》 恵《めぐみ》
一道の同僚の教師
実は私も推進教師になりなさいって言われたんですよ！
えっそうなんですか。じゃあ一緒に頑張りま…
お～！
複数配置か！
校長先生、本気だね！
ひょこ
！！？
ん？
何ですかこれ…？

どうする？どうとくだ先生！マンガで考える道徳教育

第7回　まとめ

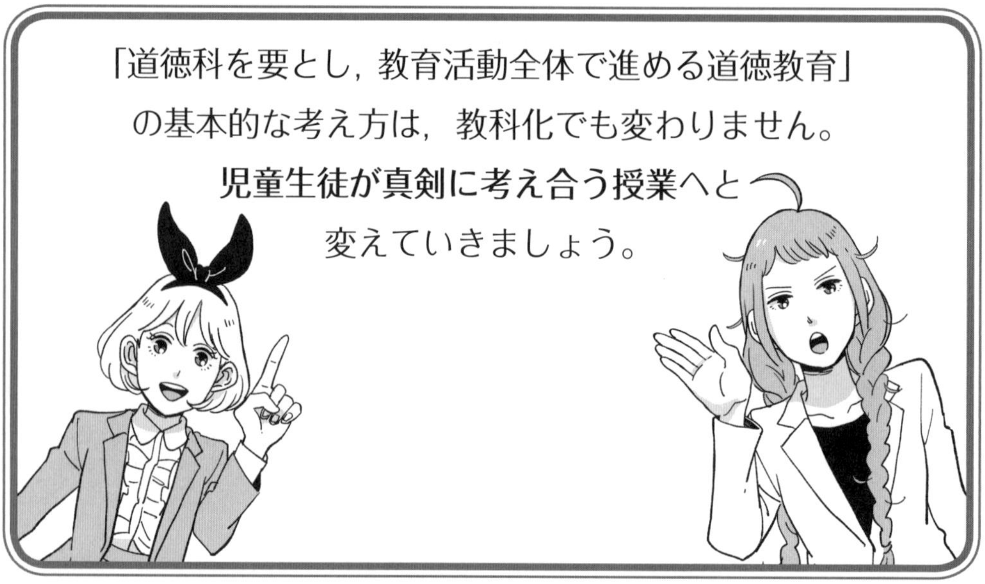
「道徳科を要とし，教育活動全体で進める道徳教育」
の基本的な考え方は，教科化でも変わりません。
児童生徒が真剣に考え合う授業へと
変えていきましょう。

あれは…

どうする？ とくだ先生！ マンガで考える道徳教育

第8回

何ですか
これ…？
愛智《あいち》 恵《めぐみ》
いや、
こ、これは…
徳田《とくだ》一道《かずみち》
ルル
モモ
まずい！
どうして
愛智先生には
見えるんだ!?
……
……
じりっ…
ぱっ
なるほど！
そういう趣味も
ありっすよ！
え？
ま、一緒に
道徳教育
推進教師
がんばり
ましょう！
じゃ！
ぱっ
ぱっ
あの…
えっと…
???
た、
助かった…？
ブツブツ
でも…
趣味って…？
数日後
たっ
たっ
たっ
たっ
ドンッ
わっ
どうしたんだ
危ないだろう…
……
この子
確か
愛智先生の
クラスの…
…徳田先生、
だっけ？
校長先生が
言ってたけど
徳田先生って
道徳の先生なの？
ん？
そういうわけ
じゃなくて…

ねぇ道徳って成績がつくんでしょ？
！
いや、そんなことは…
それならあたしは0点だね…
あ、ちょ…
……
たっ
さようなら
職員室
…エリですね
あの子が道徳の成績をね…
何かあったんですか？
エリはもともと意欲的な子だったんです でも怪我で休部してから だんだん態度が悪くなってきて
怪我が治っても部活をさぼるようになって…
周りに置いていかれるって感覚なんですかね？ 私が声かけても「先生にはわかんない」って…
挫折感かなぁ…
でも正直 私も道徳の評価ってよくわかんないんですよねー
評価の方向性
・学習状況や道徳性に係る成長の様子を見取る
・成長を励ます個人内評価
・大くくりに記述式で行う
「中学校学習指導要領解説」（平成29年7月）
数値評価しないって言ってもじゃあどうやって書けばいいのか…
一道！
うん
愛智先生 道徳の評価について一緒に勉強しましょう！

数日後
道徳の評価ねぇ…
よーし道徳の授業始めるぞー
エリ！顔上げろよー
……
〜〜〜…と思いました
なるほどな
よし他に意見のある人はいるかー
エリ
どうだ？
……わかりません…
聞いてないのか…
じゃあ他にー…
キーンコーン…
徳田先生… 見てくださいよ エリの道徳ノート…
よかった。
特にありません。
うーんこれは…
ノートに書かせるのも意味あるのかなぁ…
一時間の道徳だけで生徒が変わるなんて考えちゃだめよ
そう継続が大切だ
とりあえずノートには励ますようにコメントを書いたらどうですかね
励ますようにかぁ…

一週間後
よーし道徳…
エリ前向けよー
……
その一週間後
同じように思った。
エリがよく考えているってことだな!
よかった。
さらに一週間後…
最近どうですかエリの様子は
しょぼん
変化ないですねー明日の道徳もどうしよう…
道徳は行動を変える時間じゃないしな
そうなんだけどね…
……う…
…!? 愛智先生どうしまし…
ううう〜
明日の教材めっちゃいい話ですね〜
ばっ
え? あ、ああ
挫折から立ち上がった有名なアスリートの話ですね
よし!
徳田先生明日の授業見に来てくれませんか?
私全力でやります!

よし
道徳
始めようか!
今日の
テーマは
「挫折」だ
ピク
挫折して
自暴自棄に
なっていた
主人公が、再び
立ち上がれたのは
どうしてだろう
〜〜〜
誰にでも
弱い部分が
あるって
気づけたから
他人と
比べてばかりの
自分に
気づいたから
弱い自分も
含めて自分だと
思えたんだよ
はっ…
その弱さと
闘おうとする自分も
ちゃんといるよね
弱い自分って
あるよな…
実は先生にも
似たようなことが
あったんだ
すべて
投げ出したく
なったことや
どうして
自分ばかり…
と思うことも
あったよ
でも…
……
キーンコーンカーン
愛智先生の
授業
よかったわね
生徒と一緒に
自分を
見つめ直しながら
考えていたよな
徳田先生!!
あ
愛智先生

これ！
今日の授業はいろいろ考えた。
前向きになれたらいいなと思う。
今日の授業でエリがたくさん考えているのが伝わってきたよ。
「前向き」っていい言葉だな！
おお！
エリの成長ですよ
パラ。。。
私、これをぜひエリの保護者にも伝えたいです！
生徒は必ず自分なりに考えているのよ
大切なのは一人ひとりの学習の状況や成長を教師がわくわくした思いで見取り
プラス方向で励ますことなのよ
うんうん
そのためには深まる授業が大事っすね！
ってえぇーっ!?
この子たち人形じゃなかったんだ!!
あらま
イェーイ
そうですよ…
へぇ〜カワイイっすね！
でしょ〜
…
先生！
そうか！応援してるよ！
あのさ…
あたし…
愛智先生に私たちが見えたのは
この思いがあったからかもな…

どうとくする？だ先生！ マンガで考える道徳教育

第8回　まとめ

道徳の評価は,
成績をつけるのではありません。

一人ひとりの学習の状況や
成長を見取り,
プラス方向で励ます評価です。

評価は教師の授業改善にもつながるぞ
教師のわくわくした思いが大切ね

どうする？とくだ先生！
マンガで考える道徳教育

チチチ…
おはようございます
おはよう
たたっ…
徳田《とくだ》一道《かずみち》
おっ朝練かい？
モモ
ルル
コラッ
ドキドキ
ごっごめんなさい!!
廊下を走るな！
知多《ちた》正義《まさよし》
生徒指導 主任
びっくりした…知多先生か
怖いですよねー知多先生…
ヒソッ
生徒に厳しいですよね
愛智《あいち》恵《めぐみ》
ぬっ
徳田先生！愛智先生！
!!
二人にあとで話が。いいかな？
えっ!?
はっはい！もちろん…
ずんずん
キーンコーン…
職員室
もしや今の会話…聞かれてた!?

それで…私たちに話というのは…
ぐんぐっ
「考え、議論する道徳」ってのはどうすればできるんだ？
……
え？
俺のクラスの生徒はまったく考えようとしないんだ
二人は道徳教育推進教師だから何か方法を知っているだろ？
…それって自分の授業を改善したいってことですか？
別にそういうことじゃない！ただ、生徒の反応が悪いから……
素直じゃないなぁ…
それでは一度知多先生の授業を見せていただけますか？
ぐっ
うっ…かまわないが……
じゃあ次の質問いくぞ

主人公は迷ったあげく正直に言おうとした
トン トン
さあ、君らだったらどうする？
意見はないのか？悪いことをしたんだぞ
……
よし、じゃあこの列、前から順に答えてみろ
正直に言いに行きます
同じです
同じです…
ガタ ガタ
同じじゃわからん。ほかにないのか？少しグループで考えてみろ
え…
何話すの？
どうする…
何を話し合うか見えなくなってるな
——では授業は終わるが
俺が言いたかったのは弱い心に負けるなということだ
わかったか！
はい…
キーンコーンカーン

ほら、考えないだろう
むすっ
そうですね…知多先生には「伝えたい」という熱い思いがありますよね
そうだ道徳って教えるものだろう
でも「伝える、教える」だと、生徒も考えにくいと思うんすよね…
ぐん…
言葉じゃわからんな。誰かの授業を見られたらいいんだが…
…あ
チラチラ
ご覧になりますか？僕の授業…
徳田先生がそこまで言うならやってもいいぞ
素直じゃない!!
きりつっ！れいっ！
知多先生の圧が凄い…
さあ、今日もみんなで考えていこう

主人公は迷ったあげく、正直に言おうとしたんだな
どうして？ばれてないなら言う必要ないよ
なるほどな。みんなはどう？
僕もそう思う
確かに
いや だめだよね
そうかな
確かにばれそうにはない。じゃあ、「主人公を動かしたもの」って何だろう？
先生、グループで話していいですか
みんな、どうかな
賛成！
もやもやした気持ちかな
いつかばれるかもしれないし…
すす…
知多先生みたいな怖い先生がいたから、とか？
えっ…俺か？
冗談です。先生が恐いって理由なら小さい子と同じですよ
じゃ、何なんだ
ごまかしている自分が許せないとか…
だよね、そんな自分は情けないよね…
心が逃げてるっていうか…
お前たち、よく考えてるんだなぁ
中学生ですから！

キーンコーン…
授業楽しかったね
あ、あぁ…
笑った!!
知多先生生徒と一緒に話し合ってましたね！
知多先生の意見が聞けたのがよかったみたいですよ
いやぁ、あの子らがあそこまで考えられるとは思わなかったよ…逆に教えられたな
教えられた、だって！
生徒は何が正しいのか、そしてそれが簡単には実現できないことを知っています
だから教師も生徒と一緒に考え合う！
大人でさえ難しいこともな
教師がしゃべってばかりでは「考え、議論する道徳」にならないんだな…
生徒が「どうしてだろう」と思わず考えたくなる発問が大切なんですよ
そこで生徒は自分を見つめるわけか！…ところで、
ん゛ん゛っ
今日は疲れたし喉が渇かないか？
……
あっ
みんなで飲みに行きましょうか
どうしてもと言うならおごるぞ
本当に素直じゃないなー
やったー

第9回　まとめ

「考え，議論する道徳」に変えていくためには，
児童生徒が「どうしてだろう」と
思わず考えたくなる発問と，
児童生徒と一緒に考える姿勢が大切です。
それは，**教師がしゃべり過ぎない授業**です。

どうする？ とくだ先生！
マンガで考える道徳教育
第10回
担任以外の教師が道徳の授業をやってもいいんですか？

職員室
さよならー
またね
知多《ちた》正義《まさよし》
ろ…
ローテンション・・・・・
授業…?
というと….
Low Tension
違いますよ!ローテーション‼
徳田《とくだ》一道《かずみち》
一人の教師が複数のクラスを回って授業するんです!
モモ
ルル
ああ、ローテーション授業!最近取り組む学校が増えてるっていう
愛智《あいち》恵《めぐみ》
あ、あー…あれ、な!
ほんとにわかってるのか…?
で、そのローペンションがどうした
Low Pension?
え、ええですから
うちもローテーション授業で「チーム学校」の道徳教育を実現したいんですよ!
おお〜っ
ねっ!仁科先生!
ビクッ

と、というか…
担任以外の教師が道徳の授業をやってもいいんでしょうか？
仁科《にしな》良子《りょうこ》 一道のクラスの副担任
生徒のことをちゃんと理解している先生がなさったほうが…私なんかが授業して生徒が道徳嫌いにでもなったら…
あわわわわわ
俺はぜひやってほしいな。その間、担任は職員室で仕事できるし
ローテーション授業は担任も参加するんですよ。いろんな方法でね
たとえばTTを組んで担任がT2をするとか
T1
T2
一道のクラスで…
恵のクラスで…
観察者
あるいは担任は観察者として入るとか
へぇ〜そんなやり方があるのか
し、しかしですね…
やっぱり知らなかった…
ほほぉ
ひょこ
ローテーション授業！いいじゃないですか！
こここ校長‼

ばばん！
1週目
1組
（徳田クラス）
T1: 仁科
T2: 徳田
2週目
2組
（愛智クラス）
T1: 仁科
T2: 愛智
3週目
3組
（知多クラス）
T1: 仁科
T2: 知多
早っ!!
やるわね!!
じゃ、さっそく順番を…
やりましょう！私も参加できますかな？
もちろん！大歓迎ですよ！
待ってください！私、ただでさえ道徳の授業は苦手なのに…
自信ないです
だからこそですよ、仁科先生
僕たち担任も一緒にやりますから
「チーム学校」じゃないですか
……「チーム学校」…
キーンコーン
1組
今日は副担任の仁科先生が道徳の授業をしてくれます
みんな、よろしくな！
ドキッ
きょ、今日考えていくのは…

…このとき
主人公が何も
言えなかったのは
どうしてかな
周りの目が
気になった
から
だよね
結局
自分勝手
なんだよ
なるほどな
…俺は
そういうとき
いつもあとで
後悔するよ
でもその後悔が
あるからこそ、
自分の意思を
大切にできる
んじゃない？
わかるー
え？
この子…
こんな発言
するんだ。
しかも深い！
カキ
カキ
自分の授業
では気づけない
生徒のよさが
わかるな
おっ
彼の様子を
メモして
おくんだな
評価の
資料だよ
じゃあ、
〜〜〜〜
うーん
今の発問は
あとで話し
合ってみよう
キーンコーン…
お疲れ様です！
職員室で
振り返り
ましょうか
はいっ

2組
今日は私が授業しゅ・・ます！
噛んだ…
あの発問よかったっすね！
1組の授業のあと話し合っていただいたおかげです！
3組
…じゃあ、自分に自信をもつためにはどうしたらいいのか考えてみよう！
いい授業ですね。生徒の反応がいい
仁科先生の授業力も上がったでしょう
学年みんなで楽しみながら授業づくりをしましたからね
お二人ともお疲れ様でした！
来月は知多先生がローテーションお願いしますね！
任せとけ。今度は、担任は観察だな

1組で…
2組で…
キーンコーン…
カタカタ
パソコン…何してるんですか？
授業の口コミを書いてるんだ。忘れないうちにな
ほかの先生の口コミ、勉強になります
仁科先生の口コミもすでに入ってますよ！
学校の宝物になりますね！
先生たちだ！
いろんな先生の授業も面白いね！
次の道徳も楽しみにしてまーす！
みんなで学び、みんなで支え合う
チームって感じだな

どうする？どうとく だ先生！ マンガで考える道徳教育

第10回　まとめ

道徳の授業は，担任の教師が行うのが原則です。
しかし，ローテーション授業などをとおして
チームで授業づくりを行うことで，
「深い学び」の実現や，授業力の向上がめざせます。

どうする？ とくだ先生！ マンガで考える道徳教育

小学校
○○小学校
1-1
ワイワイ
はーいみんな静かにー！
今日、道徳の授業をしてくださるのは…
ちた まさよし先生です！
知多《ちた》正義《まさよし》
よろしくおねがいしまぁす!!
よ、よろしく…
おい！そこの二人静かに！
ビクッ
う…うわ〜ああ
!!
知多先生もっと優しく…
なっなんで泣くんだ！
うえ〜ん
一か月前…
中学校
道徳の研修会？

はい！校区の小学校から、合同でやろうって話です
愛智《あいち》 恵《めぐみ》
徳田《とくだ》 一道《かずみち》
小中連携、ですか…
んんっ
小学校の授業を見てなんの意味があるんだ？
仁科《にしな》 良子《りょうこ》
モモ
ルル
小学生は素直だから授業も簡単だ。でも中学生はそうはいかん！
あれっ！知多先生、反対ですか
それが、今回は授業交流をしようと…
じゅ…ぎょう交流？なんだそれは!?
知多先生は、小一の授業をお願いします！
もわ〜ん
しょっ…
い、いや俺には…
知多先生！
実際に授業をすれば、小中連携の意味が見えてくると思いますよ！
うんうん
簡単って言ったじゃん…
徳田先生は、ご自分のクラスと小六を合同でお願いしますね
え
ちゅ、中一と小六の合同授業…？
私はお二人から勉強させていただきますっ！

そして現在…
小学校
6-1
キーンコーン
えーそれでは…
小中合同授業を始めます！
徳田先生緊張してる！
くすくす
そっ そりゃ緊張するよ！
やりにくいなあ
…じゃあ
彼にとって、三人は本当の友達といえるのだろうか？
……
うっ…やっぱり小学生たちも緊張してるのかな
もじ…
もし、きみだったらどうかな？
黙って逃がしてくれるのが本当の友達だと思う
私も、友達だったら警察には通報してほしくない
うんうん、なるほどね
すごい…！この子、こんなにしっかり話を聞けるんだ

私なら…彼が捕まったあとも、立ち直りを支えていきたいな
うん、それも友達を思えばこその行動だよね
へぇ！
それは思いつかなかった
やっぱり中学生ってすごいなー！
そ、そうかな…
…
ペシン
なんであんたが照れてんのよ
そして…小一クラス
はあはあ
言うことが通じん…しかも泣かせてしまった…
知多先生、知多先生…
すっ
まず、笑顔ですよ
にこ〜〜〜い
え、がお…？
そして、関心をひきつけて、ゆっくり問いかけないと…
お、おお…
顔がカチカチだぞ
そ、それでは〜
お…おおかみさんは、どんな気持ちだったんだろうね？
にこい…
えっ〜と
おおかみさんは…

あの子は…
えーと
たかしくんか…
しん…
たかしくん。
おおかみさんは、
どんな気持ち
だったと
思いますか？
いい気持ち
だったと思う…
そうかあ、
なるほどね
みんなは
どうかな
はーい
おお、
みんなしっかり
発表できるね！
じゃあ
りなさん、
どうぞ
あらあ、
意見を
広げてる
あの顔…
孫を見ている
おじいさん
だな
やったあ、
という気持ちです
ぼくも
思ったー！
授業後…
小学校の職員室
なんすか
二人とも、
ぼーっと
しちゃって
ぼへ〜
はっ…
あの…
うちの生徒たち、
いかがでしたか

実は、私は
あの子たちが
小学生のときの担任
だったんですが…
あの子たちの
考えの深さに
驚きました
本当ですか！
しっかり
成長して
いるんですね
じ〜ん
それに、
中学生のおかげで
小学生もずいぶん
考えていましたよ
知多先生は
いかが
でしたか
子どもが
話したく
なるように
つなぐことって
大切だな
小一は忖度
してくれない
からな
やはり
小中連携は
いいですね！
子どもの
成長や
接し方を
見直せますね
ああ
もう一回、
小一をリベンジ
させてくれ！
ハマっちゃい
ましたね
これからも定期的に
研修会を開きますか！
指導案も一緒に
検討しましょう！
オーーッ!!
のど飴

第11回　まとめ

小中連携は，児童生徒の道徳性の発達の違いや
成長の見通しへの理解を深め，
あたりまえに思っていた児童生徒への接し方を
広げてくれます。

どうする？とくだ先生！
マンガで考える道徳教育
第12回
どうすれば、より魅力的な授業ができるんだろう？

そうですか…
わかりました
○○中学校
ルル
…例の件か？
ピッ
ええ
モモ
サァァァ
いよいよね…
ァ…。
職員室
ガララ
徳田先生！
その、相談があるんだが…
知多《ちた》 正義《まさよし》
ぼへ〜
……
…って
徳田《とくだ》 一道《かずみち》
おい!!
うわあ！
びびびっくりしたぁ…
なんですか
なんですか
じゃない！
どうしたんですか？
ぼーっとして
仁科《にしな》 良子《りょうこ》
い、いやー…
あっという間に
年度末だなって…
なんか
切なくて
うちは持ち上がり
じゃないから、
今の生徒たちとは
もうすぐお別れ
ですもんね
愛智《あいち》 恵《めぐみ》
ははは…
フン！
教師が
そんなことで
どうする

それよりも！
は、はいっ！
くわっ
さ…最後の道徳…はその……
…その？
今年度最後の道徳は
より魅力的な授業にしたいと思わんか!?
!!
最後の授業の内容項目はなんでしたっけ？
それが、「D‐21 感動、畏敬の念」なんです
うわっ難しそう！
敬虔《けいけん》の気持ち…とかですよね？
どんな授業をすれば…
私、やったことなくて
経験が大切だぞ
そ、そう！
「深い学び」のある魅力的な授業をみんなで作りましょう
親父ギャグ…
「深い学び」のある魅力的な授業…
うーん、何から始めればいいんすかね

まずは…
学習指導要領の解説書をしっかり読みましょう！
ばーん
特別の教科 道徳編
ごそごそ
21　感動，畏敬の念
美しいものや気高いものに感動する心をもち，人間の力を超えたものに対する畏敬の念を深めること。
「人間の力を超えたもの」とあります
「畏敬の念」がポイントっすね
さらに！
小学校の解説書〜！
おおー初めて見るぞ！
いばるな！
ばばん
〔第１学年及び第２学年〕美しいものに触れ，すがすがしい心をもつこと。
〔第３学年及び第４学年〕美しいものや気高いものに感動する心をもつこと。
〔第５学年及び第６学年〕美しいものや気高いものに感動する心や人間の力を超えたものに対する畏敬の念をもつこと。
小中の違いはなんでしょう
小学校は「感動」に焦点が当たっているな
中学校は「人間の有限性」「謙虚さ」についても考えますね
教材では…
樹齢七千年の大樹を前に、主人公が圧倒されています
感動で、自分という人間がちっぽけに思えたのかも
日常生活で味わう感動とはちょっと違いますね

俺も昔、山に登って日の出を見たとき思わず涙が出てな…
しみじみ
感動で生き方が変わることってありますよね
人生が変わるほどの感動や…
人間のちっぽけさについて考えてほしいな！
そこをしっかり考えられるように、学習のめあても提示しましょう
わいわい
キーンコーン‥
みんなは感動したことってある？
今日の給食のハンバーグがでかかったこと！
私もー！
あはは
食い意地ばっかりじゃん
めあて 感動がもたらすもの
今日は「感動が私たちにもたらすもの」を考えてみよう
俺の感動と全然違うな
なんで言葉も出ないくらい感動したのかな？
時の流れを感じたんだよ。七千年だもん
それに比べると人間って小さいよなー

でも主人公はこの木に元気をもらったんじゃないかな
うん、わかる！
小さなことにくよくよする自分を変えようっていうか…
あっ
みんなよく考えてるね
じゃあ、感動が私たちにもたらすものって何だろう？
すっ
先生！
感動って、人を育てるんですよ！
俺もな…！
その話はまた今度！
「深い学び」っすね！
わいわい
キーンコーンカーン…
一道ー！
ガラガラ
モモ、ルル！
魅力的な授業になっただろ？
俺もすっかり一人前かな〜なんて！
そうね、立派になったわ
あ、あれ？
つっこまないのか……って
ばっ
!!

二人とも体が…!?
サラ
サラ
サラ
サラ
一道…ここまでよく頑張ったわね
もう私たちに教えられることはない。今日でお別れだ
ふわっ
お、お別れ!? そんなの嫌だよ!
何言ってんの!
お前には「チーム学校」がいるだろ!
みんなが…
推進教師が引っ張っていかなきゃ
頑張りなよ
う、うん…
俺、俺…今まで二人に教わったこと忘れないし
それに…
二人のことも、絶対に忘れないから!
サラ
モモー!ルルーっ!!
ううう。
徳田先生～
ええ!どうしたんすか!?
ピロリン♪
→モモ＆ルル
また明日～。
たった今
一道、泣きすぎ(笑)
ぴえん
元気出して♡
メッセージは来るんかい!

どうとくする?だ先生! マンガで考える道徳教育

第12回　まとめ

「深い学び」のある魅力的な授業を目指すには，
小・中学校の学習指導要領の解説書をしっかり読んで
内容項目への理解を深めましょう。

解説書の子ども版
ともいえる
『心のノート』
『私たちの道徳』も
参考になりますよ
小・中両方とも
文部科学省の
ホームページから
閲覧できるっす!
ふむ
ふむ
こころのノート
道徳

あとがき

本書の内容は、ここ十年ほど、形にしたいと温めてきたものです。そのベースとなったのは、学校現場に呼んでいただき、参観させていただいた研究授業です。

これまでに参観させていただいた授業は、三千から四千本になるかと思います。もちろん、複数の授業を同じ時間帯に参観させていただいたものも含めてのことです。そして、授業を見せていただくことは、私の研究生活の大きな柱となっています。

その中で、「授業のどこを見ているのですか？」と尋ねられることがよくあります。私は、その学級の子どもになって参観しています。すると、授業の流れが感じられます。この「流れ」がとても大事です。同時に、指導者が何を子どもたちと考えようとしているのか、子どもたちにどのような学びを期待しているのかがとても重要であることを痛感してきました。つまり、教師がゴールをもっていることが大事だということです。それは、授業前だと学習指導案を見れば、授業中だと流れに注目すれば、そして授業後だと板書を見れば、一目瞭然です。ゴールをしっかりともち、しかし、それを教え込むのではなく子どもたちと一緒になって考える授業は、自然な「流れ」があり、子どもたちも教師も楽しそうですし、「納得」と「発見」のある「深い学び」が得られる授業となります。

そして、参観の後、私は「この授業ではこういうことが議論になれば子どもたちの学びが深まるのでは」あるいは「そのためにはこう問えば面白いな」などと考えたことを、書き溜めてきました。

この記録を重ねていく中で、どうも、内容項目のA、B、C、Dのそれぞれの視点に共通の見方があり、小学校の低、中、高学年、中学校の発達の段階のそれぞれにも共通の捉え方があるように思えてきました。そして、その感覚を身に付けると、初めて出会った教材であっても、ねらいや発問が考えやすくなりました。

本書は、以上のような成果を生かしてつくったものです。

ただ、第2章の冒頭にも書きましたが、内容項目や学年の段階の見方には、これでないといけないというものはありません。ここに書いたのは、あくまでも一つの見方です。特に道徳の内容の解釈は、多様な見方が大切です。このことを念頭に、本書を道徳科での「納得」と「発見」のある「深い学び」の実現の参考にしてください。

本書が、魅力的な授業づくりに少しでも貢献できたら幸いです。

最後になりましたが、本書は、日本文教出版編集部の佐藤有氏の多大なるお力添えをいただき、刊行することができました。ここに心よりお礼を申し上げる次第です。ありがとうございました。

【参考文献】

・「小学校学習指導要領」（平成29年告示）文部科学省
・「中学校学習指導要領」（平成29年告示）文部科学省
・『小学校学習指導要領（平成29年告示）解説　特別の教科　道徳編』文部科学省
・『中学校学習指導要領（平成29年告示）解説　特別の教科　道徳編』文部科学省
・『こころのノート　小学校1・2年』『心のノート　小学校3・4年』『心のノート　小学校5・6年』『心のノート　中学校』文部科学省
・『わたしたちの道徳　小学校1・2年』『わたしたちの道徳　小学校3・4年』『私たちの道徳　小学校5・6年』『私たちの道徳　中学校』文部科学省

●著者略歴
島 恒生（しま　つねお）
兵庫教育大学教育学修士。公立小学校，奈良県立教育研究所を経て，現在は，畿央大学大学院教育学研究科教授。
文部科学省の中央教育審議会道徳教育専門部会委員，道徳教育に係る評価等の在り方に関する専門家会議委員，小学校学習指導要領解説特別の教科道徳編作成協力者などを務める。
道徳教育，生徒指導，学級経営などに関する執筆多数。
全国の小学校や中学校，教育委員会などでの研修会講師を務める。

小学校《しょうがっこう》・中学校《ちゅうがっこう》　納得《なっとく》と発見《はっけん》のある道徳科《どうとくか》
「深《ふか》い学《まな》び」をつくる内容項目《ないようこうもく》のポイント

2020年(令和2年)3月20日　初版発行
2021年(令和3年)7月31日　第2版発行
2023年(令和5年)10月31日　第2版3刷発行

著　者　島《しま》 恒生《つねお》
発行者　佐々木秀樹
発行所　日本文教出版株式会社
https://www.nichibun-g.co.jp/
〒558-0041　大阪市住吉区南住吉4-7-5　TEL：06-6692-1261

マンガ　たら子
デザイン・イラスト　株式会社ユニックス
印刷・製本　株式会社ユニックス

ISBN 978-4-536-60115-3